Pascal Boniface

LES INTELLECTUELS INTÈGRES

Jean-Claude Gawsewitch Éditeur

130, rue de Rivoli
75001 Paris
www.jcgawsewitch.com

ISBN : 978-2-35013-417-8

À Stéphane Hessel, modèle d'intégrité.

Sommaire

Introduction 9

Stéphane Hessel, le vieux résistant, idole des jeunes 17

« Nous sommes devant une sorte de timidité historique. » 26

Jean Baubérot ou la laïcité caustique 47

« Il existe une tension réelle entre objectivité et engagement. » 53

Esther Benbassa ou la cosmopolite tenace 81

« Je préfère rester une intellectuelle distanciée par rapport à sa tribu... ».................................... 89

Rony Brauman, l'humanitaire conceptuel 107

« Les accusations d'ordre moral sont plus puissantes lorsqu'elles viennent de la gauche... » 113

Régis Debray, le philosophe désabusé mais combatif 131

« Je suis frappé par l'assèchement rhétorique du discours politique. ».................................... 137

Alfred Grosser, le pédagogue malicieux 149

« J'ai toujours voulu susciter la compréhension pour le point de vue opposé. » 155

OLIVIER MONGIN, L'ANTITOTALITAIRE LUCIDE 179

« L'intellectuel généraliste est un citoyen qui n'a pas renoncé à l'idée d'intérêt général et de culture générale. » .. 183

EDGAR MORIN, LE PENSEUR DE LA COMPLEXITÉ 209

« Comprendre, c'est rentrer dans les raisons d'autrui. » ... 216

EMMANUEL TODD, LE DÉMOGRAPHE PROPHÉTIQUE 233

« Je suis devenu un intellectuel à l'insu de mon plein gré. » 238

TZVETAN TODOROV, L'ESPRIT DE DISSIDENCE......... 257

« Sortir du cercle étroit de consensus politico-médiatique français » 264

JEAN-CHRISTOPHE VICTOR, L'ARPENTEUR DU GLOBE ... 285

« Je ne suis pas là pour heurter, mais pour enseigner et faire réfléchir. » 291

MICHEL WIEVIORKA, LES SCIENCES SOCIALES COMME ARME POLITIQUE 313

« L'intégrité c'est accepter d'être transformé soit par la pratique sociale soit par les analyses des autres. » 319

CATHERINE WIHTOL DE WENDEN, POLITOLOGUE TRANQUILLE ET COMBATTANTE 341

« Il y a un très grand académisme dans notre métier et beaucoup de conservatisme. ».......................... 346

DOMINIQUE WOLTON, LE PENSEUR INDISCIPLINÉ..... 365

« Il n'y a jamais eu autant d'outils pour capter la réalité et jamais eu autant de distance entre les hommes politiques et la réalité. Idem pour les journalistes. »............. 370

JEAN ZIEGLER, L'ÉTERNEL RÉVOLTÉ................ 395

« Je résiste aussi par la conviction d'être parfois utile et grâce aux témoignages que je reçois. » 403

Remerciements 417

Introduction

L'intégrité est au cœur des débats publics. Les médias dénoncent, à juste titre, les responsables politiques qui la trahissent. Pourtant, dans le domaine des idées, ils sont trop souvent moins exigeants, s'accommandant voire faisant la promotion d'imposteurs médiatiques.

Après le succès largement inespéré de mon livre *Les Intellectuels faussaires*, mon éditeur Jean-Claude Gawsewitch me poussa très naturellement à envisager un second tome. Malgré mon désir de lui être agréable, j'ai résisté à sa demande. Ce n'est pas que la matière manque, hélas. Travailler sur ce type de turpitudes est un exercice sain d'un point de vue démocratique car il consiste à dénoncer les mensonges et duperies de ceux qui essayent de polluer le débat intellectuel et de fausser le débat public, quitte à s'attirer leur hostilité et leur haine pour les avoir démasqués.

J'avais plutôt envie de faire un livre qui soit la face opposée – et positive – des *Intellectuels faussaires*. Pourquoi ne pas parler des intellectuels intègres ? Je savais que j'aurais beaucoup plus de plaisir à fréquenter les seconds que les premiers. Après avoir lu les textes insipides, scandaleux ou risibles d'escrocs, s'intéresser à de véritables intellectuels qui sont par ailleurs d'une sincère profondeur humaine est un exercice réjouissant. Échanger avec des personnalités à la fois stimulantes sur le plan de la pensée et porteuses de valeurs morales non feintes est une récompense. Cela « fait du bien » de rencontrer des personnes dont vous vous dites après les avoir lues ou entendues que vous êtes un peu moins sot qu'avant. Si, de surcroît, elles ont un comportement humain respectable, digne d'éloges voire admirable, le bonheur est parfait. Se faire plaisir tout en travaillant est une aubaine.

Ce fut un privilège pour moi de pouvoir faire ce livre. Je pense que c'est également une façon de servir le débat démocratique que de contribuer à mettre en avant des gens qui trop souvent sont réticents à le faire pour eux-mêmes. Montrer que les intellectuels faussaires qui sur-occupent l'espace public ne représentent pas la profession et qu'il en est d'autres, moins exposés, qui sont intègres, généreux, dévoués au bien commun et non à eux-mêmes, plus soucieux des autres que de leur autopromotion, pour qui l'intérêt collectif l'emporte sur la satisfaction égoïste est réjouissant. Bref, ce livre est la médaille dont le précédent fut le revers.

Certains m'ont reproché à juste titre d'avoir, pour *Les Intellectuels faussaires*, utilisé un titre qui n'était pas exact. J'avais en effet adopté un raccourci, une facilité de présentation afin d'être plus aisément compris. Le terme d'« intellectuels » pour les faussaires que j'ai décrits est, la plupart du temps, usurpé et parfois même risible. Pour ce qui est des « intègres », en revanche, l'appellation est méritée et véritable, même s'ils n'ont pas choisi dès le début de leur carrière cette fonction. Tous, en tout cas, ont à la fois une véritable production intellectuelle et des convictions avec lesquelles ils ne transigent pas. Ils ont véritablement fait avancer le débat d'idées et enrichi la pensée de ceux qui les ont lus. Je ne suis pas toujours d'accord avec eux – ils sont si différents que cela serait impossible. Mais je leur reconnais (ainsi que la plupart des observateurs) le mérite de l'intégrité, le fait de ne pas considérer que le subterfuge soit une arme utilisable dans le débat et aussi d'avoir mis leurs personnalités au service de leurs convictions et non l'inverse.

On pourra me faire deux reproches. Le premier étant que ma liste n'est pas très paritaire. Le second que les personnalités que j'ai choisies n'appartiennent pas à la jeune génération. Je ne le nie pas, au contraire je le reconnais. La vie intellectuelle a été très longtemps dominée par les hommes. Il y a maintenant une féminisation mais elle concerne plus les nouvelles générations que les anciennes, surtout s'il s'agit des questions internationales, un domaine longtemps quasi exclusivement masculin. Les choses changent, la parité progresse et chez les nouvelles générations, les femmes occupent la place qui leur revient de droit. Concernant le second reproche, la raison en est simple : si les gens dont je parle sont plus des « anciens » que des « jeunes », c'est parce qu'il faut du temps pour bâtir une œuvre, pour prouver qu'on se respecte soi-même et qu'on respecte les autres sur le long terme. On peut créer une vedette médiatique en quelques mois, on ne crée pas un intellectuel au véritable sens du terme en seulement quelques années. Il ne s'agit pas d'écrire un livre et d'en faire la promotion à la télévision, il s'agit de créer une œuvre. Le temps en la matière est un bon juge de paix.

Avec *Les Intellectuels faussaires*, j'avais la certitude de me fâcher avec ceux que je mettais sur la liste. N'ayant guère d'estime pour eux, cela m'était indifférent. Avec *Les Intellectuels intègres*, je prends le risque inverse de vexer ceux que je n'inclus pas dans ce livre. C'est plus embêtant, car il y a beaucoup d'intellectuels ou experts que j'estime – et qui sont largement estimés – et que je ne cite pas. Choisir, c'est aussi exclure et on risque autant de relever le nom de ceux qui n'y sont pas que de remarquer ceux qui y sont.

On pourra juger ma liste critiquable. Il me faut donc justifier mes choix. Elle concerne uniquement des personnes qui, d'une façon ou d'une autre, ont travaillé sur les questions internationales ou stratégiques. C'est ce qui explique que des personnalités parfaitement intègres comme Michel Serre, Jean-Noël Jeanneney,

Marcel Gauchet, Françoise Héritier et d'autres encore n'y figurent pas. Des sociologues, des philosophes, des économistes, des historiens mériteraient très largement le label « intègre », mais je n'ai aucune légitimité à leur délivrer ce titre, n'étant pas spécialiste de ces sujets. Ceux que j'ai choisis dans ce livre ont ainsi abordé les questions internationales, mais à partir d'ailleurs, d'autres domaines du savoir.

Si j'ai choisi des intellectuels qui se sont exprimés sur les questions internationales, j'ai exclu les spécialistes des questions stratégiques. Cela explique également pourquoi beaucoup de mes collègues, experts en relations internationales, soit généralistes, soit d'une zone spécifique ne figurent pas sur cette liste. Agnès Levallois, Nicole Gnesotto, Bertrand Badie, Olivier Roy, Jean-Luc Domenach, Christian Lequesne, Jean-François Bayart, Jean-Pierre Filiu, Alain Diechkoff, Marie Mendras, Justin Vaïsse, François Godement, Christophe Jaffrelot, Alain Joxe, Guillaume Devin, Georges Sokoloff, Jean-Paul Chagnollaud, Dominique Moïsi, Gérard Chaliand, Pierre Hassner, Anne de Tinguy, Hélène Carrère d'Encausse, Josepha Laroche, Marie-Claude Smouts (et pardon à ceux que j'oublie… !) sont à mes yeux, quels que soient nos accords ou divergences d'analyse, des personnes parfaitement honnêtes et qui répondent aux critères d'intégrité. Ils ne sont pas serviles, tentent d'éclairer l'opinion et de mettre leur savoir au service des étudiants et du public et sont de plain-pied dans la matière. Ce qui les réunit, au-delà de leurs différences, c'est tout d'abord un refus de mensonge.

Quel est le trait commun, par-delà leurs différences, de ces « intellectuels intègres » que j'ai retenus et dont je pense que le lecteur reconnaîtra aisément l'altruisme et la hauteur de vue ? Ils prennent position par conviction, non par intérêt. Ils ne sont pas prisonniers d'un clan, d'une tribu. Ils résistent aux pressions. Ils n'ont pas peur. Ils ne monnayent pas leur notoriété en échange de récompenses morales ou matérielles. Ils n'hésitent pas à aller contre les vents dominants si cela correspond à l'idée de ce qui leur paraît juste. Ils ont bien sûr des engagements, mais qui ne sont pas le résultat d'avantages ou de solidarité clanique, sociale, religieuse ou ethnique. Ils relèvent plutôt d'une recherche d'universel. Ils sont capables de penser contre eux et pour tous. Ils ne calculent pas avant de prendre position si ce qu'ils vont exprimer va plaire ou non, si cela va augmenter ou non leur popularité ou leur compte en banque. Il se demandent à l'inverse si cela est juste ou pas, et ne peuvent avoir recours au mensonge car leur désir d'universel en serait affecté.

Au-delà de ce raisonnement lucide, les « intellectuels intègres » ont une conception de leur rôle qui leur interdit de recourir à des subterfuges, à des contre-vérités. Sans doute aussi parce que, contrairement aux faussaires, leur niveau intellectuel leur permet de ne pas en avoir besoin. Tous ont également en commun d'avoir un sens profond du respect de l'autre, de même que celui des différences, la protection des faibles, la justice, l'équité, et, enfin, estiment que la fin ne justifie pas les moyens. L'histoire a d'ailleurs prouvé que lorsque l'on commençait à utiliser des méthodes contestables au nom d'objectifs supérieurs, on allait vers des catastrophes. Ils sont scrupuleux, au contraire des « faussaires ». Les intègres se mettent au service de causes qu'ils estiment justes. Même si cela est risqué, ils ne se servent pas de leurs combats pour eux-mêmes. Les faussaires, eux, se servent de causes qui sont largement validées par les médias pour leur pub personnelle. Ils soufflent dans le sens des vents dominants tout en prenant la pose de courageux résistants. Ils se laissent emporter par le courant tout en affirmant qu'ils vont à son encontre. Les « intellectuels intègres » permettent de mieux comprendre le monde et donnent les clés pour essayer de l'améliorer. Les « faussaires », au-delà d'une rhétorique morale hypocrite, contribuent à maintenir les injustices en brouillant les pistes.

Pourquoi et comment reste-t-on intègre et ne devient-on pas faussaire ? Le talent compte, certes, comme on le voit à la comparaison des deux listes. Demeurer intègre, pour exister, exige un capital intellectuel supérieur. Celui qui en est moins richement doté pourra avoir recours aux subterfuges et aux mensonges pour exister. Tricher est un aveu de faiblesse. Au-delà, on est dans le mystère insondable de l'âme. Pour autant, les entretiens que j'ai eu le plaisir d'avoir avec chacun d'eux ou les courtes présentations montrent ce qui a motivé chacune des personnalités qui font ce livre, ce qui les a conduit à l'honnêteté, à l'intransigeance intellectuelle. Cela donne un magnifique éclairage ainsi qu'une réflexion profonde sur la conception du rôle de l'intellectuel, des évolutions de ce statut si particulier à la France, de leurs rapports avec les médias, le pouvoir et les politiques.

J'ai bien sûr une pensée particulière pour Stéphane Hessel, décédé entre le début de la rédaction de cet ouvrage et sa publication. L'émotion nationale qu'a suscitée sa disparition, notamment dans la jeunesse, prouve que le public sait reconnaître l'intégrité. Afin de lui rendre hommage, et alors qu'il m'avait réservé un accueil complice et malicieux peu avant sa disparition, j'ai décidé de commencer ce livre qui lui est dédié par son portrait et notre échange. Ensuite, la liste suit l'ordre alphabétique.

Stéphane Hessel, le vieux résistant, idole des jeunes

Quel fabuleux destin que celui de Stéphane Hessel ! Ses parents ont une vie tellement hors normes que François Truffaut en fera un film mondialement connu, adapté du roman de l'amant de sa mère.

Résistant puis déporté, il échappe de peu à la mort dans les camps nazis. Il est associé à la rédaction d'un texte fondamental (la Déclaration universelle des droits de l'Homme), a mené une carrière de diplomate tout en conservant – et en émettant – de solides convictions pas toujours dans la ligne officielle avant de devenir à plus de 90 ans l'idole d'une jeunesse révoltée grâce à la publication d'un petit livre à diffusion mondiale : *Indignez-vous !*

J'ai connu Stéphane Hessel par le biais du Haut Conseil de la coopération internationale – créé à son initiative – où j'avais été nommé en 1999. Je l'ai revu régulièrement, notamment lors de forums organisés par Mikhaïl Gorbatchev auxquels nous participions tous les deux. J'ai toujours été impressionné par sa vigueur intellectuelle, sa joie de vivre, l'éclat de malice qui ne quitte jamais son regard, sa modestie, sa soif éternelle de justice et son goût de la poésie.

Car la passion de Stéphane Hessel, c'était la poésie. Il pouvait à tout moment profiter d'un instant libre, d'une pause dans une réunion pour déclamer un poème, en français, en allemand ou en anglais. En 2006, Laure Adler a d'ailleurs publié au Seuil un recueil de 88 poèmes à l'occasion de ses 88 ans. Dans une longue et très belle introduction, Stéphane Hessel évoque sa relation particulière à la poésie (« Ô ma mémoire la poésie ma nécessité »). Il y a des textes très courts, comme « J'ai cueilli ce brin de bruyère » qu'il avait récité à un collègue, sa femme et sa fille cadette au cours d'un dîner amical un mois avant sa mort. À l'office funéraire où chacun des enfants était invité à prendre la parole, la cadette limita sa contribution à la récitation de ces cinq vers « inoubliables souvenirs de larmes ». Il y a aussi des textes plus longs dont celui d'Apollinaire, « La chanson du mal-aimé ». J'ai écouté cette poésie chantée et mise en musique par Léo Ferré des centaines de fois mais je serais incapable de la restituer de mémoire. On peut penser que peu de lycéens seraient également susceptibles de réciter d'une traite « Le bateau ivre » de Rimbaud qui figure aussi dans le recueil. « Ô ma mémoire, avons-nous assez navigué ? »

Stéphane Hessel est né le 20 octobre 1917 à Berlin. Son père, Franz Hessel, est issu d'une famille juive mais a été élevé dans la religion protestante. Écrivain et traducteur, il fréquente les milieux artistiques. Il traduit l'œuvre de Proust en allemand, arrive à Paris en 1906 et fréquente Apollinaire et Henri-Pierre Roché. Sa mère, Hélène Grond, évoluant elle aussi dans les milieux artistiques, rencontre son père en 1912. Ils se marient à Berlin un an après. « C'est là que nos parents se sont mariés non pour se forger des chaînes mais au contraire pour accroître leur liberté hautement revendiquée. » Ils sont « aussi allemands, aussi cosmopolites l'un que l'autre. »[1] Mariée à Franz Hessel, elle devient la maîtresse d'Henri-Pierre Roché après la Première Guerre mondiale. Cette relation à trois inspirera le roman de Roche, *Jules et Jim*, publié en 1953 et adapté au cinéma par François Truffaut en 1962.

En 1925, ses parents s'installent en France. Le jeune Stéphane Hessel entre à l'école alsacienne en 1926. « Elle m'a servi de cadre intellectuel, moral, sportif et ludique. Je lui dois une bonne part de ce que je suis devenu. » Le Paris de l'entre-deux guerres sera un creuset culturel et moral dans lequel il va se former.

Divorcé d'Hélène, Franz, le père de Stéphane, choisit de retourner en Allemagne mais, considéré comme juif par les nazis, il est bientôt menacé.

1. Stéphane Hessel, *Danse avec le siècle*, Seuil, 2007.

En 1938, Hélène va le chercher à Berlin, le met dans le train pour Paris et… se marie à nouveau avec lui, afin qu'il puisse obtenir une autorisation de sortie du territoire allemand. Franz meurt le 6 janvier 1941 après avoir été interné dans le camp des Milles.

Stéphane Hessel devient français à 20 ans. « De cette France revendiquée, j'adopte les institutions et de multiples aspects de l'héritage culturel et historique. Non seulement la révolution de 1989 mais encore la valorisation sans cesse renouvelée de l'intelligence, de la tolérance, de la lucidité et du respect de l'autre. »[2] Normalien, il est incorporé à Saint-Maixent et s'aperçoit que l'armée française ne vaut pas grand-chose, qu'elle n'est ni commandée ni inspirée par un élan patriotique.

En novembre 1939, il épouse Vitia Mirkine-Guetzevitch, jeune femme russe juive avec laquelle il aura trois enfants. Elle décède en 1986. L'année suivante, Stéphane Hessel épouse Christiane Chabry.

Fait prisonnier en 1940, il s'évade et rejoint de Gaulle. Il suit une formation de la Royal Air Force et rejoint le BCRA (Bureau central de renseignement et d'action). En mars 1944, il est parachuté en France pour organiser la dispersion des émetteurs pour la Résistance. Il est arrêté par la Gestapo le 10 juillet 1944 sur dénonciation. « Je n'en veux pas à celui qui m'a livré à la Gestapo, j'espère au moins qu'en me livrant, il a obtenu sa propre liberté. Je ne l'ai

2. *Op. cit.*, p. 51.

jamais su. On ne poursuit pas quelqu'un qui a parlé sous la torture. »[3]

Envoyé à Buchenwald, il réussit a être transféré au camp de Rottleberode grâce à Eugen Kogon qui échange son identité avec celle d'un déporté français mort du typhus. Une nouvelle fois, il tente de s'évader mais échoue. Il est alors expédié au camp de Dora où il échappe de peu à la pendaison. Le 4 avril 1941, lors d'un transfert vers Bergen-Belsen, il réussit à s'évader et rejoint les forces américaines.

Après la guerre, il se présente au concours spécial ouvert aux anciens combattants, résistants, prisonniers ou déportés. Reçu, il est affecté en Chine mais alors qu'il est en transit à New York, il rejoint l'équipe d'Henri Laugier, secrétaire général adjoint des Nations unies et secrétaire de la Commission des droits de l'homme. « Cela correspond exactement à l'image que je me faisais, au sortir de la guerre, de l'engagement qui devait être le mien : participer à la construction d'un monde dont seraient exclues les bombes atomiques et les camps de concentration, l'impérialisme et la violation des droits de l'homme dans le lieu le plus stratégique et le plus central. »[4]

Engagé comme directeur de cabinet, il va travailler pendant deux ans avec l'équipe de dix-huit diplomates qui rédigent la Déclaration universelle des droits de l'homme adoptée en 1948 par les 58 États

---

3. *Ibid.*, p. 68-69.
4. *Op. cit.*, p. 146.

membres qui constituent alors l'Assemblée générale des Nations unies.

Affecté à la direction des institutions internationales du ministère des Affaires étrangères de 1951 à 1954, il se rend en Afrique pour la première fois en 1953 et commence à s'intéresser aux questions de développement. En 1955, il est affecté à Saigon pour aider à la mise en œuvre des accords de Genève ayant mis fin à la guerre d'Indochine.

Proche de Mendès-France, il s'oppose à la guerre d'Algérie et milite dans de multiples associations d'aide aux immigrés. Entre 1958 et 1963, Stéphane Hessel est directeur de la coopération au ministère de l'Éducation nationale, puis il rejoint l'ambassade de France à Alger de 1963 à 1969 avant de s'occuper du développement aux Nations unies.

En 1974, il rejoint le cabinet de Pierre Abelin, alors ministre de la Coopération. Pour la seule et unique fois de sa vie, il travaille avec un ministre de droite dans le but de modifier la politique de coopération. Il est nommé en 1977 ambassadeur auprès des Nations unies à Genève par Valéry Giscard d'Estaing puis ambassadeur de France en 1981 par François Mitterrand.

Membre du Comité de parrainage pour l'éducation à la non-violence et à la paix, et membre du Collegium international éthique, scientifique et politique (aux côtés de Jürgen Habermas, Edgar Morin, Michel Rocard, Joseph Stiglitz ou encore Amartya Sen), Stéphane Hessel était également très engagé sur la question de l'occupation israélienne des territoires palestiniens. Cette position lui a valu l'hostilité et même la haine de certains supporters d'Israël, qu'ils se disent de droite ou de gauche.

En 2010, il va connaître une popularité extraordinaire avec son livre *Indignez-vous !* vendu à près de 4 millions d'exemplaires en France. La sortie a été confidentielle. C'est une fois le succès atteint que les médias se sont intéressés au phénomène en venant le conforter par la suite. Mais c'est bel et bien le public qui s'est approprié le livre et en a fait le succès sans attendre les habituels prescripteurs médiatiques. Par sa sincérité, il a touché le public.

Selon lui, c'est « tout le socle des conquêtes sociales de la Résistance qui est aujourd'hui remis en cause. » Il dénonce « le pouvoir de l'argent, tellement combattu par la Résistance, qui n'a jamais été aussi grand insolent égoïste avec ses propres serviteurs, jusque dans les plus hautes sphères de l'État » et l'écart entre les plus pauvres et les plus riches qui n'a jamais été aussi important. Il estime que « l'actuelle dictature internationale des marchés financiers menace la paix et la démocratie. » Lui qui a été envoyé en camp de concentration par les nazis parce qu'il était juif et résistant déclare : « aujourd'hui la principale indignation concerne la Palestine, la bande de Gaza, la Cisjordanie. »

L'incroyable succès de Stéphane Hessel est moralement réconfortant. Il prouve que la sincérité, l'engagement réel, la volonté de défendre des convictions au service de l'intérêt général, et le fait d'aller à contre-courant des positions dominantes peut susciter l'engouement, notamment de la jeunesse. Il montre aussi que le public n'est pas dupe et sait reconnaître les véritables engagements, le combat mené avec sincérité.

Stéphane Hessel s'est éteint à Paris dans la nuit du 27 au 28 février 2013. La République lui a rendu un hommage national le 7 mars 2013 à l'hôtel des Invalides.

Entretien avec Stéphane Hessel

« Nous sommes devant une sorte de timidité historique. »

Pascal Boniface : Vous définissez-vous comme un intellectuel ?

Stéphane Hessel : En réalité non. Pas du tout. Ma vie a été une vie passionnante de diplomate, c'est ainsi que je me considère. Ce n'est que tout récemment, lorsque les éditions du Seuil m'ont dit un beau jour « vous avez eu une vie tellement intéressante, il faut écrire » que je me suis mis à la littérature ou, du moins à une biographie que j'ai appelée – et je suis assez fier de ce titre qui m'est arrivé comme ça par hasard – *Danse avec le siècle*. À partir de ce moment-là, j'ai été reconnu par des gens qui ont lu ce livre et je suis entré en contact avec le monde que l'on peut appeler « intellectuel », c'est-à-dire des gens qui s'intéressaient, non pas seulement aux grands problèmes internationaux comme nous autres diplomates sommes obligés de le faire, mais à la société, à son mouvement, aux arts, à la culture, et qui tous méritent peut-être ce nom « d'intellectuel ». Tous ne sont pas des « faussaires » !

P.B. : Vous avez, en effet, beaucoup agi après votre carrière de diplomate. Vous avez été l'inspirateur, il y a maintenant une quinzaine d'année, du Haut Conseil de la coopération internationale. Vous êtes très présent dans le monde des idées. Votre livre *Indignez-vous* est un succès mondial prodigieux qui dépasse toutes les espérances et toutes les analyses, y compris en France. Vous pesez donc dans le débat intellectuel, vous y participez de plain-pied.

S.H. : Oui. Et je dois dire que je me considère comme un engagé, comme un militant. Je suis depuis toujours ce qu'on peut appeler un homme de gauche et n'ai jamais été vraiment tenté par le communisme. Plus exactement, j'avais beaucoup de camarades communistes dans la Résistance et même après, mais j'ai toujours eu le rejet de ce qu'il y avait dans le communisme, pour moi, d'inacceptable, parce que dictatorial, totalitaire (Hanna Arendt, existe pour moi !). Mais je suis de gauche et par conséquent engagé pour essayer de combattre ce qui a des raisons de nous indigner. Donc assez naturellement dans ce petit livre qui a eu cet extraordinaire succès, j'ai noté les trois grands problèmes sur lesquels il me paraissait important de mobiliser les jeunes. Et là, on peut dire que cela m'a mis dans une situation d'intellectuel engagé. C'est à ce titre sans doute que j'ai été très sollicité ces deux dernières années. Le nombre de livres qui portent mon nom, qu'ils soient écrits sur moi ou par moi, quelques fois avec d'autres, devient trop important. Il y en a trop. Et maintenant j'essaie de résister, mais pas à tout le monde, et particulièrement pas à Pascal Boniface.

P.B. : Et j'en suis très heureux. Le succès de ce livre est d'autant plus frappant que pendant très longtemps la presse n'en a pas parlé. Ce sont les lecteurs et notamment les jeunes qui l'ont acheté, fait lire et circuler. La presse n'en a parlé qu'à partir du moment où le chiffre, déjà énorme, de 400 000 à 500 000 exemplaires a été atteint, c'est quelque part un beau pied de nez aux faiseurs d'opinion.

S.H. : C'est vrai que ni mes éditeurs – Sylvie Crossman et Jean-Pierre Barou, deux êtres très sympathiques –, ni moi-même ne nous attendions à ce succès. Effectivement, il est sans doute lié à une espèce de coïncidence étrange entre un petit livre public publié en octobre 2010 et le développement d'un certain nombre de protestations indignées, Printemps arabe notamment, mais aussi ailleurs (« indignés » de Wall Street). C'est un croisement entre ces trente pages qui ne représentent aucune novation extraordinaire ou révolutionnaire, qui disent des choses tout à fait connues et acceptées en gros, et la brusque modification d'une situation dont je pense qu'elle n'en est encore qu'à ces débuts. Je suis, sur ce dernier point, plus optimiste que beaucoup de mes amis qui disent que maintenant c'est terminé. Je ne le crois pas. Je crois à une certaine mobilisation, notamment des jeunes générations, devant des problèmes mondiaux de plus en plus sensibles parce que de plus en plus interconnectés. Ça se passe en Chine, en Russie, aux États-Unis, en Espagne, en Italie… Il y a quelque chose. On ne sait pas ce que cela sera, mais on peut penser que cet espoir que nous avons introduit, Edgar Morin et moi dans ce petit livre qu'on a appelé *Le chemin de l'espérance*, devienne une sorte de métamorphose des sociétés humaines arrivant à un seuil, à quelque chose de neuf. Qui sait, peut-être que lorsque je ne serai plus là depuis très longtemps, ça naîtra.

P.B. : Pour ma part je suis toujours frappé par la distinction – très binaire et manichéenne – faite dans les médias entre « nous, les bonnes démocraties » et les dictatures. Le phénomène que vous décrivez est un phénomène général. C'est celui de la jeunesse qui se mobilise dans tous les pays. Partout, on trouve d'une façon ou d'une autre des formes de mobilisation populaires qui se font contre les autorités, et ce mouvement est mondial. À des degrés divers, sous des formes variées, il n'y a donc pas de pays qui seraient politiquement actifs et d'autres pays sous un joug totalitaire empêchant la société civile de s'exprimer.

S.H. : Je le crois également et je pense qu'on peut trouver l'explication de cette évolution des sociétés dans l'avancée prodigieuse des moyens de communication. Ce qui se passe en France ou en Allemagne est immédiatement connu en Chine ou en Russie et ailleurs. Cette intercommunication, cette interdépendance, nous en avons fait un sujet de réflexion dans un lieu que je vous décris parce que c'est peut-être là que je vais essayer de m'engager le plus. C'est sous la présidence de Michel Rocard d'une part, et de Milan Kučan, le premier président de Slovénie d'autre part, que nous avons essayé de faire vivre un collegium international éthique, scientifique et politique – voyez quelle prétention ! – dans lequel nous avons mobilisé – je dois le dire, ils ont été merveilleusement coopératifs – un certain nombre d'anciens chefs de gouvernement ou chefs d'État parmi lesquels j'ai des affections particulières. Mary Robinson par exemple ; ou encore Fernando Cardoso, le Brésilien et à côté d'eux, des penseurs, parmi lesquels des gens comme Amartya Sen, Joseph Stiglitz… donc il y a là une sorte de coalition qui se donne pour objectif de montrer que dans un monde devenu interdépendant, ce qu'il faut promouvoir c'est la solidarité. Le premier texte que nous avons rédigé ensemble, ou que nous avons demandé à Mireille Delmas-Marty de rédiger, nous l'avons appelé « Déclaration universelle d'interdépendance et de solidarité »[1]. Vous voyez, cela rejoint mon vieux militantisme pour les droits de l'homme – déclaration universelle, ça rappelle

1. *Cf.* « Déclaration Universelle d'Interdépendance » – http://www.collegium-international.org – Les textes fondateurs.

quelque chose – et l'idée que cette société nouvelle a besoin d'un certain nombre de coups d'accélérateur sans lesquels elle risque de mal terminer sa course.

P.B. : Comment analysez-vous le fait que, vous qui êtes un diplomate, qui avez eu un long parcours professionnel, soyez finalement devenu une sorte d'idole des jeunes ?

S.H. : Vous le dites, je suis heureux que vous le ressentiez. C'est évidemment ce qu'un vieux comme moi peut espérer de plus sympathique, de plus satisfaisant. Peut-être que le côté « nouvelle génération » est aussi ce qui me paraît le plus important. Je pense que si l'on veut que cela change, il faut que ce soit ceux qui demain auront les responsabilités qui se mobilisent. Parmi ceux que j'ai rencontrés, beaucoup en effet se sont montrés ouverts à mon discours, enthousiastes même, quelques fois avec des *standing ovations*, qui me font rougir. Je pense que c'est parce que j'essaie de m'exprimer d'une manière très simple et très directe. Je ne fais justement pas de la littérature. Quand on lit par exemple *Indignez-vous*, quelqu'un qui a un peu le goût du style ou le goût de la rhétorique sera scandalisé, c'est un style tout à fait simple et je le reconnais comme ayant sans doute plus d'efficacité que si j'avais écrit quelque chose de plus littéraire.

P.B. : Mais au-delà du style, ne croyez-vous pas, et c'est peut-être encore plus réjouissant, que lors de ce moment rare et unique où une personne qui a votre parcours rencontre un public qu'il ne devait, professionnellement et générationnellement, normalement pas croiser, vous devenez l'incarnation de quelque chose ? Je peux constater parmi mes étudiants, parmi mes enfants, l'enthousiasme que vous suscitez. Quand on réfléchit et qu'on en recherche la cause, est-ce que ce n'est pas justement parce que les gens reconnaissent en vous la sincérité et l'intégrité ? Vous combattez pour des causes qui ne vous sont pas personnelles mais universelles et vous vous engagez de façon intègre. Ne croyez-vous pas que c'est cela que saluent les jeunes générations, ce qui par ailleurs serait réconfortant puisque cela montrerait qu'elles ont soif d'intégrité.

S.H. : Je le crois. Je le sens tout à fait dans les réactions que suscitent mes interventions. Ce qui, je pense, les intéresse c'est d'abord le très vieux – quand même 93, 94, maintenant 95 ans – monsieur d'une toute autre génération, donc quelqu'un qui a vécu autre chose que les jeunes d'aujourd'hui. Le rappel de ce qu'a été, notamment le grand moment. Il y a une chose sur laquelle j'insiste toujours, c'est qu'il y a eu un moment dans l'histoire du xxe siècle où l'on a vraiment voulu mettre en place un monde nouveau avec des institutions nouvelles. Je rends toujours un grand hommage à Roosevelt qui est, pour moi, celui qui a rendu possible, et ensuite nécessaire, la Charte des Nations unies, l'organisation d'une institution qui a commencé avec une trentaine de membres et qui en a maintenant cent quatre-vingt-quatorze. Elle porte les valeurs fondamentales qui, pour une fois, ne sont pas seulement de mettre fin à la guerre comme Wilson l'avait espéré, mais aussi s'occuper des droits et de la dignité de la personne humaine. Pour avoir vécu cela personnellement, puisque j'étais dans le coup à l'âge de trente ans, je porte en moi cette conviction, à laquelle les jeunes avec qui je parle sont sensibles. Ils considèrent donc que je ne suis pas simplement quelqu'un qui a eu une belle carrière et qui est content d'en parler avec quelques jeunes, mais qui a vécu des moments très forts – d'abord douloureux et ensuite extraordinairement positifs et constructifs, pendant les années immédiates d'après-guerre – et qui porte en lui probablement cette simple sincérité. Oui, c'est cela qu'il faut essayer de faire vivre et de continuer à faire vivre.

P.B. : Est-ce que vous pensez qu'en montrant l'enthousiasme qu'ils ont pour vos idées, votre livre, les jeunes générations vont faire bouger le monde positivement ? Est-ce que vous pensez que nous sommes à l'aube d'une nouvelle reconstruction d'un monde nouveau ou que le cynisme et les intérêts risquent encore de l'emporter sur l'intérêt général ?

S.H. : Je vous avoue que je suis très hésitant là-dessus. Les constats que je fais dans la façon dont les sociétés actuelles évoluent ne sont pas très optimistes. Je considère que nous sommes encore devant une majorité de cyniques et une majorité de non-mobilisés. Il y a donc beaucoup à faire. Mais il ne faut pas non plus désespérer. J'essaie d'utiliser de plus en plus deux termes qui se trouvent en concurrence dans le monde actuel. Ceux de *démocratie* et d'*oligarchie*, très bien utilisés par Hervé Kempf pour lequel j'ai beaucoup d'admiration. Je pense que nos sociétés sont menées par des oligarchies qui, tout naturellement, essaient de préserver leurs intérêts. S'en rendre compte peut donner lieu à une saine indignation et on peut se dire qu'« une vraie démocratie doit se substituer à cette oligarchie, que les non-privilégiés soient représentés par rapport aux oligarques qui sont les privilégiés ». Est-ce que la mobilisation démocratique peut amener à prendre pied là où il y a des changements à faire et à chasser la supériorité encore trop lourde des oligarques ? Si vous voulez, j'utilise de plus en plus dans les contacts que j'ai avec des plus jeunes ces deux termes pour essayer de leur dire « vous, vous n'êtes pas encore les privilégiés, ou bien vous allez essayer de devenir chacun d'entre vous l'un des oligarques, et à ce moment-là, que deviendra la société ? Ou au contraire, vous allez donner votre effort à ce que les privilèges ne se généralisent pas et qu'au contraire les non-privilégiés puissent acquérir de l'autorité. »

P.B. : En circulant dans les universités ou les instituts d'études politiques, les écoles de commerce, dans lesquels vous êtes souvent passé, les étudiants me parlaient de vous avec émotion et je le voyais, vous avez vraiment suscité un enthousiasme très fort. À l'inverse, on parlait de gens qui sont très connus médiatiquement mais dont la sincérité est moins grande (les intellectuels « faussaires ») et je me suis rendu compte que ces gens-là ne pouvaient pas être invités dans les Universités parce qu'ils ne seraient pas bien reçus. Il y a un décalage entre une petite élite médiatique qui donne la parole aux « faussaires » et la population réelle qui fait la distinction. Comment jugez-vous la qualité du débat intellectuel en France ? Est-ce que vous pensez que l'intégrité est un atout ou qu'elle peut parfois desservir dans l'exposition des idées ?

S.H. : Je pense que l'on risque de tomber sur des gens qui ont déjà un parti pris, notamment sur ce problème qui m'a beaucoup préoccupé ces dernières années : la situation des Palestiniens au Proche-Orient. Il est légitime de se mobiliser pour un discours qui essaie de montrer, avec un maximum d'objectivité, où sont les violations des droits. Mais le parti pris est répandu, beaucoup refusent et à ceux-ci, on a beaucoup de mal à donner la réplique. C'est pourtant ce que nous avons essayé de faire avec Elias Sanbar, l'ambassadeur de la Palestine à l'Unesco, auquel je suis très reconnaissant, avec ce livre que nous avons appelé *Le Rescapé et l'exilé* dans lequel nous essayons de parler de ce problème difficile en ne tapant pas simplement sur les uns et en donnant aux autres des louanges excessives mais de mesurer ce qui n'a malheureusement jamais été fait jusqu'ici et qui pourrait se faire. Lorsque je m'adresse à des jeunes et que je leur parle de ce problème, ce que je fais chaque fois que j'en ai l'occasion, je constate quand même que ce sont des gens qui ne sont pas encore complètement de parti pris – il y en a heureusement. En général je les sens sensibles aux graves problèmes de notre temps. Celui-ci est l'un d'eux. Je pense que quand on leur dit qu'« il y a de graves problèmes qui ne vont pas être résolus facilement mais vous avez une possibilité de les résoudre », alors là ils réagissent très positivement.

P.B. : Vos adversaires vous reprochent de vous concentrer sur la question palestinienne et de ne pas vous occuper d'autres drames qui secouent la planète.

S.H. : Oui, ils ont raison. On choisit toujours. On ne peut pas s'occuper de tout. Ma réponse c'est de dire « il se trouve que j'ai été, à de nombreuses reprises ces dernières années, à Gaza, en Cisjordanie, en Israël, et que cela me préoccupe. Vous avez raison, il y a d'autres graves problèmes dans le monde auxquels je ne suis nullement indifférent et sur lesquels j'adopte d'ailleurs une position qui vaut pour tous, qui est le respect du droit international. » J'essaie de fonder là-dessus toutes mes préconisations sur le respect, qui me paraît tellement important, des articles du droit international. Nous avons réussi à maintenir les Nations unies, une institution ambitieuse, plus de soixante-cinq ans, c'est formidable. Elle est toujours là, elle a toujours toute sa justification, elle a de plus en plus de membres et a maintenant un tribunal pénal mondial. Tout ça, ce sont des conquêtes et je dis que quand il se passe quelque chose d'affreux dans le monde, pas seulement en Palestine bien sûr mais au Mali, au Congo, en Syrie, etc., qu'est-ce qu'on peut faire ? Mobiliser la conscience internationale sur la base du droit établi en 1945.

P.B. : En même temps, les positions que vous avez prises sur la question palestinienne vous ont valu un déferlement de haine, vous êtes régulièrement attaqué – nous le sommes parfois ensemble, pour ma plus grande fierté – par des sites extrémistes. Est-ce que c'est douloureux de voir ces attaques qui sont souvent très violentes, très viles, même si cela ne vous arrête pas ?

S.H. : Non seulement cela ne m'arrête pas mais j'en comprends l'origine et elle n'est pas justifiée. Je la comprends car lorsqu'on me voit comme quelqu'un qui a un père juif, qui a participé à la création de l'État d'Israël – j'étais à New York au moment où cet État a reçu son acte de naissance – on se dit que je devrais avoir pour lui une telle affection que tout ce qui lui arrive devrait m'être cher et que je devrais reconnaître son droit à vouloir s'étendre. Non, ce n'est pas le cas. Je considère qu'il se met dans une position inacceptable pour quelqu'un de juridiquement solide et je dis donc à ceux qui me critiquent « vous méconnaissez mon rôle ou mes intentions, je suis loin de vouloir la perte de l'État d'Israël, mais je considère que son avenir ne peut pas se confondre avec les politiques que ses dirigeants actuels pratiquent. » Je pense donc être plutôt l'ami d'un Israël à construire qu'un défenseur de je ne sais quelle supériorité arabe. Mais je suis toujours prêt à discuter, je ne veux pas du tout répondre à ceux qui me critiquent – en les traitant d'imbéciles ou de méchants – ça ne m'intéresse pas. En réalité, je n'aime pas non plus entrer dans des polémiques avec des gens dont je sens d'emblée que je n'arriverai pas à les convaincre, et malheureusement il y en a ; vous les connaissez comme moi, n'est-ce pas ? Dès qu'on attaque un peu, dès qu'on demande un changement, il y a immédiatement cette révolte qui est encore chez les Israéliens et malheureusement chez beaucoup de juifs français comme ceux du CRIF, terriblement difficile à faire bouger.

P.B. : Par conséquent, n'est-ce pas l'un des débats les plus difficiles à mettre en œuvre du fait de la violence des réactions ? Est-ce que la réaction de la jeunesse à votre égard n'est pas aussi une reconnaissance du courage ? Celui d'avoir abordé un sujet qui déchaîne les passions et les hostilités.

S.H. : Du courage oui, ou en tous cas une certaine constance dans mes positions. Il me semble être reconnu par ceux qui m'écoutent et après avoir été écouté, comme quelqu'un qui a des convictions fermes, qu'il est heureux de défendre, de faire partager au plus de gens possible, et reconnaissant le fait qu'il s'expose par-là à des hostilités ou à des critiques n'en fait pas un malheur. Je ne me suis jamais positionné comme une victime qui ne mérite pas tout le mal qu'on dit d'elle, cela m'est égal et je tiens surtout à donner des réponses à ceux qui se posent des questions. Il y a des gens qui se demandent pourquoi je m'intéresse à cela, comme par exemple notre ambassadeur des droits de l'homme au Quai d'Orsay, M. Zimeray qui, chaque fois qu'on se voit me dit : « vous vous intéressez à la Palestine, mais moi je vais au Congo, en Somalie, etc. c'est bien plus grave. » Pourquoi pas, mais je lui réponds : « Vous avez raison, il faut aller partout mais quand on se trouve avoir été plusieurs fois à Gaza et en Palestine, il est naturel que ce soit de cela que l'on se préoccupe. »

P.B. : Avez-vous invité M. Zimeray à venir avec vous en Palestine ?

S.H. : En fait oui. La première fois que nous avons été ensemble, je lui ai dit : « Écoutez, vous ne connaissez pas encore ce pays-là, il faut venir. »

P.B. : Il n'est jamais venu ?

S.H. : Pour autant que je sache, non.

P.B. : Est-ce que vous avez le sentiment, en participant à tous ces forums, qu'à l'inverse de vous, il y a des gens qui se taisent ou ne prennent pas de position plus par peur que par conviction ? Que certains sont effrayés par l'idée de s'exprimer sur ce sujet, qu'il y a une sorte de terrorisme intellectuel qui empêche les gens d'exprimer librement ce qu'ils pensent ?

S.H. : Oui, vous avez tout à fait raison. Nous sommes devant une sorte de timidité historique. Je la comprends de la part de nos amis allemands. Et j'ai été surpris, qu'en Allemagne particulièrement, ce petit livre qui a été traduit par Mickael Kogon, ait eu un succès considérable alors que les Allemands sont particulièrement inquiets sur tout ce qui concerne Israël pour des raisons historiques bien compréhensibles. Il reste que c'est en Allemagne que j'ai été amené à écrire, en Allemand d'ailleurs, qui est heureusement une langue qui m'est familière, une introduction pour le rapport Goldstone qui a été publié par un petit groupe qui s'appelle Zemit et qui défend une position comparable à la mienne. Donc, pour répondre à votre question, oui, les gens sont gênés, voir intimidés. Pourquoi ? D'une part, il y a une crainte devant l'islam, on en voit encore tout récemment tous les aspects. On se dit que l'islam peut être dangereux pour nous, et par conséquent, il vaut mieux que les Israéliens se défendent. Mais plus fondamentalement, les juifs ont tellement subi nos propres exactions, pas seulement en Allemagne mais dans d'autres pays également comme en Amérique où l'antisémitisme a fait beaucoup de mal, que se montrer, si peu que ce soit réservé à l'égard de la politique israélienne, c'est risquer de passer pour un antisémite. Je crois que cela a été malheureusement utilisé alors que ce serait faire fausse route d'encourager les Israéliens à continuer leur politique très destructive car un jour cela risque de leur causer de graves ennuis. Si l'on a plutôt envie, non pas seulement de la paix – tout le monde a envie de la paix – mais d'un Proche-Orient où Israël, avec des frontières reconnues et garanties internationalement, assuré de sa sécurité, pourrait jouer un rôle de partenaire, comme il l'a commencé un peu avec l'Égypte, ou avec la Jordanie, mais encore très peu, ce serait un avenir très positif, très encourageant, mais ce n'est possible que si Israël met un terme à son conflit avec les Palestiniens.

P.B. : Vous avez, pendant la campagne électorale, pris parti pour François Hollande, que vous avez rencontré. Est-ce que vous avez évoqué ce sujet avec lui ?

S.H. : Malheureusement pas assez et je me le reproche. J'ai demandé à plusieurs reprises, par l'intermédiaire de quelqu'un que j'aime beaucoup et qui travaille auprès de lui, Sylvie Hubac, de pouvoir reprendre le problème palestinien avec lui. Ce qu'il en dit est à mon avis encore trop peu ferme : « Bien sûr qu'il faut arriver à une solution, il faut les deux États. » Il dit cela comme tout le monde le dit mais il ne parle pas de pressions. Je pense que ni lui, ni malheureusement Fabius, qui a des qualités que je reconnais, ne sont encore assez fermes à l'égard d'Israël. Exemple : nous avons, nous Européens, des accords commerciaux dans lesquels figurent une clause selon laquelle les droits de l'homme doivent être respectés. Pourquoi n'avons-nous pas profité de cette clause pour au moins dire à Israël de se montrer plus flexible à l'égard de leurs partenaires, autrement nous pourrions faire jouer la clause des droits de l'homme ? Non, on ne le fait pas. Je me suis par ailleurs engagé fermement pour la victoire de François Hollande. J'avais plus de sympathie pour Martine Aubry, mais quand la primaire a eu lieu, j'ai considéré que c'était une bonne chose, je me suis donc dit : « maintenant on soutient François Hollande ». Joffrin m'a très gentiment demandé de venir à une première rencontre à Nantes avec François Hollande, là j'ai surtout insisté sur ce que nous avons en commun avec Pierre Larrouturou, c'est-à-dire Roosevelt 2012 et à lui dire « allez-y carrément, souvenez-vous que Roosevelt, en l'espace de quelques mois, a vraiment transformé l'économie américaine, il faut que vous soyez aussi courageux que lui. » À part cela, non, je n'ai pas eu beaucoup de contacts. J'ai même été amené – et je n'en ai pas mauvaise conscience – à soutenir dans les élections régionales le nouveau groupe Europe écologie-Les Verts, car il y avait à la tête de la liste parisienne un homme pour lequel j'ai énormément d'amitié et d'affection qui est Robert Lion. J'ai d'abord considéré qu'il faisait un boulot formidable avec Agrisud, très belle organisation, et quand il m'a proposé de figurer sur sa liste en dernière position, c'est-à-dire non éligible, j'ai accepté avec plaisir. Je pense en effet que la composante verte de la gauche, et peut-être pour l'Europe en générale, pour l'Allemagne par exemple, la combinaison SPD-Grün et en France Socialiste-Europe écologie, pourrait devenir majoritaire en Europe.

P.B. : Est-ce que vous pensez que François Hollande a cédé aux pressions du CRIF ou des milieux institutionnels juifs, parce que dans certains cercles communautaires, beaucoup l'ont attaqué pour vous avoir vu. Pensez-vous qu'il ait pu y avoir une « prudence » de sa part et qu'aujourd'hui il pourrait prendre des distances pour ne pas effaroucher ces communautés ?

S.H. : Sur le plan du contact personnel avec lui, j'ai plutôt eu une très bonne impression. Je ne crois pas qu'il me considère comme pestiféré à cause de mes positions sur la Palestine. En revanche, je ne suis pas sûr qu'il s'intéresse beaucoup à ce que je peux lui dire sur ce problème-là, que j'ai d'ailleurs à peine évoqué. Mais je ne pense pas qu'il considère que j'ai la moindre influence. Vous vous dites très gentiment qu'il y a des gens qui s'intéressent à mes positions parce qu'un public m'applaudit dans des rencontres mais je ne me fais aucune illusion. J'ai dit à Sylvie Hubac que si je pouvais être utile au gouvernement actuel, pour lequel j'ai la plus grande sympathie, en paroles, en interventions, j'y suis prêt. Ce gouvernement doit réussir et ce n'est pas facile. La position actuelle de l'économie française et européenne est très difficile à gérer. S'ils pensent que la notoriété que j'ai pu acquérir l'an dernier peut être utile, qu'ils me le disent, qu'ils n'hésitent pas à faire appel à moi. J'avais affirmé la même chose à Martine Aubry pour laquelle j'ai depuis longtemps une grande sympathie. Pour le moment, personne ne m'a rien demandé et puis j'ai eu cette période où j'étais un peu souffrant, un peu à l'écart, de sorte que cela ne m'étonne pas. Si cela arrivait, je me situerais, je crois, dans une position comparable à celle de Rocard qui lui non plus n'est pas très directement dans le coup mais défend des positions qui pourraient être utiles pour le gouvernement de M. Jean-Marc Ayrault.

P.B. : Pensez-vous qu'à l'époque actuelle les notions d'honnêteté, de rigueur intellectuelle, d'intégrité, sont moins représentées ou plus malmenées que dans une période plus lointaine ? Est-ce qu'il y aurait un plus grand respect de l'intégrité ou une plus grande utilisation du mensonge, des artifices dans le débat intellectuel ?

S.H. : Question difficile. Je ne peux pas dire que je suis persuadé que nous allons vers un goût pour la vérité, comme cela a existé. J'ai connu une période, beaucoup grâce à Pierre Mendès-France, où je sentais chez les gens qui m'entouraient et qui poussaient à une majorité, un grand souci d'honnêteté, de vérité. Ces mots-là portaient. Je crains qu'ils portent moins maintenant. Ce qui me ramène à ma petite définition : « oligarchie, démocratie ». Je crois notamment que sur le plan économique et financier, nous avons laissé croître une oligarchie sans beaucoup de scrupules et leur dire qu'« il faut enfin mettre un terme aux niches fiscales, au paradis fiscaux, etc. » ne les intéresse pas tellement. Donc je ne suis pas trop optimiste là-dessus tout en éprouvant personnellement beaucoup de satisfaction à être entendu, tenant un langage apparaissant à ceux qui m'écoutent comme un langage de vérité, plutôt que de cynisme.

P.B. : Est-ce qu'on pourrait dire que l'on est passé par des phases ? Vous racontez dans *Indignez-vous* qu'à la Libération, le Conseil national de Résistance a mis en place un système de presse indépendant pour arrêter les dérives du passé et que ce système qui garantissait l'indépendance de la presse s'est au fur et à mesure démantelé, les grands groupes rachetant les uns et des autres les journaux avec des concentrations extrêmement fortes. Ce qui a bien sûr nuit à une partie du débat démocratique. Mais avec les nouveaux moyens de communication, les réseaux sociaux et leur utilisation par la jeunesse, un contre-pouvoir est permis. Très souvent les médias « classiques » suivent ce qu'ils entendent et sont parfois obligés de rejoindre l'opinion plus qu'ils ne la fabriquent eux-mêmes.

S.H. : Tout à fait. Je crois que c'est peut-être le point sur lequel on peut espérer arriver quand même à ces grands changements que nous appelons de nos vœux, et donner aussi à la jeune génération le sentiment qu'elle a des moyens, avec la multiplication des médias. Je le vois avec des gens comme Edwy Plenel qui m'est très cher, Rue89, et d'autres ; pas seulement ceux-là mais aussi tous les réseaux qui se constituent. On peut dire, quand je rencontre des jeunes, comme cela m'est arrivé assez souvent l'an passé, qui me demandent quel espoir il y a pour eux, qu'ils ont

« une chose que nous n'avons pas eu à l'époque qui est la facilité de médiatisation. Profitez-en, utilisez-là, c'est par des réseaux que vous allez avancer. »

P.B. : Pensez-vous que l'on puisse mentir pour servir une cause juste ? La fin peut-elle, dans le débat intellectuel, justifier les moyens ?

S.H. : Le mensonge est inévitable dans toute existence qui veut tenir compte de la sensibilité des gens sur lesquels on travaille. L'essentiel est qu'il ne soit pas commis dans la recherche d'un intérêt personnel.

Jean Baubérot
ou la laïcité caustique

Jean Baubérot est la plus grande sommité universitaire française sur les questions de laïcité. Né le 26 juillet 1941 à Châteauponsac dans la Haute-Vienne, il est issu d'une famille protestante, religion à laquelle il restera fidèle. Après avoir obtenu en 1966 une thèse de doctorat sur les problèmes de liberté religieuse rencontrés par les protestants « non-concordataires » au XIXe siècle puis, en 1984, une thèse de doctorat ès lettres et sciences humaines sur « le protestantisme face à la laïcisation de la société française », il se spécialise en sociologie de la religion et de la laïcité en étant fortement inspiré par les travaux de Max Weber et d'Émile Durkheim.

Collaborateur technique à l'École pratique des hautes études (EPHE) en 1967, il devient assistant de recherches, en 1971, puis directeur d'études en 1978. En 1986, il prend la direction de la section des Sciences religieuses de l'École et devient titulaire de la chaire d'histoire et sociologie de la laïcité, fondée en 1991. C'est l'unique chaire de l'enseignement supérieur consacrée à l'étude de la laïcité. Jean Baubérot se donne pour objectif d'élaborer des méthodes de construction de notions susceptibles de dégager l'histoire de la laïcité des fausses évidences. Il s'agit notamment de montrer que la laïcité française comporte des liens avec l'histoire des autres pays et d'étudier les problèmes actuels de cette notion au regard des mutations sociales et du processus de mondialisation et de globalisation.

Après avoir fondé le Groupe de sociologie des religions et de la laïcité (GSRL, CNRS-EPRE) en 1995, il est nommé président de l'EPHE en 1999 et en est aujourd'hui président d'honneur. Il a enseigné et donné des conférences dans 40 pays.

En 1997, il est appelé par Ségolène Royal, alors ministre déléguée à l'Enseignement scolaire, à rejoindre son cabinet. Il venait de publier *La Morale laïque contre l'ordre moral* aux éditions du Seuil. Par la suite, il sera membre des différentes commissions consultatives ministérielles, notamment la commission Stasi chargée de l'application du principe de laïcité dans la République. Elle avait été instaurée après l'affaire dite « du voile » dans laquelle plusieurs jeunes filles avaient voulu venir dans leurs établissements scolaires publics couvertes d'un voile musulman. Certains plaidaient la liberté individuelle, d'autres y voyaient du prosélytisme religieux incompatible avec les principes de la laïcité. Il était aussi question d'asservissement de la femme bien que l'immense majorité des adolescentes revendiquait de porter volontairement le voile sans obligation de la part de leur entourage familial. La question de savoir si le principe de la défense de la laïcité n'était pas le masque de sentiments antimusulmans était également posée. La commission Stasi était d'ailleurs communément appelée « commission sur le voile » car au-delà de son appellation officielle générale, chacun constatait que c'était bien l'islam qui était directement visé, et que c'était l'initiative de jeunes filles voulant porter le voile dans leur établissement scolaire qui avait déclenché l'affaire, et non d'autres signes religieux.

Le rapport remis au président de la République le 11 décembre 2003 préconisait l'interdiction des signes d'appartenance religieuse (grande croix chrétienne, voile, kippa) dans les établissements scolaires du premier et du second degré, et a donné lieu à l'élaboration d'une loi. Il proposait également de faire des fêtes religieuses du Kippour et de l'Aïd el-Kébir des jours fériés dans toutes les écoles de la République, ce qui n'a pas été suivi. Jean Baubérot a particulièrement milité, au nom de la reconnaissance de la diversité de la société française, pour instaurer des jours fériés pour les autres religions alors que les principales fêtes chrétiennes sont chômées. Il avait également proposé qu'on interdise les tenues et non pas les signes religieux, ce qui permettait d'autoriser le bandana par exemple. Les autorités musulmanes étaient d'accord avec ce compromis. Selon lui, cette mesure avait pour intérêt de ne pas exclure les jeunes filles et permettait une meilleure gestion de la discipline pour le corps enseignant. Cette proposition n'ayant pas été mise au vote, Jean Baubérot s'est désolidarisé de la commission. Il regrettait que les jeunes filles qui portent le foulard soient désormais scolarisées dans les écoles musulmanes qui ont été créées depuis. Il déclara : « la laïcité n'est pas dans son rôle. Elle incite des élèves à quitter l'école publique pour le privé. Si l'école laïque est émancipatrice, pourquoi exclure les jeunes filles et les mettre dans une école privée ? »[1] Son attachement à la liberté républicaine de l'enseignement le conduit à s'interroger sur les conséquences paradoxales de la loi dite « sur la laïcité » qui va être adoptée dans la foulée des conclusions de la commission Stasi et dont l'un des effets sera de favoriser l'enseignement privé confessionnel.

Reprenant les travaux de Raffaele Simone sur le « monstre doux »[2] qu'est le système de communication de masse, Jean Baubérot écrit : « La laïcité n'en sort pas indemne. Elle est tendanciellement passée de politique à médiatique. La "nouvelle laïcité" est l'un des produits de ce monstre doux. »[3] De même, il dénonce la dérive consistant à transformer des incidents concernant des musulmans en « affaires » parce

1. « Laïcité mode d'emploi », Revue pour l'histoire du CNRS.
2. Raffaele Simone, *Le Monstre doux*, Gallimard, « Le Débat », 2010.
3. Jean Baubérot, *La Laïcité falsifiée*, Éditions La Découverte, 2012, p. 104-105.

que cela se révèle médiatiquement rentable. Des incidents, il y en a des milliers chaque jour qui ne font pas l'objet de traitement médiatique. « Mais à la suite de l'affaire du foulard, tout ce qui a touché de près ou de loin les musulmans a pris un intérêt médiatique tout particulier. Ce principe sélectif était déjà à l'œuvre à la fin du XIXe siècle dans une certaine presse à propos des juifs. Je ne dis pas qu'il faille nier les problèmes. J'affirme seulement qu'il faut savoir les hiérarchiser et dégonfler les baudruches. »[4] Enfin, il dénonce une falsification de la laïcité. C'est par exemple, prétendre que la loi de 1905 a voulu reléguer la religion dans la « sphère privée » entendue au sens de « sphère intime », c'est-à-dire en dehors de l'espace public. « Or, rappelle Baubérot, en 1905, la séparation a fait de la religion une "affaire privée", c'est-à-dire un choix personnel et libre. [...] C'est la puissance publique qui doit être neutre pour garantir la liberté de conscience de tous. L'espace public est un lieu de libre expression. En 1905, tous les amendements qui restreignaient cette liberté, y compris celui sur le port de vêtements religieux, ont été refusés. »[5]

Jean Baubérot dénonce donc l'obscurantisme consistant à se réclamer de la loi de 1905 tout en prônant ce qu'elle désavoue : une conception discriminatoire et contre-productrice de la laïcité qui produit un ressenti victimaire chez les musulmans de France.

---

4. *Op. cit.*, p. 118-119.
5. *Le Nouvel Observateur*, 20 décembre 2012.

Entretien avec Jean Baubérot

« Il existe une tension réelle entre objectivité et engagement. »

Pascal Boniface : Quelle conception as-tu du rôle de l'intellectuel dans la société ?

Jean Baubérot : Ma conception a évolué au cours de ma vie. J'appartiens à une génération qui s'est engagée tôt en politique. Lycéen à Limoges, j'ai été compagnon de route du Parti communiste parce que, dans une ville moyenne, c'était la seule organisation importante qui luttait contre la guerre d'Algérie. J'ai aussi écrit un article contre la loi Debré dans une petite publication lycéenne et j'aidais un ancien prêtre-ouvrier qui faisait de l'action sociale dans un quartier où existaient des bidonvilles. Limoges a une tradition de gauche et de lutte ouvrière. Ma famille paternelle, d'origine paysanne, avait été montagnarde puis socialiste à une époque où cela signifiait plus qu'une option réformiste !

Étudiant au début des années 1960, j'ai adhéré à l'Union des étudiants communistes qui était alors en conflit avec le parti. J'étais membre de la tendance dite « italienne » dont la référence était Gramsci mais ne s'appelait pas « gramsciste » par refus du culte de la personnalité. Quand le PC a repris en main l'UEC en 1965, certains « italiens », dont j'étais, ont fondé le Centre révolutionnaire d'initiatives et de recherches (CRIR). L'idée consistait à refaire, collectivement, pour le XXe siècle, la critique que Marx avait effectuée pour le XIXe, ni plus ni moins ! Le marxisme avait sombré dans l'économisme. Il fallait donc devenir des intellectuels organiques, à la Gramsci, et se servir des grands intellectuels de l'époque – Derrida, Foucault, Barthes, etc. – pour renouveler le marxisme. Les intellectuels étaient donc évalués à l'aune de leur utilité pour un projet révolutionnaire. Ce fut une période d'intense réflexion et d'action, avec notamment la formation de « Jeunes travailleurs » et la diffusion d'une brochure : « Le mouvement étudiant entre la lutte contre l'exploitation du prolétariat et la critique de la société de consommation ».

Par ailleurs, au milieu des années 1960, j'ai dirigé la revue des étudiants protestants, *Le Semeur*, qui proposait un abonnement à prix réduit aux « couples tentant l'union libre ». Il est difficile de s'imaginer aujourd'hui la fureur qu'entraînait la contestation d'une sexualité étroitement limitée au mariage, pas seulement dans les milieux protestants. La contraception n'a été légalement autorisée que fin 1967 et les décrets d'application ont beaucoup traîné.

Naturellement, j'ai participé aux événements de Mai 68. Je dirigeais alors la revue *Herytem, critique politique de la vie quotidienne*, et j'ai été à Cuba pendant l'été. Mes sentiments étaient mêlés. Je n'ai pas tardé à percevoir que ce « joli mois de Mai » était le feu d'artifice qui clôt la fête. Au tournant des années 1960-70, j'ai été marqué par la traduction des ouvrages de Max Weber. Ce fut la prise de conscience qu'il fallait aussi se servir des intellectuels pour critiquer le fonctionnement de la contestation elle-même. Les mouvements gauchistes engendraient de nouveaux dogmatismes, devenaient eux aussi doctrinaires. Un seul exemple : j'ai publié en 1971 un article contre Sartre dans la modeste revue *Lutte antiraciste*. Il avait critiqué (dans la publication maoïste *La cause du peuple*) le film documentaire sur l'Occupation, *Le chagrin et la pitié*, car ses auteurs donnaient largement la parole à un espion anglais homosexuel. Sartre déclarait – c'est extraordinaire quand on le relit maintenant ! – que cet espion soit homosexuel, cela le regarde, mais le mettre en avant donne une image de la Résistance composée de « marginaux, ce qui, pour les masses, signifie des instables et des ratés » (*sic*). Sartre que j'avais admiré pendant la guerre d'Algérie devenait le contre-exemple de l'intellectuel : au lieu de se situer de manière critique, il cautionnait des stéréotypes. C'était affligeant. Face à cette dérive, il fallait abandonner l'ambition de devenir un intellectuel organique qui risquait d'amener à obéir au slogan : « Je suis leur chef, il faut donc que je les suive ». À la critique de la société dominante s'ajoutait la critique de la contestation elle-même. C'est ce double mouvement que j'ai essayé de tenir ensuite.

Le travail de l'intellectuel, selon moi, ressemble à celui de l'artisan car il demande beaucoup de temps et d'énergie. Quand on est historien, on passe des journées dans les archives. On est alors un peu comme les chercheurs d'or : on prend beaucoup de temps à lire des choses guère passionnantes en espérant trouver quelques pépites. Mais même ce qui semble être du sable forme la trame de la vie quotidienne des gens. À cela s'ajoutent mes contacts de sociologue avec les milieux les plus divers. J'aime bien circuler entre des mondes différents, culturellement et socialement. La sociologie m'a notamment permis de disposer d'outils plus théoriques que ceux dont je disposais. Ainsi des historiens étudiaient la loi de 1882 laïcisant l'école publique ou la loi de séparation de 1905 sans saisir l'ensemble de ce processus depuis la Révolution jusqu'à aujourd'hui. J'ai tenté cette étude en proposant le cadre conceptuel des seuils de laïcisation[1]. L'idée est de pouvoir rendre compte des enjeux propres à chaque époque et de la façon dont se situent les différents discours sociaux.

1. *Cf.* notamment Jean Baubérot, *Histoire de la laïcité en France* et Jean Baubérot, Micheline Milot, *Laïcités sans frontières*.

P.B. : C'était donc une première mutation et tu as désormais un parcours universitaire signalé. Quelle est ta conception de ton rôle en tant qu'intellectuel reconnu dans la société française ? Te sens-tu investi d'une mission ?

J.B. : Il existe toujours une tension entre le travail scientifique et l'engagement dans la société. Les politiques parlent de la « tentation de Venise ». Il m'arrive d'avoir ce que j'appellerais la « tentation de la montagne ». Voilà ce que signifie cette métaphore : en consultant des archives, en effectuant des enquêtes, en travaillant sur les représentations collectives et les mutations des valeurs, le chercheur prend ses distances avec le discours social hégémonique ainsi que ceux des différents groupes. Il déconstruit les réseaux d'évidences à partir desquels chacun parle. C'est comme s'il gravissait une montagne. D'en haut, avec la longue vue et la capacité d'observation que donne le savoir historique et sociologique, il peut avoir une vision d'ensemble de la plaine avec des gens en train de s'étriller, des tractations en coulisse, les envers du décor... Vision d'ensemble qu'il est impossible d'avoir quand on reste au sol.

C'est une sensation grisante et, déjà, la tentation consiste à vouloir rester près du sommet et à ne redescendre que pour pouvoir s'approvisionner. C'est ce que déclare Houellebecq quand il affirme considérer la France comme « un hôtel ». Or, cela me semble impossible car je suis membre d'une société, d'un monde où il se passe des choses révoltantes.

Donc je redescends et je me mêle à la vie sociale, je tente d'indiquer aux autres ce que j'ai vu. Cela nécessite de résumer, de choisir ce qui paraît opératoire. On est moins dans la vue d'ensemble. De plus, on prend souvent des coups de la part de ceux qui se considèrent comme les chevaliers du bien, et toute critique apparaît comme une traîtrise. Pour eux, il existe seulement deux camps, en conflit. Pour l'historien ou le sociologue, c'est un peu plus compliqué que les disputes entre bons et méchants de la cour de récré !

Alors la tentation de la montagne recommence : puisque ses propres amis ne veulent pas admettre la complexité des choses, puisque, tout laïques qu'ils veulent être, ils sont, face aux démarches et aux résultats des sciences humaines, dans une posture assez obscurantiste, l'envie prend le chercheur de vite remonter sur la montagne et d'y rester toujours. Là se passent des rencontres entre montagnards : les colloques, les invitations dans des universités réputées, etc. Beaucoup de choses très gratifiantes. Pourquoi ne pas s'en tenir là et ne plus perdre son temps, ne plus dépenser son énergie à de fatigants allers retours ? Pourquoi ne pas attendre que les choses se décantent ? Pourquoi prendre des coups de gens qui peuvent paraître, eux, comme des intellectuels organiques ? Car en effet, soit ils théorisent de façon souvent brillante les évidences sociales, ce que l'on voit à l'œil nu, soit ils se situent dans le ciel des idées, des principes, tellement haut que les nuages leur brouillent la vue !

Il existe donc une tension permanente quand on est chercheur sur des sujets socialement passionnels : on ne peut renoncer à gravir la montagne, à cet effort long et coûteux d'objectivation, de scientificité. Sinon on devient un intellectuel faussaire – on se met à tricher pour défendre une cause, on se donne les meilleurs alibis du monde pour le faire ou on ne prend dans la réalité sociale et historique que ce qui va dans son sens – mais en même temps, on vit l'impossibilité d'une science pure qui permettrait d'être soi-même en dehors des enjeux de société, des combats, de tout ce que l'on a pu observer.

Mais cette tension est positive car, si loin qu'on la mène, l'objectivation n'est jamais absolue : on ne saurait voir toutes les facettes d'un cube. On doit toujours savoir qu'on ne sait pas tout, loin de là ! On a perpétuellement à apprendre, y compris de ceux qui sont restés dans la plaine. Et à côté de ceux qui cognent en existent d'autres plus intéressés. Je suis arrivé à ébranler des personnes qui invoquaient la loi de 1905 en se fondant paradoxalement sur des choses qui avaient été refusées par cette loi.

P.B. : Comme par exemple ?

J.B. : Par exemple, il existe un glissement dans le langage courant et générateur de confusion. On peut dire que la loi de 1905 fait de la religion une « affaire privée », c'est-à-dire qu'elle n'est pas affaire d'État, de la puissance publique, mais un choix personnel et libre, le choix privé de chacun. Cette privatisation s'effectue d'ailleurs au moment où le droit d'avoir des choix privés se développe : on ne fait plus automatiquement le métier de son père, on entre dans le marché du travail si on est une femme, etc. Mais cela ne signifie nullement que la religion soit réduite à « l'espace privé » compris comme la « sphère intime ». Au contraire, un espace public de débat démocratique se développe face à l'État, et les convictions religieuses, comme les autres, y sont partie prenante. Les débats parlementaires de 1905 ont tous abouti au refus d'une réduction de la religion à l'espace privé.

La personne emblématique de cette confusion est Élisabeth Badinter qui veut réduire la religion à l'intimité. Mais relier appartenance religieuse et sphère intime, c'est ce qui se passait quand il existait une religion d'État. Chacun pouvait, dans son for intérieur, être dissident, mais il était difficile de l'exprimer sur la place publique. Ce qui est prôné en fait, ce n'est pas la laïcité de 1905 ou celle des années 1880 qui ont vu l'éclosion des lois développant les libertés publiques, c'est la suite du gallicanisme séculaire des rois de France. Quand la liberté syndicale a été instaurée en 1884, des « syndicats chrétiens » se sont créés à côté d'autres syndicats. On pourrait multiplier les exemples.

Il est donc capital de refuser ces glissements, de pouvoir faire comprendre aux gens que la conception gallicane, autoritaire de la laïcité, qui se méfie de la liberté de conscience (cela inclut la liberté de religion) comme liberté publique, ne peut être une conception monopolistique. Il existe une autre manière d'envisager la laïcité. Il est important de combattre l'amnésie. Ainsi, on a oublié que le chanoine Kir ou l'abbé Pierre, lorsqu'ils étaient députés, allaient à l'Assemblée nationale en soutane sans que personne ne parle d'atteinte à la laïcité.

La conception très réductrice de cette notion frappe aujourd'hui principalement les musulmans, y compris avec le discours de personnes à gauche, qui ont une intention plus égalitaire, notamment celles qui veulent faire refluer toutes les religions dans la sphère privée. Lorsqu'ils s'adressent au catholicisme, cela n'a guère d'impact. En revanche, quand leur discours concerne l'islam, la résonance sociale est plus forte à cause de la colonisation et de la décolonisation, du fait qu'il s'agit d'une minorité mal acceptée par la moyenne des Français et des conflits internationaux.

Certains philosophes ou essayistes qui ne se préoccupent pas des conséquences sociales de leurs propos croient tenir un discours égalitaire sans que ce soit le cas. D'ailleurs, ce type de discours, en 1989, se fondait sur l'idée jacobine du « citoyen abstrait ». Ensuite, on a justifié une laïcité à géométrie variable au nom de « racines chrétiennes de la France » ou d'une certaine conception de l'identité nationale. On a prétendu que les fêtes chrétiennes étaient « culturelles », pas les fêtes juives ou musulmanes, etc. Cette laïcité-là n'est pas celle qui a été instaurée en France. Bien sûr, il y a toujours eu des participants d'une laïcité autoritaire. Mais, historiquement, à part une courte période entre 1901 et 1904, ils ont perdu. Si les liens entre le catholicisme et l'État ont été rompus, le catholicisme a pu devenir un élément important de la société civile qui s'est épanouie grâce aux lois de liberté votées dans la première moitié de la IIIe République.

Je viens de faire allusion à la confusion permanente entre la laïcité et le jacobinisme. Or, Jules Ferry était antijacobin : il affirmait que le jacobinisme et le bonapartisme étaient les deux menaces principales pour la République. Et lors du vote de la loi de 1882, il s'est heurté à des républicains jacobins. Aristide Briand, le père de la loi de 1905, était également antijacobin : il venait d'une culture anarcho-syndicale et se méfiait d'une volonté d'omnipotence de l'État. S'il a pu façonner la loi de 1905, c'est justement parce qu'il ne voulait pas d'un État totalisant, contrôlant étroitement la religion. Les Églises ont été plus libres après 1905 qu'avant. Un historien catholique, Adrien Dansette, l'a établi dès le milieu du xxe siècle[2].

Tous ces faits se trouvent minimisés ou même ignorés. Face à ceux qui ont tendance à croire qu'en matière de laïcité il n'existe pas de démarche de connaissance, il faut lutter contre cette confusion entre laïcité, gallicanisme et jacobinisme. Ce qui a au moins été réussi, pas seulement grâce à moi bien sûr, c'est d'avoir empêché cette confusion d'occuper à elle seule le terrain, d'être monopolistique. Mon travail

2. *Cf.* Adrien Dansette, *Histoire religieuse de la France contemporaine sous la IIIe République*, Flammarion, 1948.

implique de montrer que certains discours officiels sont faux. Ainsi l'historique de la laïcité écrit en 2007 par le Haut Conseil à l'intégration comporte un certain nombre d'affirmations qui sont aussi erronées que de croire que de Gaulle a rencontré Jaurès à plusieurs reprises[3]. Ces détournements historiques conduisent à une certaine conception de la laïcité en faisant croire qu'elle se trouve dans la lignée de la laïcité historique.

P.B. : Il s'agit donc plus d'un projet politique que d'incompétence…

J.B. : L'incompétence est au service d'un projet politique. Sur la laïcité comme sur d'autres sujets, des éditorialistes, des personnalités politiques, des leaders associatifs, etc. proclament de manière péremptoire des stéréotypes véhiculés par la culture commune qui ont pourtant été démontrés comme étant faux par les historiens – mes recherches personnelles s'inscrivent naturellement dans un mouvement général. Ainsi, prétendre sacraliser la loi de 1905 permet souvent de se dispenser d'une démarche de connaissance. C'est une façon d'ignorer les débats, les amendements acceptés et ceux refusés. Autrement dit, c'est ignorer la construction même de cette loi. Deux erreurs sont souvent commises. La première consiste à réduire la loi à son contexte, très conflictuel, mais qu'elle a réussi à dépasser en commençant un processus d'inclusion des catholiques au sein de la laïcité. Jaurès a d'ailleurs dit

3. *Cf.* Jean Baubérot, *La Laïcité falsifiée*.

que c'était sa stratégie. C'est ce que j'ai voulu signifier par la notion de « pacte laïque ». La seconde erreur est d'ignorer que la loi de 1905 a fait un sort particulier à l'Algérie et aux colonies : des décrets spécifiques ont permis de la détourner. L'Empire français n'était pas « républicain » et les « Français musulmans », expression significative, étaient des sujets et non des citoyens. Certains d'entre eux ont réclamé l'application de la loi. En vain.

En plus de ces erreurs, il existe trois stéréotypes récurrents. Le premier veut que l'école en France soit « gratuite, laïque et obligatoire ». Or, c'est l'instruction qui est obligatoire mais la liberté de l'enseignement a toujours existé. Le fait de prétendre que l'école laïque est obligatoire revient à faire croire que le monopole de l'État laïque sur l'école a triomphé. Si certains des laïques ont effectivement réclamé ce monopole, ils ne l'ont pas obtenu. Ferry déclarait que cela aboutirait à « une sorte de religion laïque d'État ». Le deuxième est celui de la Constitution qui affirmerait que la France laïque est « une et indivisible ». On parle de 1793 ! La Constitution dit en fait que la France est une « République indivisible, laïque, démocratique et sociale ». Elle est donc indivisible en étant diverse. Lorsque l'on prétend que la France laïque est « une et indivisible », non seulement on ajoute le « une », mais on oublie le « démocratique et sociale », qui s'imposent pourtant, constitutionnellement, à la « laïcité républicaine ». C'est mon rôle d'intellectuel de mettre en lumière ces contradictions même si cela rompt le jeu de connivences de la société établie. Troisième stéréotype : prétendre que laïcité et égalité des sexes sont liées. Les choses sont en réalité plus complexes : la mise en avant, jacobine, du « citoyen abstrait » était un progrès, mais l'inégalité des sexes était considérée comme un « fait de nature » et le scientisme anticlérical du XIXe siècle l'a renforcée. On a prétendu que le cerveau masculin était rationnel et le féminin sensible et religieux ! Les laïques comme Ferry n'ont pas cru en cette infériorité des femmes, ils ont affirmé qu'il s'agissait d'un problème d'éducation. L'éducation laïque des filles a donc été entreprise mais le stéréotype de la « femme soumise au cléricalisme » s'est perpétré et les femmes n'étaient jamais assez éduquées pour pouvoir être électrices. La France n'a instauré le « suffrage universel » qu'en 1944. Dans le refus d'admettre que le contraire de l'imposition du foulard, c'est le libre choix, et non son interdiction, il peut y avoir, à côté du souci de l'égalité des sexes, la revitalisation du vieux stéréotype antiféministe : « la femme musulmane soumise qui porte un foulard » remplace « la femme catholique soumise qui va à confesse ».

P.B. : Comment expliquer cette force des stéréotypes ? Est-elle due au fait que lorsque que l'on se donne un objectif, on ne regarde pas les moyens, empêchant ainsi, comme tu le disais, une démarche de connaissance ? Par rapport à des objectifs qui sont considérés comme sacrés, tous les moyens sont bons pour faire parvenir un point de vue et on arrive finalement au résultat inverse.

J.B. : Oui, il y a de cela. Mais il y a aussi la manière dominante dont on pratique la philosophie en France. Il existe deux façons d'en faire. Elle peut remplacer la théologie comme doctrine globale et totalisante ou dialoguer avec les sciences humaines et sociales. En France, la première tendance, essentialiste et substantialiste, tient le haut du pavé même si beaucoup de philosophes universitaires se situent dans la seconde. Max Weber met en lumière ce qu'il appelle « l'ironie de l'histoire » : les conséquences des actions humaines divergent souvent des intentions de leurs auteurs s'ils ont sous-estimé la multiplicité des interactions dans lesquelles s'inscrivent leurs propres actes. Cela conduit à se demander si une certaine manière de « défendre la laïcité » ne favorise pas le radicalisme religieux en portant atteinte à la liberté de conscience comme liberté publique. Quand on constate la radicalisation du discours politique dominant sur la laïcité, on peut se poser la question. Un discours de plus en plus dur et stigmatisant rencontre des résistances qui le conduisent à penser que le péril s'aggrave et qu'il faut donc être encore plus dur. Cela contribue à produire ce contre quoi l'on prétend se prémunir, risquant de rendre attractifs les extrémistes que l'on assure combattre. Ce processus est analogue à celui qui a existé contre le « danger congréganiste » au début du XXe siècle. Résultat : en 1904, le « conflit des deux France » était exacerbé, des congréganistes prenaient le maquis, les incidents violents se multipliaient. La loi de 1905, que certains ont confondue avec la politique précédente, a renversé la tendance. En 1908, une pacification laïque est déjà opérée même si on assiste encore à des conflits substitutifs. Briand a défendu une « laïcité de sang-froid » qui a changé la situation, les laïques intransigeants n'amenaient, eux, que la montée des violences.

Il existe aussi une sorte de paradoxe démocratique. En démocratie, l'électeur est souverain et doit donc avoir une opinion sur tout. Cela risque de le livrer à des stéréotypes plutôt qu'à une véritable démarche de connaissance. Par exemple, le livre le plus important sur la loi de 1905, rédigé par un Écossais, Maurice Larkin, a paru en 1974 et a été traduit en 2004 seulement dans une maison d'édition de province[4]. À part des historiens professionnels, pratiquement personne parmi ceux qui ont une parole publique n'a lu cet ouvrage. Cela fait que, paradoxalement, quand vous essayez de rectifier les choses, vous apparaissez comme celui qui aurait une opinion bizarre, peu crédible. Bien sûr, nul ne peut tout connaître mais on devrait mieux connaître les limites de son savoir.

Le paradoxe démocratique vient du fait qu'il est difficile de se dire : « je ne prends pas position sur ce point car je ne dispose d'aucun savoir sur la question. Je suis donc dépendant d'un discours social qui acquiert de la validité surtout par sa répétition ».

4. Maurice Larkin, *L'Église et l'État en France. 1905. La crise de la séparation.*

C'est cette capacité de douter qui devrait être le centre de la culture laïque, ce que j'appelle « la laïcité intérieure »[5]. En revanche, sur ce que je connais un peu parce que j'ai été dans les archives, fait des enquêtes, travaillé sur ces sujets depuis des années, là je vais au combat car ce que l'on raconte induit des conséquences racistes, sexistes, xénophobes, etc. C'est aussi grave que de déconstruire un pont avec des malfaçons. On ne voit pas les conséquences mortelles des bêtises sociales qui sont dites. Le chercheur ne peut donc se désengager, même si ce serait pour lui beaucoup plus agréable : il y a des morts, des injustices terribles derrière. Mais, bien sûr, cela signifie prendre des risques. J'en suis bien conscient.

P.B. : Mais, en même temps, ton engagement ne te ferait pas adopter la facilité d'arguments fallacieux ou faux pour convaincre l'auditoire. T'est-il arrivé, dans le débat public, d'utiliser des arguments auxquels tu ne croyais pas toi-même pour lutter contre ce que tu pourrais estimer comme un danger plus grand de falsification ?

J.B. : Utiliser des arguments que je sais être faux ? Non, je ne pourrais plus me regarder dans la glace ! Ceci dit, il existe une tension réelle entre objectivité et engagement – surtout que la situation médiatique, notamment la télévision, ne permet guère d'expliquer en quoi les choses sont complexes, dialectiques, etc.

5. *Cf. La Laïcité falsifiée*, *op. cit.*

Elle m'oblige parfois à choisir les arguments les plus critiques par rapport aux propos péremptoires du discours dominant. Les stéréotypes ne sont pas forcément faux à 100 % mais ils arrangent la réalité de manière à la rendre acceptable de façon consensuelle. Donc, effectuer un choix réactif, privilégier la face cachée des choses, cela m'arrive, je l'admets volontiers. Il est difficile de contrebalancer des arguments à l'emporte-pièce de façon nuancée tout en ne disposant que de très peu de temps. Quand on est interviewé en solo, on complexifie un peu, mais l'enregistrement dure une heure et, au montage, il est réduit aux cinq minutes où vous avez été polémique !

Dans les années 1970, j'étais un jeune chercheur quasiment inconnu et il m'est arrivé d'être interviewé une demi-heure à la télévision pratiquement sans interruption. Cela n'est plus possible aujourd'hui alors que je suis un peu plus connu. Je participe à des plateaux comportant cinq ou six invités, et il est demandé à chacun de prendre parti en 45 secondes sur des questions difficiles. Mais le problème est que si l'on refuse toujours d'y aller (je le fais parfois), on laisse le monopole de la parole à ceux qui abondent le discours dominant.

Cependant, je n'ai pas une analyse uniquement négative des médias. Quelque chose peut passer au milieu des contraintes, et pas forcément dans les émissions dites « sérieuses » d'ailleurs. Par exemple, les séries ont beaucoup fait pour lutter contre l'homophobie. *Avocats et associés* présentait un couple d'homosexuels et montrait qu'il y avait de la tendresse, de l'affection, des chamailleries, en somme qu'il s'agissait d'un couple comme un autre. Si l'homophobie a régressé, c'est en partie grâce à la télévision. Beaucoup de gens qui ne connaissaient pas d'homosexuels déclarés ont pu effectuer un cheminement qui les a convaincu qu'ils étaient des humains comme les autres, y compris dans leurs amours. Les médias peuvent donc avoir un rôle tout à fait positif.

Mais pour l'islam, il est clair que cela joue beaucoup moins. Il existe une série canadienne, *La petite mosquée dans la prairie*, qui porte un regard critique et, en même temps, montre la vie d'une communauté musulmane avec ses problèmes et ses relations amicales comme toutes les communautés humaines. Cette série a été diffusée en France à quatre heures de l'après-midi, jamais en *prime time* comme *Avocats et associés* ou d'autres séries. On voit bien à quel point le petit écran sert certaines causes et en dessert d'autres, de façon volontaire ou non.

P.B. : Tu as parlé, en reprenant les travaux de Raffaele Simone, du « monstre doux » à propos du système médiatique…

J.B. : Je dirais cela pour un système social global. Je ne voudrais pas faire des médias les seuls responsables, loin de là. En lisant un quotidien, on peut trouver beaucoup d'articles sérieux, de débats qui donnent à réfléchir, d'informations qui tiennent la distance, mais ce qui va un peu rechercher la complexité des choses n'est, en général, pas spectaculaire, et parfois ne correspond pas aux titres donnés. Ils sont habituellement choisis par des « communicants ». C'est d'ailleurs souvent le cas aussi pour les livres. Il faut accrocher l'attention du lecteur éventuel ! On est alors dans un processus de perpétuelle surenchère.

On en revient au paradoxe démocratique : parce que nous devons retenir quelque chose sur mille sujets différents, nous retenons ce qui est spectaculaire, les gros titres, sauf pour ce qui nous intéresse tout particulièrement. Tout le monde est donc co-responsable de cette perversion du système. Le travail honnête d'un journaliste aura moins d'influence qu'un incident monté en épingle par un autre.

Toute ma vie, j'ai été taraudé par la question de la normalité. Sont « normaux » ceux qui ne cassent pas la figure de leurs opposants, se lavent les dents, n'ont pas d'idées extrémistes, etc. Soit. Mais cette normalité ne doit pas conduire à la dogmatisation du normal, à son imposition autoritaire. Le philosophe Alain disait qu'« une vérité qui cesse d'être questionnée finit par devenir fausse ». Nous devrions ruminer ce propos ! Le terme d'« hérétique » a disparu du vocabulaire alors qu'il a taraudé les sociétés occidentales pendant des siècles. L'hérétique était pourchassé, persécuté car considéré comme un malade contagieux dont il fallait protéger la société. Les historiens estiment maintenant que les hérétiques ont constitué des éléments importants du changement social, que l'histoire a progressé en bonne part grâce aux gens qui se sont situés, à leurs risques et périls, dans la dissidence, hors des normes établies. Les créateurs sont toujours peu ou prou hérétiques.

On a aujourd'hui l'impression d'une société dans laquelle il n'y a plus lieu d'être considéré comme hérétique, mais peut-être s'est-elle rigidifiée autrement. De nouveaux « gros mots » sont apparus : celui d'« intégriste », celui de « communautarisme ». Dans les deux cas, il s'agit toujours de l'autre. On n'imagine pas qu'il puisse exister un communautarisme des riches, d'énarques vivant en vase clos. Notre société n'accepte guère la véritable différence. Malgré ce qu'elle croit, elle ne veut pas de sous-sociétés différentes, celles-là même qui interrogent les vérités établies. Une domination mimétique tend à remplacer une domination hiérarchique. J'essaie de comprendre, voire de tolérer des aspects contre-sociétaux, y compris pour ce qui ne me plaît pas du tout. Je viens de discuter avec quelqu'un qui m'a déclaré : « L'État devrait poursuivre l'Église catholique qui refuse d'avoir des femmes prêtres, pour discrimination à l'embauche ». Je trouve, en effet, cela discriminatoire. Pourtant, je reconnais à une sous-société, à condition qu'elle ne domine pas l'État ni la société civile, le droit de ne pas partager les valeurs de la société globale, même celles auxquelles je crois. Même si cela est choquant, il faut l'accepter quand cette différence est volontaire et libre – ceux qui ne sont pas d'accord peuvent quitter cette Église-là. Mais cela me pose problème si, au nom d'une pseudo-morale naturelle, on veut imposer des normes à tout le monde. Sans cela, les principes et les valeurs auxquels on se réfère deviennent une forme moderne de la « religion civile » à la Rousseau. Je suis contre toute religion civile parce que cela crée une sorte d'infaillibilité de la société. Il faut toujours des ouvertures et même les certitudes les plus avérées doivent pouvoir être mises en cause.

C'est très difficile : cette tolérance ne peut pas être absolue non plus. Là encore, on ne peut vivre que dans une tension, un mouvement où les choix n'ont rien d'évident. Quelles sont les limites entre tolérance et interdiction ? Il me semble nécessaire d'interdire ce qui est irréversible – l'excision par exemple – et de tolérer ce qui est réversible – le port de tel ou tel vêtement –, quitte à indiquer pourquoi on n'est pas d'accord. Paradoxalement, parfois, quand on interdit quelque chose, cela signifie qu'en fait cette chose n'est pas socialement puissante malgré les discours qui veulent nous persuader du contraire. Ainsi, on ne lutte pas vraiment contre les paradis fiscaux qui, indirectement, engendrent des maux terribles. On prend toujours plus de pincettes avec les puissants.

Une tension existe entre la nécessité de principes fondateurs du lien social, de principes partagés, et le fait que ces principes sont toujours interprétés d'une certaine façon par une culture établie, qu'il faut donc débattre de leur concrétisation. Je suis partisan de la morale laïque et de son enseignement à condition que celle-ci ne se montre pas conformiste avec l'ordre social, que tout le monde ne soit pas forcé d'avancer au même rythme, qu'il n'y ait pas l'imposition d'un unanimisme uniformisant. Sous la IIIe République, la morale laïque telle que j'ai pu l'étudier à travers deux cents cahiers d'écoliers a accompagné l'établissement des libertés publiques[6]. Elle a enseigné la dignité humaine et la solidarité sociale avant de se dégrader après la Première Guerre mondiale. Aujourd'hui, nous devrions tous pouvoir recevoir une formation permanente à la réflexivité morale.

La communication de masse et sa réception sociale, l'hypertrophie du voir, la marchandisation de tous les aspects de la vie sociale, pose la question de ce que j'appelle le « totalitarisme centriste » et que Raffaele Simone nomme le « monstre doux ». J'ai eu un débat avec le philosophe Claude Lefort là-dessus[7]. Il était hérissé par le terme de « totalitarisme centriste » : il n'y a pas de « camps de la mort », m'a-t-il rétorqué. Bien sûr. Mais, ai-je répondu, il existe dans les sociétés modernes le risque d'imposer « une non-pensée normative d'autant plus insidieuse qu'elle prétend respecter le pluralisme ». Simone montre qu'il peut exister un totalitarisme doux sans goulag, mais complètement normalisateur des mentalités. S'il n'y a plus la possibilité d'être hérétique, si le choix est d'être conformiste ou intégriste, c'est une perte terrible : la société rate quelque chose d'essentiel. Pour ma part,

6. *La Morale laïque contre l'ordre moral*, *op.cit.*

7. Marceau Long, François Monnier (dir.), *La France, l'Église quinze siècles déjà*, p. 192-193.

je tente d'échapper à cette alternative, de retrouver un peu la saveur de l'hérésie.

P.B. : Tu as été traité de « pro-islamiste ». Comment vis-tu cette accusation ? Car c'en est une dans la bouche de ceux qui l'emploient. En plus, c'est un terme sur la signification duquel on pourrait s'interroger…

J.B. : Je suis protestant. Quand j'avais 16 ans, trouvant ma paroisse « bourgeoise », j'ai voulu devenir catholique et c'est l'ancien prêtre-ouvrier avec qui je travaillais qui m'a dit : « Ne fais pas cette connerie » ! Depuis mon adolescence, j'ai été attiré par le judaïsme. Au tournant des années 1960-70, j'ai été agnostique. Mes séjours au Japon m'ont fait connaître des variétés du bouddhisme et j'apprécie le courant Jōdo-Shinshū mais je n'ai jamais été personnellement attiré par l'islam même si je respecte cette religion. C'est donc à partir d'un certain universalisme, du combat pour le droit de chacun à vivre ses convictions et à les vivre à égalité avec les autres, que j'ai été poussé à prendre position. De plus, j'ai la conviction que le combat éthique et l'intérêt bien compris ne se trouvent pas en opposition. Il existe des groupes terroristes qui se réclament de l'islam. Ils doivent être combattus. Raison de plus pour ne pas pratiquer d'amalgame, pour les isoler, pour arrêter de stigmatiser les musulmans sous prétexte que leur sociabilité a ses particularités propres, même si, bien sûr, on peut interroger cette sociabilité.

Avec « les affaires du foulard », il a fallu rappeler que la loi de 1905 a refusé de légiférer sur les vêtements à une époque où les accusations contre la soutane la considéraient comme un vêtement politique, de soumission. Ces accusations ressemblaient à celles portées contre le foulard aujourd'hui. En plus, il fallait récuser la tendance à réduire la laïcité à un seul problème sous prétexte qu'il faisait l'actualité. Nous avions déjà eu une réduction analogue des années 1950 aux années 1980 concernant le financement des écoles privées. Il s'agissait d'un problème important, mais le terme de laïcité se trouvait réduit à ce seul élément. À partir de 1989, le terme « laïcité » n'a pratiquement plus signifié que le foulard. C'est également une réduction peu acceptable car la laïcité a une autre ampleur. Elle met en jeu la liberté de conscience, la non-discrimination pour raison de religion et de conviction, la séparation de l'État et des religions et la neutralité arbitrale de la puissance publique.

L'affaire du foulard est contemporaine de la création de la chaire d'histoire et de sociologie de la laïcité. Dans ma carrière, j'ai occupé une chaire d'histoire et de sociologie du protestantisme de 1978 à 1990 à l'École pratique des hautes études et ensuite, une chaire d'histoire et de sociologie de la laïcité. Ce n'est pas par hasard si les pouvoirs publics ont estimé, à ce moment-là, qu'il fallait une chaire spécialisée pour étudier la laïcité plus à fond. Mais ces affaires du foulard m'ont fait immédiatement être catalogué par des gens qui n'avaient pas forcément lu mes travaux.

L'actualité m'a obligé, dès le départ, à prendre position sur un sujet chaud dans le débat social même si je parlais à partir de ce que je pensais être les résultats de recherches que j'avais déjà entreprises. Cela a certainement orienté la réception sociale de mes travaux.

En 2003, il y a eu la Commission Stasi dans laquelle nous avons d'abord été trois membres à nous abstenir de voter la proposition de loi sur l'interdiction des signes religieux ostensibles à l'école publique. Dans la dernière demi-journée, les deux autres personnes sont revenues sur leur abstention et je me suis retrouvé seul à ne pas voter cette proposition. Nouveau marquage ! Certains ont cru que je réduisais la laïcité à la liberté religieuse. Je ne l'ai jamais fait et mon ouvrage *La laïcité expliquée à M. Sarkozy et à ceux qui écrivent ses discours* le montre. Mais ceux qui raisonnent en termes de combat entre deux camps ne pouvaient l'accepter. Il y a eu des comptes-rendus qui m'ont fait rire, du style : il prétend qu'il est contre la « laïcité positive » de Sarkozy mais vu sa position à la commission Stasi, cela ne peut être vrai ! C'est un processus bien connu qui commence par « pas de liberté pour les ennemis de la liberté » et continue par « pas de liberté pour mes ennemis », même s'ils sont amis de la liberté !

Quand je parle de la laïcité hors de France, mes auditeurs ne m'attendent pas sur une position idéologique dans le débat social mais sur des critères de pertinence sociologique et historique, de sérieux universitaire. J'ai donné des cours ou des conférences sur la laïcité dans quarante pays des cinq continents.

Je suis allé au Japon vingt fois, au Canada presque autant, plusieurs fois aux États-Unis, au Mexique, en Amérique latine et dans beaucoup d'autres pays. Il m'est indispensable de m'extraire périodiquement du débat social français pour ne pas m'y engluer et vérifier la validité de ce que je dis dans la confrontation avec des universitaires qui peuvent travailler dans un environnement social plus serein. Si je me laissais trop entraîner par le débat social, si je dérivais de ma recherche d'objectivité scientifique, ils me feraient rapidement des rappels à l'ordre. À l'étranger, je ne suis pas du tout considéré comme « pro-islamiste », je suis considéré comme quelqu'un qui essaie de décortiquer les discours des uns et des autres, de trouver les différentes pièces du puzzle et de les agencer de manière à ce qu'il soit reconstitué. Parfois, il arrive même quelques équivoques inverses à celles qui peuvent exister en France. À Tokyo, devant un auditoire majoritairement composé d'étudiantes, j'explique les différents enchaînements qui ont conduit à la loi de 2004. Certaines d'entre elles ont réagi vivement, arguant de la liberté des femmes à porter le foulard. Elles-mêmes avaient raccourci leurs jupes peu de temps auparavant. Je leur ai alors indiqué ma position personnelle et j'ai tenté de leur donner une petite leçon de méthode sur la différence entre l'analyse – expliquer et comprendre – et l'engagement.

Je suis toujours un peu marri du fait que l'on m'envoie des injures – elles fleurissent sur internet – et, en même temps, c'est parfois involontairement drôle. En revanche, j'ai plaisir à me confronter avec Catherine Kintzler, la plus rigoureuse des philosophes de la laïcité dite « républicaine ». Il est intéressant de préciser les convergences, sur le droit au mariage de personnes de même sexe par exemple, et les divergences de nos analyses. J'essaie d'échapper à l'alternative d'être dans la justification de soi-même par soi-même ou dans l'intériorisation des accusations que l'on reçoit qui pourrait conduire à affadir son discours. Je tente d'éviter l'un et l'autre par l'humour, le travail et l'écoute.

Esther Benbassa
ou
la cosmopolite tenace

Esther Benbassa est née à Istanbul (Turquie) en 1950 dans une famille juive dont les membres furent expulsés d'Espagne en 1492. Ses parents sont issus d'un milieu modeste même si son père fera fortune dans les affaires. Amateur d'opéra, de théâtre, de poésie, de jolies femmes et philanthrope, il jouera un rôle important dans ce que deviendra Esther Benbassa. Elle passe une enfance agréable et aisée dans un milieu multiconfessionnel où musulmans, chrétiens et juifs vivent en relative harmonie, ce qui la marquera humainement et intellectuellement. Elle apprend très tôt le français avec une préceptrice arménienne et fréquente successivement des écoles congréganistes françaises.

Ses parents divorcent, chose rare à l'époque, et son père fait faillite. À l'âge de 15 ans, elle est envoyée dans un kibboutz en Israël, reprend ses études au lycée congréganiste français de Jaffa, puis enchaîne des petits boulots pour aider les siens. Elle poursuit ses études en parallèle et obtient un baccalauréat français puis, en 1972, un BA (*Bachelor of Art*, équivalent de la licence) de philosophie et de littérature française à l'université de Tel-Aviv. Elle obtient deux bourses pour poursuivre ses études, l'une américaine et l'autre française. Elle choisit Paris et s'inscrit à l'université Paris VIII-Vincennes pour préparer sa maîtrise. En 1975, elle obtient le CAPES de lettres modernes et commence une carrière d'enseignante dans le secondaire en Normandie tout en vivant à Antony en cité universitaire. Elle est ensuite affectée à Eaubonne en banlieue nord parisienne. Elle entame en parallèle une thèse de doctorat, toujours à Paris VIII, sous la direction de Jean Levaillant et de Madeleine Rebérioux sur la culture de la Commune de Paris de 1871. Elle la soutient en 1978. Elle passe également un diplôme de turc à l'Inalco en 1982.

La même année, elle rencontre Jean-Christophe Attias qu'elle épousera et qui sera également son partenaire dans la vie intellectuelle. Elle se lance dans la rédaction d'une thèse d'État qu'elle consacre à l'histoire des siens alors largement ignorée par les milieux universitaires. Elle soutient en 1987 son doctorat sur « Haim Nahum Efendi, dernier grand rabbin de l'Empire ottoman (1908-1920), son rôle politique et diplomatique ».

Elle intègre en 1989 le CNRS comme directrice de recherche. Elle peut dès lors se consacrer pleinement à ses travaux universitaires. Son champ de compétences déborde largement l'histoire des juifs à l'époque contemporaine et s'étend à l'histoire comparée des minorités. En 2000, elle est la première femme élue à la chaire d'histoire du judaïsme moderne à l'École pratique des hautes études à la Sorbonne. Elle crée en janvier 2002, avec le soutien de Serge et Monique Benveniste, le Centre Alberto Benveniste d'études sépharades et d'histoire socioculturelle des juifs, dont elle est toujours la directrice. Elle est l'auteur d'une vingtaine de livres et a dirigé la publication d'une quinzaine d'autres. Ses ouvrages ont été traduits dans plusieurs langues et elle est fréquemment invitée à l'étranger dans les universités.

Esther Benbassa n'est pas qu'une intellectuelle. Ses travaux et ses convictions convergent pour l'impliquer dans les affaires de la cité. Après la publication du livre co-écrit avec Jean-Christophe Attias *Les Juifs ont-ils un avenir ?*, elle va faire l'objet d'attaques multiples, au point que les financements complémentaires de son centre de recherche seront menacés. « J'avais écrit ce texte pour attirer l'attention sur l'omniprésence de la mémoire du génocide juif, certes légitime, mais qui finit par occulter l'universalisme juif et la richesse de la culture juive d'avant ce génocide, et qui risquait d'éloigner les générations à venir d'un judaïsme à multiples facettes en les confinant dans celui de la souffrance, en même temps que d'un futur juif novateur et énergique qui restait à bâtir et ce à condition de prendre ses distances avec le passé. » Elle est obligée de s'installer provisoirement à Budapest où elle est invitée par le Collegium Budapest pour se mettre à l'abri. « J'avais donc été mise hors de la communauté. C'est en France que j'ai découvert qu'on n'avait pas, en tant que juive, le droit de critiquer Israël mais le devoir de le soutenir en toutes circonstances, y compris dans l'erreur et l'inhumanité. »[1]

En mai 2004, elle organise avec Jean-Christophe Attias les rencontres « Juifs et musulmans, une histoire partagée, un dialogue à construire » à la Sorbonne et à l'Institut du monde arabe. Sa démarche allie rigueur scientifique et courage politique. Esther mobilise ses souvenirs personnels d'harmonie interculturelle et sa volonté de dépasser les affrontements et le communautarisme, de combattre les extrémismes, au moment où l'importation du conflit israélo-palestinien en France déchaîne les passions. Elle continuera ce travail de rapprochement des différences et de défense des minorités en organisant, toujours avec Jean-Christophe Attias, « Le Pari(s) du vivre ensemble » dont la première édition a eu lieu en mars 2006 et qui, depuis, est organisé chaque année. Cette attitude ferme et courageuse lui vaut des inimitiés solides et même féroces. Menacée, insultée, elle résiste aux découragements passagers.

---

1. Esther Bebassa, *Égarements d'une cosmopolite*, Bourin Éditeur, 2012, p. 36.

Esther Benbassa est chevalière dans l'Ordre national du mérite depuis 2005. En 2006, avec Jean-Christophe Attias, elle a reçu le Prix Seligmann contre le racisme, l'intolérance et la justice, et en 2008 la médaille de bronze du Prix de Guizot de l'Académie française pour son livre *La Souffrance comme identité*. Elle a été promue au grade de chevalier dans l'Ordre de la Légion d'honneur en 2011.

Sur le racisme, sur les minorités, sur le conflit du Proche-Orient, Esther Benbassa prend position sur le fondement de ses convictions et non de rapports de force existants. Elle est toujours en tête dans la lutte contre le racisme et les discriminations, pour la défense des minorités, la promotion de la diversité, le refus du communautarisme. Elle mène de front cet engagement citoyen et son travail intellectuel, alternant les essais dont la densité de réflexion n'est pas incompatible avec la clarté du propos. Citons parmi ses ouvrages : *Les Juifs ont-ils un avenir ?*, *La souffrance comme identité*, *Être juif après Gaza*, *De l'impossibilité de devenir français*, *Égarements d'une cosmopolite*, *Dictionnaire des racismes, de l'exclusion et des discriminations*.

Esther Benbassa a rejoint en 2010 Europe Écologie – Les Verts qui l'a investie comme candidate aux élections sénatoriales de septembre 2011. Désormais, c'est au Palais du Luxembourg qu'elle fait entendre son intonation unique, son accent chaleureux dont elle dit à plusieurs reprises : « Lorsque je dois téléphoner à un plombier, traiteur ou je ne sais quelle administration, il m'arrive encore de demander à mon mari de le faire parce qu'il n'a pas mon accent. »

Dès octobre 2011, elle déposait une proposition de loi sur la reconnaissance du massacre du 17 octobre 1961 où des centaines d'Algériens ont été tués par la police du préfet Papon. Le 8 décembre 2011, elle était la rapporteure au Sénat de la proposition de loi sur le droit de vote des étrangers aux élections locales. Elle a déposé depuis bien d'autres textes, une proposition de loi sur le mariage pour tous incluant l'accès à la PMA pour les couples de femmes homosexuelles (dès août 2012), une autre visant à mettre fin au régime d'exception dont pâtissent les gens du voyages pourtant citoyens français, une autre encore visant à lutter contre les contrôles d'identité « au faciès » par la remise d'un récépissé, etc. Après s'être beaucoup investie dans la mise au point d'une nouvelle loi contre le harcèlement sexuel et avoir contribué à faire entrer le délit de transphobie dans notre droit, Esther Benbassa a déposé en octobre 2012 une proposition de loi *visant à* l'abrogation du délit de racolage public débattue en première lecture au Sénat le 28 mars 2013.

Quel beau parcours que celui d'Esther Benbassa ! D'Istanbul à Paris, d'une famille dont elle fut la première bachelière aux plus hautes sphères intellectuelles, d'immigrée à sénatrice. Rien n'était acquis, tout s'est gagné par le talent, le travail, le souci de la perfection. Ce parcours est d'autant plus admirable qu'elle a réussi sans trahir ni ses idéaux de jeunesse, ni les personnes qui l'ont accompagnée.

Elle qui a une triple nationalité – française, israélienne et turque – porte les valeurs universelles tout en défendant réellement et sincèrement les idéaux de la République française. Plus en tous les cas que ce collègue sénateur qui l'accueillit froidement lorsqu'elle arriva au Sénat en lui déclarant : « Je t'en veux, car tu n'as pas été fidèle à ton peuple. » Il lui reprochait ses critiques à l'égard de la politique israélienne et ne faisait visiblement pas référence au peuple français, dont ils sont pourtant tous deux les élus.

Entretien avec Esther Benbassa

« Je préfère rester une intellectuelle distanciée par rapport à sa tribu… »

Pascal Boniface : Comment es-tu devenue une intellectuelle reconnue ? Tu ne l'étais pas au départ : immigrée, tu es arrivée en France à l'occasion d'une bourse d'études et tu es devenue professeur. Comment résumerais-tu ton parcours ?

Esther Benbassa : Je ne sais pas si je suis une intellectuelle reconnue, mais étant donné les études que j'ai faites, j'étais plus ou moins vouée à l'être. Il y a eu un déclic quand même lorsque je cherchais du travail à l'université. J'envoie mon dossier, mais bien sûr je suis recalée comme il arrive souvent lorsque l'on n'est pas soutenu par un ponte. Pierre Vidal-Naquet me convoque – je ne le connaissais pas – et me dit : « Vous savez, je n'ai pas pu retenir votre dossier, mais ne vous inquiétez pas, je ne vous laisserai pas tomber car vous méritiez d'avoir ce poste. » Par la suite, nous sommes restés en contact et il a beaucoup fait pour que j'entre au CNRS, s'alliant même pour cela à Annie Kriegel qui était son ennemie jurée et préférée. Et puis, un jour qu'on bavardait, il me dit : « Vous savez, Esther, vous êtes maintenant une scientifique, vous avez fait beaucoup de travail et moi j'en ai un peu assez du travail scientifique. Ça ne suffit pas d'être seulement scientifique, il faut être une citoyenne active et responsable, qui pense la société et qui a l'esprit critique, parce que c'est le rôle de l'intellectuel. » J'étais un peu bouleversée car c'était un homme qui parlait peu. Je crois que ces mots m'ont tellement marquée qu'ils m'ont ouvert les yeux sur le fait que, par pudeur et probablement par manque de confiance en moi, j'évitais de me lancer dans la fosse aux lions. C'est à partir de ce moment-là que j'ai commencé, comme il le disait, « à penser le monde » et ma place dans ce monde ainsi que celle des autres, ensemble. C'est un peu le point de départ d'un parcours ponctué de rencontres miraculeuses. J'ai croisé énormément de gens et je n'aurais rien été sans ceux, parmi eux, qui m'ont encouragée à devenir ce que je suis. Le peu que j'ai pu faire, c'est grâce à eux. Il n'y a pas un jour où je ne pense à l'un d'eux à l'occasion d'une lecture, d'une réflexion, et parfois sans raison précise. Ils et elles sont en moi et font partie de mon être. Je ne compte pas, bien sûr, parmi eux les lâches, les malfaisants, les jaloux dont les actions déshonorent parfois l'humain.

P.B. : Comment définis-tu le statut et le rôle de l'intellectuel ?

E.B. : Je n'ai pas d'idées préconçues mais j'ai peut-être un modèle : celui de ces intellectuels juifs déracinés du XIXe et du début du XXe siècles, en général des enfants de familles marchandes, de banquiers ou de classes moyennes qui, en Allemagne et en Europe centrale, n'arrivaient pas à entrer à l'université en tant qu'enseignants – Freud en est un exemple car lui non plus n'a pu entrer à l'Université. Leurs parents s'étaient intégrés dans la société d'accueil, eux avaient la possibilité d'étudier. Ils sortaient diplômés de l'université mais ne pouvaient pas y travailler. Or, le summum de la réussite en Europe centrale et en particulier en Allemagne était d'intégrer ces hauts lieux du savoir en tant qu'enseignant et ils constituaient quand même 10 % des étudiants à l'université en Allemagne et à peine 1 % dans la société. Ils durent choisir des professions en dehors des institutions. Comme nous le savons tous, au moins dans notre for intérieur, l'institution tue l'innovation ou la créativité parce qu'il y a des normes, des cadres, et je suis sûre que si Freud avait été professeur à l'université, il n'aurait pas été Freud. La plupart de ces jeunes intellectuels hors-institution se dirigeaient vers le journalisme. Tout en restant dans un métier intellectuel sans être prisonniers de cadres rigides, ces gens-là, en tout cas ceux qui avaient un idéal de société, ont pu satisfaire plus facilement leur aspiration à changer le monde. Ils pensaient ainsi changer également leur condition de juif face à l'antisémitisme, et que dans une société meilleure, plus harmonieuse et plus égalitaire, ils auraient leur place. C'est dans ce contexte que certains d'entre eux sont devenus des intellectuels littéralement « hors des normes » et ont pu participer à des mouvements socialistes, anarchistes, révolutionnaires. Il suffit de songer à leur nombre par exemple parmi les mencheviks et les bolcheviques. Même s'il était converti, Karl Marx n'aurait pas été Karl Marx s'il avait été professeur à l'université, c'est évident. Ces gens-là ont pu réaliser dans ces espaces moins contrôlés leur ambition de vouloir changer le monde. Même si le résultat n'a pas été toujours à la hauteur, ils ont au moins essayé. C'est pour cette raison qu'il y a une idée – fausse – qui court selon laquelle ce serait les juifs qui auraient créé le socialisme, le bolchevisme, etc. Ils ont seulement été très importants en proportion par rapport à leur société. N'oublions pas non plus toute la propagande antisémite faisant des juifs des francs-maçons et des bolcheviques.

Ce modèle de l'intellectuel juif de l'époque qui voulait changer le monde fait partie de mon propre idéal, toutes proportions gardées bien sûr. Mais ce n'était pas toujours pour changer leur condition que des gens s'engageaient dans ces mouvements. D'une certaine façon, moi aussi je suis une immigrée, et je me suis battue pour changer ma condition d'immigrée. J'ai ensuite pris le relais en voulant changer la condition de ceux qui se battent au quotidien pour ne pas être l'immigré pointé du doigt, le marginal, l'exclu.

D'où ma propension à être du côté de ceux que l'on considère comme des « petits » même s'ils ne le sont pas du tout, et qui, en fin de compte, n'apportent pas de voix aux politiques. Quitte à être du côté des gagnants ou des forts, j'aurais pu me diriger vers l'entreprise, d'autant que je ne suis pas trop mauvaise en la matière. Mais j'ai choisi et j'assume. Mes collaborateurs me désignent du sobriquet hébraïque « Esther Kotel », littéralement « Esther le Mur [des lamentations] », au regard du nombre de « souffrants » de toutes sortes d'injustices et de discriminations qui s'adressent à moi (nous) quotidiennement…

P.B. : Dans *Égarements d'une cosmopolite*, tu écris que le sentiment de responsabilité universelle est intrinsèque au cosmopolitisme positivement assumé.

E.B. : Les intellectuels juifs voulaient changer non leur condition personnelle mais la condition d'un groupe qui était rejeté, discriminé. Ils pensaient que si la société changeait et qu'elle devenait plus égalitaire, il n'y aurait plus de raison de les discriminer. C'était une utopie que de vouloir changer la société, changer le monde. C'était une utopie de jeune. Quand tu es enraciné, tu as les mains et les pieds liés de la même façon que lorsque tu te trouves dans une institution : il y a des codes, tu as du mal à te distinguer de la société à laquelle tu appartiens. Les juifs avaient cette faculté d'appartenir et de ne pas appartenir, c'est un peu ma conception de l'intellectuel. Quand je regarde les autres, je me sens à la fois comme eux et différente.

Mais en même temps, je me sens française, je pense comme une française, je vis en France, je réfléchis aux questions de la France. Je porte cette dualité et dans cette dualité je m'identifie beaucoup avec ces intellectuels juifs, avec ces pionniers qui venaient de milieux traditionnels et qui ont été les moteurs de la modernisation. Cette non-appartenance a été l'une des conditions de l'inventivité et de la créativité et surtout de l'anticonformisme, y compris chez des femmes, comme Rosa Luxembourg, Emma Goldman et d'autres. Même si ces personnes n'ont pas changé le monde comme elles l'ont espéré, elles ont été dans cette dualité qui leur a permis de se dépasser, d'aller plus loin et de prendre des risques.

P.B. : N'est-ce pas en référence à cette époque que tu as, dans de nombreux écrits, regretté que des intellectuels juifs n'aient aujourd'hui plus que deux repères : la Shoah et le soutien à Israël, ce qui limite l'apport qu'ils pourraient offrir à la société ?

E.B. : Je crois que cette immense tragédie a permis, bien après la guerre, à de nombreux jeunes de se positionner par rapport à leur judéité. C'est un positionnement car en réalité, si on y regarde de près, il y avait plus de juifs perdus pour le judaïsme que de gagnés à ce moment-là. Mais cette identification n'était pas artificielle pour autant car ces jeunes, alors enfants, avaient eux-mêmes vécu la tragédie de la Shoah. Ils ne pouvaient pas faire autrement. Le plus impressionnant, c'est la façon dont judaïsme et

Shoah se sont confondus pour devenir quasiment le seul repère de la judéité. Le judaïsme ne se limite pas à la tragédie et à la mort. Il y a eu une inventivité juive, des cultures juives, des langues juives, des savoirs juifs, des sociétés juives ; tout cela a été occulté par le phénomène d'identification à la Shoah. Non seulement le nazisme et le fascisme ont anéanti les juifs mais plus tard cette identification a d'une certaine façon rejeté dans l'ombre tout ce qu'a été le judaïsme. C'est une véritable perte. Comme il n'y avait plus de culture juive, son cœur est devenu la Shoah, la mort, l'anéantissement, et Israël s'est substitué à cette culture pour devenir le seul horizon du regard juif. L'aspect positif de cela, c'est la continuité juive après la Shoah, la naissance d'Israël. Mais s'il n'y avait pas eu de sionisme au début du XXe siècle, il n'y aurait pas eu d'Israël car cet État n'est pas né du jour au lendemain. Tout un travail sioniste a permis sa fondation. Donc en l'absence de culture juive, ce qu'il reste c'est le nationalisme juif à distance pour ceux qui n'ont pas émigré en Israël et le retour à la religion qui est perceptible depuis un moment et provient également d'Israël où la montée des religieux est foudroyante. Je ne dis pas qu'il faut oublier son histoire, qu'il faut passer outre ou qu'on doive complètement l'occulter, au contraire. Mais le fait est qu'aujourd'hui, il ne reste que ça : Israël, la Shoah et le souvenir de la Shoah, auxquels se substitue de plus en plus, chez les jeunes, un retour à une religiosité rigoureuse.

P.B. : Le centre communautaire fête cette année ses 50 ans. De nombreuses conférences sont prévues, l'invité vedette est Bernard-Henri Lévy et c'est déjà complet. Le problème, c'est que les instances communautaires invitent BHL en tant qu'intellectuel juif et que des gens comme toi ou Edgar Morin, dont on peut penser que leur contribution intellectuelle est réelle et plus forte, non seulement ne sont pas invités mais sont « snobés ». Finalement, est-ce le soutien à Israël qui devient le critère de sélectivité plus que l'apport intellectuel ?

E.B. : Tout d'abord, je ne serais pas allée à ce genre de commémoration si l'on avait, par extraordinaire, songé à m'y inviter. Je préfère rester une intellectuelle distanciée par rapport à sa tribu même si je pense que j'ai beaucoup plus contribué à la culture juive par mon travail scientifique que la parole militante sur Israël. Je ne suis pas, moi, une militante d'Israël. Dans tout cela, je ne vois pas ma place. Mais il est triste de se dire que les seuls intellectuels qu'il reste aujourd'hui au judaïsme sont des personnages qui, le plus souvent, ne produisent pas de connaissance juive. C'est cela qui est inquiétant parce que le savoir juif, hélas, a été laissé aux mains de religieux qui le plus souvent ne sont pas à la hauteur, comme si des siècles de culture juive étaient réduits à un savoir religieux étriqué et non créatif. Même si je suis athée, je n'ai rien contre le savoir religieux que je respecte, mais c'est l'exemple même de cette pauvreté qu'ont amenée le nationalisme et parfois cette identification excessive à la Shoah. Par ce biais, Israël cherche à faire croire à une situation de danger perpétuel et radical dans laquelle il se trouverait. Or, ce n'est pas l'État le plus faible du Moyen-Orient, au contraire. Espérons que son anéantissement n'est pas pour demain : je suis en faveur de l'existence de l'État d'Israël aussi bien que de celle d'un État palestinien et ne vois pas de contradiction à cela. L'histoire montre que l'on peut avoir fait la guerre à un peuple qui aspire à son indépendance et ensuite cohabiter avec lui. Les relations franco-allemandes illustrent bien la possibilité de tels retournements. L'histoire n'autorise pas le péché d'orgueil. Des peuples sont combattus et des États créés par les mêmes. En ce qui concerne Israël, on se trouve dans une situation de panique constante créée par cette idée que la Shoah peut recommencer, notamment du fait des Palestiniens et des pays musulmans. Ainsi brandit-on sans cesse la menace iranienne qui est une menace plutôt imaginaire dans l'état géopolitique actuel de la de la région. On ne voit en effet pas très bien l'intérêt de l'Iran à se détruire lui-même en attaquant Israël. Le masochisme politique poussé à ce point est rare. Les Israéliens eux-mêmes ne marchent plus à cette menace qui n'est pas si populaire, personne ne veut aller faire la guerre contre l'Iran. On est toujours dans l'invocation de la menace, cela reste symbolique.

P.B. : Le Conseil représentatif des institutions juives de France a fait une convention nationale le

13 janvier 2013 sur le thème : « combattre la menace antisémite » comme si l'antisémitisme était prégnant dans la société française, comme si les juifs étaient menacés au quotidien. Cela relève-t-il de ce processus d'instrumentalisation selon toi ?

E.B. : J'ai péché à un moment donné en sous-estimant le danger de l'antisémitisme, mais peut-être n'était-il pas aussi prégnant dans la société française à ce moment-là. Aujourd'hui, il l'est, même si les institutions juives n'hésitent pas à l'exagérer et à l'instrumentaliser en faveur d'Israël. Nous sommes dans le rejet non seulement du juif mais aussi du musulman, de l'islam. Tout le monde est dans le rejet de l'autre car les crises économiques nourrissent la haine, la détestation. Il est vrai que dans certains milieux arabo-musulmans, il y a une montée de l'antisémitisme. C'est un fait. Et cela ne veut pas dire que chez les juifs, il n'y ait pas un rejet des Arabo-musulmans. Il est peut-être moins démonstratif et se voit moins, mais autour de moi, j'entends, de la part de gens de très bonne composition, l'expression d'un rejet du musulman qui ne dit pas son nom. L'idée sous-jacente est claire : les Arabo-musulmans seraient une menace pour le monde occidental. On croise ces discours de Paris à Istanbul chez les juifs. Cela ne justifie pas l'antisémitisme qui est inadmissible quelles qu'en soit la provenance et les circonstances et qui a déjà montré jusqu'où il peut mener : à l'anéantissement. Les Arabo-musulmans n'ont pas vécu – je m'en réjouis – les conséquences destructrices ultimes de l'islamophobie, ce qui explique que dans les discours dominants, l'antisémitisme pèse d'un plus grand poids. Cela n'est pas anormal. Reste que l'islamophobie passive alimente la haine dans la société et blesse au quotidien ceux qui la subissent. Dans la haine, il n'y a rien de positif. Je ne dirai pas que l'antisémitisme ne s'aggrave pas dans les milieux non arabo-musulmans mais il s'exprime d'une autre façon : le juif est riche, il est puissant, le conflit israélo-palestinien devient un alibi pour opposer les pauvres Palestiniens aux puissants juifs, dans une confusion totale entre juifs et Israéliens. Cette forme d'antisémitisme se cache sous les oripeaux d'une charité « chrétienne ». Par ailleurs, dans certains milieux français, l'islamophobie s'exprime de plus en plus sans complexe. Les gens disent haut et fort qu'ils détestent tel ou tel groupe. Je suis toujours inquiète lorsqu'en période de crise, on assiste à la réapparition de ces racismes qui ont la capacité de se transformer en idéologies. Nous avons le devoir de mener un combat rationnel contre cela, au-delà des préférences et des préjugés. Hélas, nous n'en sommes pas là. De son côté, l'extrême droite allume le feu des racismes et derrière sa détestation de l'Arabo-musulman, il y a le juif.

P.B. : Tu as d'ailleurs dit que les arguments opposés à l'encontre des musulmans sur le fait qu'ils ne pouvaient pas s'intégrer dans la société française sont à peu près les mêmes que ceux utilisés contre les juifs dans les années 1930.

E.B. : Oui, c'est sur les mêmes modèles. Un des arguments souvent utilisé contre les juifs immigrés des années 1930 était leur incapacité à s'intégrer. Certes, il y a un rythme d'intégration qui diffère d'un groupe à l'autre. Si la société d'accueil n'inclut pas, il y a de fortes chances que les immigrés aient du mal à s'intégrer. Le mouvement d'intégration doit se faire dans les deux sens, on l'oublie souvent.

P.B. : Tu es à la fois professeur et intellectuelle, ce n'est pas tout à fait la même chose. Penses-tu que ton rôle consiste à expliquer les choses ou plutôt à tenter de convaincre pour les transformer dans un sens positif ? Comment vois-tu ton travail à travers ces deux sorties possibles ?

E.B. : Les gens disent que je suis atypique, que je suis une intellectuelle, une politicienne atypique. Moi je me trouve très typique. Je suis une éducatrice ; c'est le rôle de l'intellectuel que d'éduquer. J'ai enseigné dans le secondaire, j'enseigne à l'université, je me sens une âme de pédagogue, cela complète mon désir de changer le monde. Les universités populaires du passé jouaient ces deux rôles : éduquer et essayer de changer le monde par l'éducation. Je suis pour tout cela. Quand je produis du savoir scientifique, j'ai l'impression que je ne le fais pas que pour les juifs. Je pense que les minorités gagnent à être connues, leur culture peut apporter un plus à la culture générale du monde ou du pays dans lequel on vit. Ces contributions des différentes cultures font les civilisations ;

il n'y a que les salafistes, les ultra-orthodoxes juifs ou les chrétiens intégristes pour croire que l'« authenticité » est la marque de la vraie culture. Si je parlais en tant qu'historienne, je dirais que les moments les plus stériles des cultures sont ceux durant lesquels elles se replient sur elles-mêmes, coupant le contact avec l'extérieur. C'est alors que l'on produit des cultures sans intérêt et desséchées. De fait, celles-ci n'ont pas vraiment atteint la postérité. Quand on se penche sur le passé, on s'aperçoit que les mélanges de cultures ont été riches et créatifs. Les traducteurs juifs d'Aristote (lui-même traduit en arabe) ont permis à l'Occident de renouer avec sa pensée. Les exemples foisonnent de ces transmetteurs qui constituaient des liens entre les différentes cultures. Ces traducteurs juifs du Moyen Âge ont construit des ponts entre les cultures arabo-musulmane et chrétienne. Quand on songe à tous ces extrémistes rigoristes qui croient que leur culture est « authentique » et que c'est dans l'« authenticité » que réside la voie du salut, on ne peut s'empêcher de douter. Ignore-t-on la stérilité à laquelle tout cela mène ?

Mon rôle est de produire du savoir scientifique et je le produis (un peu moins, c'est vrai, ces deux dernières années) parce que je pense qu'il contribue à la civilisation. C'est pour cela que j'en suis arrivée à m'intéresser à la culture d'autres minorités que la mienne. C'est le rôle d'un intellectuel de réfléchir sur sa propre production et de s'inspirer en même temps des cultures environnantes, c'est ainsi qu'il forge son regard.

Comme historienne, j'ai ce regard tourné vers le passé qui me permet de voir aussi ce que peut devenir le présent. C'est mon rôle. Si on produit du savoir au nom du savoir sans aucun objectif, on entre alors, me semble-t-il, dans la mécanique du savoir. Par ailleurs, la plupart du temps, nous ne faisons que reproduire des connaissances plutôt qu'en produire. Soyons sans illusions, très peu de gens en sciences humaines ont renouvelé leur champ. Peu de savants ont apporté une nouvelle vision du monde par leur savoir. Je ne suis absolument pas dupe. Si on n'a pas cette distance par rapport au savoir qu'on produit et à ce à quoi il sert ou pourrait servir, si on ne devient pas un intermédiaire, si on ne vulgarise pas aussi son travail pour le donner aux autres, on risque de verser dans une forme d'égotisme scientifique. Un livre savant, en sciences humaines, se vend à trois cents personnes. En fait, sur ces 300 exemplaires, 70 sont distribués gratuitement aux collègues. Impossible de ne pas vouloir franchir cette frontière.

Très jeune, je voulais apprendre, je voulais me constituer un univers de connaissance afin de me positionner en son sein. À 20 ans, on ne se dit pas forcément : « voilà je veux changer le monde ». Aujourd'hui, en revanche, je peux, avec mon savoir, fournir des arguments, approfondir des questions et regarder au-delà. Un savoir qui ne sert pas reste un savoir en soi, sans ambition. Pour ces mêmes raisons, je ne vois pas de distinction radicale entre mon rôle d'intellectuelle et mon rôle de politique, j'ai fait de l'histoire politique, maintenant je fais de la politique. J'ai pensé que c'était complémentaire. J'ai encore l'illusion qu'en faisant de la politique je pourrai allier théorie et pragmatisme, et ainsi réussir à changer plus de choses. Je mène le même combat que celui que j'ai mené en tant qu'intellectuelle, je n'ai pas changé personnellement. Je m'intéresse à ce qui ne m'apporte pas de voix, je suis une femme de conviction mais je l'étais déjà quand j'étais seulement une intellectuelle. De fait, on m'a demandé de faire de la politique parce que j'étais une intellectuelle, nullement parce que j'étais une brillante politicienne susceptible d'apporter des voix à son parti. Je fais mon travail le plus sérieusement possible et avec conviction. Je conçois que cela puisse ne pas plaire à tout le monde, ce n'est pas grave. Je suis au moins populaire dans les milieux qui savent pour quoi je me bats. Si je ne suis pas réélue, je continuerai à être une intellectuelle et une combattante. Je ne vois pas de dichotomie entre ce que j'étais, ce que je suis et ce que je pourrais être encore. De surcroît, je ne viens pas, moi, du sérail universitaire.

P.B. : Aussi bien dans ta vie intellectuelle que dans ta vie politique, que penses-tu de l'argument selon lequel la fin justifie les moyens et que l'on peut, pour la bonne cause, utiliser des arguments fallacieux voire mensongers ?

E.B. : D'abord, ma pensée ne fonctionne pas de cette façon-là, et c'est sans doute un tort. Je ne crois pas avoir jamais, en toute conscience, utilisé d'arguments fallacieux pour arriver à mes fins. Moi, si on ne m'élit pas, je resterai la même, je pourrai toujours continuer. Pas comme une riche, c'est vrai, mais je ne suis pas devenue spécialement riche en devenant sénatrice. Je ne défends pas Areva, personne ne me donne d'argent pour cela, je n'ai pas de lobbies fortunés qui stimulent mon action. Les Arabo-musulmans en butte au racisme, le droit de vote des étrangers, les gens du voyage, les prostitué(e)s, les gens que j'aide au quotidien pour leur régularisation ou leur naturalisation, les femmes que j'essaie de protéger quand on les met à la porte de chez elles avec leurs enfants parce qu'elles ne peuvent pas payer leur loyer, tout cela ne m'apportera pas de voix. Ces gens-là ne voteront jamais pour moi car l'élection des sénateurs, c'est l'affaire des grands électeurs. Il y a des contingences auxquelles je ne m'arrête pas. Je ne critique pas ceux qui le font, c'est leur métier, ils seront au chômage s'ils ne font pas attention. Ils veulent être réélus, c'est leur droit. Moi, je fonctionne autrement.

P.B. : Et ceux qui usent de ces pratiques dans le domaine intellectuel ?

E.B. : Pour moi, il n'y a pas de distinction à faire. J'ai rencontré des politiciens, hommes et femmes, qui ont de grandes convictions, et des intellectuels qui n'en ont aucune et produisent du savoir comme ils auraient pu produire autre chose. Pour moi, un ouvrier est quelqu'un d'au moins aussi respectable.

Il y a des tâcherons dans les milieux intellectuels aussi. Certains ont réussi parce qu'ils avaient les bons réseaux, d'autres connaissent provisoirement le succès médiatique parce que leur parole plaît, qu'elle est facile et ne pose pas de problèmes. Aujourd'hui, ce n'est pas grave, on est dans la pensée consommable rapidement. Ces soi-disant intellectuels encombrent l'espace, mais ils n'empêchent pas l'existence d'authentiques savants. Quant à moi, je ne suis pas adepte de Machiavel, je suis une personne qui est là pour faire des choses. Je sais maintenant que je ne changerai pas le monde, mais si chaque jour je change, ne serait-ce qu'un peu, la condition d'une seule personne, je trouve que j'aurai fait ma révolution. Je suis pour les petites révolutions au quotidien, les petits actes qui sont, au fond, révolutionnaires. J'éprouve de la satisfaction lorsque j'empêche l'expulsion d'une femme, d'un homme, d'un adolescent ou que j'aide une famille à ne pas se retrouver à la rue. Ce n'est pas à ces gens-là que je mentirais. Si je peux faire quelque chose, je le fais jusqu'au bout. Parfois j'échoue car je ne suis qu'une sénatrice, pas une superwoman. En même temps, c'est vrai, je voudrais changer plus de choses, je n'y arrive pas toujours mais je n'hésite pas à prendre des risques. Et je critique la gauche de ne pas en prendre assez. Le peuple de gauche est très attaché aux symboles : on ne peut pas faire l'économie de lois qui peuvent paraître « symboliques » mais qui pansent la souffrance des gens. Ce sont ces personnes qui ont voté pour la gauche et qui attendent plus de volontarisme de sa part, et dans tous les domaines. Dans mon parti, on sait que je ne suis pas une femme d'appareil, je suis là, je fais mon travail, parfois en prenant pas mal de risques vu les sujets brûlants auxquels je m'intéresse au Sénat. Cela dit, je n'ai pas de peine à être cohérente, je ne suis pas du genre à ridiculiser mon groupe en votant contre les principes qu'il défend surtout si la loi votée ne me pose en fait pas de problème de conscience. Je suis tenace, mais je n'ai pas l'esprit de contradiction pour l'esprit de contradiction. Je sais aussi être solidaire, je défends ce en quoi je crois, je peux me tromper, je l'avoue, et je sais que cela peut m'arriver encore. Ce qui compte aussi, c'est d'être dans l'action, une action tournée vers ce que je pense être le bien des gens. Sans cela, je ferais autre chose.

Rony Brauman, l'humanitaire conceptuel

Rony Brauman est né le 19 juin 1950 à Jérusalem. Ses parents sont originaires de Pologne et ont émigré en France dans les années 1930, fuyant l'antisémitisme qui régnait dans leur pays. Son père obtient la nationalité française pour faits de résistance puis, sioniste, émigre en Israël et prend part aux combats lors de la première guerre israélo-arabe de 1948.

Rony Brauman arrive en France en 1954 avec sa mère. Son père, qui a perdu la nationalité française lors de son départ en Israël, les rejoint quelques années plus tard. Il est alors apatride. Rony, pour sa part, est né français en Israël. Après avoir obtenu son baccalauréat en candidat libre, il entame à 17 ans des études de médecine. Mai 68, la guerre du Vietnam et l'opposition à l'extrême droite accélèrent sa formation politique. Il s'engage à l'extrême gauche, notamment au sein du groupe maoïste « La gauche prolétarienne », avec lequel il rompra en 1973.

À la fin de son cursus, il s'engage auprès de l'association Médecins sans frontières (MSF). Il effectue alors plusieurs missions pour l'association ou en « indépendant », au Bénin, à Djibouti, en Thaïlande ou encore en Indonésie. En 1980, il intervient au Tchad en guerre puis se rend en Ouganda, alors touché par une guerre et une famine. Ces missions lui font prendre conscience de la nécessité pour une ONG de disposer de capacités d'expertise et d'action autonomes.

Il devient président de MSF en 1982, poste qu'il occupera jusqu'en 1994. Il va professionnaliser l'association et contribuer à fortement accroître sa notoriété et sa popularité. Lors de la famine en Éthiopie en 1983-84, il se rend compte que les secours humanitaires renforcent la politique de déplacement forcé auquel procède le gouvernement éthiopien. Refusant le silence complice, il appelle les organisations humanitaires et les donateurs occidentaux à demander la suspension des transferts de populations. MSF est dès lors expulsé d'Éthiopie. Il aurait été plus confortable et plus facile de continuer à fournir de l'aide. Les donateurs et le public occidentaux n'auraient pas contesté cette démarche (on essaie d'alléger les souffrances d'une population en danger dans un environnement difficile). Brauman a préféré mettre les pieds dans le plat et aller à contre-courant de l'opinion dominante et de l'intérêt à court terme de MSF. « Les principes avant la boutique ».

L'affaire éthiopienne est un tournant. Lorsque l'on intervient dans un pays où la principale nuisance vient du gouvernement, il faut avant tout faire attention à ne pas être instrumentalisé au détriment de ceux que l'on vient aider. Cela rompt avec la bonne conscience habituellement suscitée par les actions humanitaires mais Rony Brauman choisit de devenir le messager de la mauvaise nouvelle plutôt que de contempler les effets de sa générosité, selon lui source d'aveuglement délibéré et de bonne conscience arrogante. Il est également très réticent vis-à-vis d'une forme de médiatisation misérabiliste des ONG qui, en utilisant des stéréotypes mobilisateurs auprès du grand public, éloigne aussi des réalités de terrain, suscitant des erreurs d'analyse et de réaction politique.

Après avoir quitté la présidence, il travaille comme conseiller à la fondation de MSF. Avec son cousin Eyal Sivan, il co-réalise le film *Un Spécialiste*, un documentaire élaboré à partir des images d'archives du procès d'Eichmann et inspiré du livre d'Hannah Arendt, *Eichmann à Jérusalem*. Sorti en salles en 1999, le film suscite des polémiques analogues à celles qu'avaient suscitées le livre de la philosophe et la notion de « banalité du mal ». Rony Brauman reçoit le prix de la fondation Henry Dunant en 1997 et devient professeur associé à Sciences po Paris en 2000.

Rony Brauman n'a cessé de conceptualiser et de théoriser sa pratique d'acteur humanitaire. Il a une légitimité de terrain incontestable tout en étant reconnu comme intellectuel incontournable, ayant développé une réflexion originale et approfondie, non seulement sur l'humanitaire, mais aussi sur le développement et sur les conflits. Il s'oppose ainsi à la création d'un secrétariat d'État à l'action humanitaire car il juge que les actions humanitaires ne doivent pas être mises au service d'une politique d'État. Il se heurtera sur ce point à Bernard Kouchner. Il dénonce le risque de transformer les ONG humanitaires en auxiliaires de l'armée et d'en faire l'avant-garde, fut-elle animée de bonnes intentions et de bons sentiments, d'une intervention armée occidentale. De même, en 2005, suite au tsunami d'Asie du Sud-Est et à l'immense élan de solidarité spontanée qui suivit, il conteste la nécessité d'amplifier encore les donations d'urgence, estimant que celles déjà recueillies étaient largement suffisantes au vu des besoins immédiats et que les justifications avancées pour les poursuivre reposaient sur une méconnaissance de la situation de terrain. Pour lui, d'autres urgences, bien réelles celles-là (au Darfour notamment), étaient éclipsées par la mobilisation médiatique, exclusive et devenue inutile, au sujet du tsunami.

Il s'est également opposé dès le départ à la résolution 1973 sur la Libye, dénonçant la généralisation de pratiques de guerre préventive et les dérives idéologiques du concept de guerre humanitaire. Il diverge sur ce point, comme sur d'autres, aux déclarations de Bernard-Henri Lévy.

Il a refusé de demander la nationalité israélienne lors de ses 18 ans parce qu'il ne peut pas y effectuer son service national. Particulièrement critique à l'égard de la politique israélienne concernant les Palestiniens et la colonisation de leurs territoires, il a dénoncé à plusieurs reprises le soutien inconditionnel au gouvernement israélien de la part des instances communautaires juives françaises et de certains intellectuels médiatiques. Le fait qu'il soit juif, né en Israël, l'amène à être pointé comme un « traître juif » par certains d'entre eux. En dépit de cabales parfois violentes voire de menaces de mort, Rony Brauman n'a jamais dévié de sa ligne, ni pu être contraint au silence.

Entretien avec Rony Brauman

« Les accusations d'ordre moral sont plus puissantes lorsqu'elles viennent de la gauche… »

Pascal Boniface : Est-ce que tu te considères comme un intellectuel ?

Rony Brauman : Il ne me viendrait pas à l'idée de me présenter de cette façon, c'est-à-dire d'en faire une raison sociale. Quand j'entends quelqu'un se revendiquer d'une telle appartenance, je me demande aussitôt quelle marchandise plus ou moins frelatée cache cette étiquette. Je ne veux évidemment pas tourner en dérision le goût pour les activités de l'esprit. Bien au contraire, j'aime la fréquentation (livresque) des auteurs, la bousculade des idées et l'argumentation, mais je ne vois pas de raison d'en faire un drapeau. Zola défendant Dreyfus, Vidal-Naquet dénonçant la torture en Algérie ou encore Foucault militant pour les droits des prisonniers, sont de glorieuses références dans ce domaine mais justement, il y a quelque chose de ridiculement prétentieux à se placer dans leur sillage.

De plus, l'histoire du siècle dernier, marquée par l'adhésion des intellectuels aux idéologies de fer, à la violence politique et à la radicalité, ne m'incite pas à revendiquer le label ! Orwell, un auteur que j'aime particulièrement, en a fait l'expérience, lui qui a été physiquement, pendant la guerre d'Espagne, et politiquement, plus tard, en Angleterre et ailleurs, attaqué par le gratin intellectuel stalinien. Il reprochait aux intellectuels leur fascination pour le pouvoir et leur indifférence à la justice, les mettant en opposition avec le peuple chez qui il constatait une aspiration à cette dernière et une méfiance vis-à-vis du premier. J'admire des écrivains, historiens, philosophes, comme lui, comme ceux que j'ai cités auparavant et d'autres encore, pour leur œuvre et leur engagement public, mais l'usage du mot « intellectuel » suscite en moi plus de méfiance que d'attirance. Je n'ai donc pas envie de me qualifier de cette façon, et je me considère comme participant au débat public, un publiciste, comme le XIXe siècle les nommait, un praticien qui réfléchit à sa pratique.

P.B. : Mais tu es quand même un des piliers du monde humanitaire. Tu es l'un des rares qui a une production théorique sur sa pratique.

R.B. : Les organisations humanitaires valorisent l'action, c'est l'évidence même. Elles mettent leur énergie, leurs ressources, au service de leur mission sociale, de leur présence sur le terrain. Le cadre général dans lequel elles se situent semble clair : il est fait de références aux principes humanitaires – neutralité, impartialité, indépendance – et d'orientations opérationnelles – médecine, nutrition, eau potable, logistique, etc. En plus de leurs activités de terrain elles consacrent de l'énergie à mobiliser, à sensibiliser, à témoigner. C'est leur pente naturelle et c'est légitime. Voilà pourquoi nous ne sommes pas nombreux, parmi les praticiens, à tenter de théoriser ou du moins d'avoir une réflexion critique sur l'humanitaire. Relevons que ce n'est pas le cas du côté des chercheurs et des universitaires, historiens, sociologues, politistes, anthropologues qui ont produit une abondante littérature au cours de ces vingt dernières années. Auparavant, pour l'essentiel, la critique de l'humanitaire relevait du discours économique classique selon lequel l'assistance, humanitaire ou autre, fausse le jeu économique en encourageant la consommation au détriment de la production, en créant de la dépendance là où il faudrait stimuler l'autonomie. En ce qui me concerne, le point de départ a été la famine de 1983-84 en Éthiopie. Il me semble utile de décrire les grandes lignes de cette histoire car elle dit quelque chose des rapports entre l'humanitaire et le pouvoir, c'est-à-dire de la dimension irrémédiablement politique de l'humanitaire. Il nous a fallu de longs mois pour prendre conscience du rôle confié aux organismes d'aide internationale par le régime éthiopien, celui d'auxiliaires d'une stratégie de remodelage violent de la société rurale par des transferts forcés de populations. Le pays étant sous les projecteurs médiatiques suite à des reportages télévisés ayant eu un grand écho, l'explication officielle, à l'usage des étrangers, était simple : il fallait soulager les terres surpeuplées du Nord et installer des populations affamées dans les vallées fertiles et sous-peuplées du Sud. Les paysans illettrés, prisonniers de leurs traditions, ne savaient pas où était leur véritable intérêt, il fallait donc les arracher malgré eux à leur destin de famine et les réorganiser de manière autoritaire sous l'égide du Parti. Ce n'est pas tant le projet politique lui-même, d'inspiration stalinienne, que le discours de justification tenu par les organisations humanitaires privées et onusiennes, qui m'a marqué. Je précise que j'ai adhéré pendant de longs mois, comme à peu près tout le monde, à cette idée d'une réforme agraire volontariste rendue impérative par l'épuisement des terres. Le choc a donc été d'autant plus fort lorsque je me suis aperçu, grâce à des enquêtes menées par des ONG dans les camps de réfugiés du Soudan et de Somalie, pays voisins, de l'étendue et de l'intensité de la violence employée pour réaliser ce grand dessein. Si la vie était vraiment impossible sur ces plateaux, pourquoi fallait-il organiser des rafles, utiliser la ruse et la coercition pour en faire partir leurs habitants ? L'argumentation des ONG et de l'ONU se présentait comme suit : l'ONU contestait purement et simplement les déportations et leurs violences ; certaines

ONG considéraient les violences comme des débordements individuels, des « excès de zèle » selon la terminologie officielle, devant donner lieu à de discrètes protestations, mais soutenaient la « réforme agraire » ; d'autres enfin, les plus nombreuses, ne contestaient rien, mais refusaient d'exprimer la moindre protestation, intériorisant par avance la critique de rupture du principe de neutralité qui ne manquerait pas de leur être reprochée. Je m'apercevais non seulement que l'humanitaire pouvait être retourné contre ceux à qui il s'adressait, mais qu'en plus il produisait un discours qui ne se démarquait pas des pratiques totalitaires de ce régime stalinien. La lecture de *Eichmann à Jérusalem* de Hannah Arendt, ses analyses du personnage, ses critiques des conseils juifs, sa réflexion sur les rapports entre pitié et terreur, m'ont fortement influencé à l'époque. C'est à partir de ce moment que la rhétorique humanitaire, les discours « victimaires » et leurs rapports avec le pouvoir et la violence sont devenus un sujet de réflexion.

De plus, quand j'ai commencé à mettre en question publiquement, au nom de MSF, le rôle de l'aide humanitaire en Éthiopie, cela a provoqué une polémique intense car la mobilisation sociale était très forte. Souvenons-nous du concert de Wembley-Philadelphie organisé par Bob Geldof. Il y avait à la fois beaucoup d'argent et de symboles en jeu, donc des passions et des insultes ! Pour protéger l'image de son « Juke Box mondial » comme il le nommait, et alors qu'il avait accès à la presse du monde entier, au lieu de dénoncer cette situation, Geldof a mis son talent et son énergie à défendre le régime éthiopien. C'est dans ces conditions que j'ai fait mon apprentissage du débat public. En cette époque de Guerre froide, je me sentais tout à fait en phase avec les ténors de l'antitotalitarisme et de l'anti-tiers-mondisme, Bernard-Henri Lévy et Pascal Bruckner en particulier. Nos relations se sont dégradées entre-temps, c'est le moins que l'on puisse dire, mais elles étaient bonnes à l'époque. Reste que tout cela se rapportait à une réflexion critique sur des pratiques spécifiques, celles de l'action humanitaire.

P.B. : Tu es quand même vu par le public, par les médias et les responsables politiques de deux façons : à la fois comme l'un des principaux acteurs de l'humanitaire en France et comme un intellectuel. Si toi tu ne te perçois pas comme intellectuel, tu serais assez facilement perçu comme cela en dehors de ta propre sphère.

R.B. : Sans doute, mais le seul sujet que je ne peux pas regarder et « traiter » de l'extérieur, c'est moi ! Il me paraît évident que ce sont mes positions politiques sur le conflit israélo-palestinien bien plus que mon travail théorique sur l'humanitaire qui en sont à l'origine. Mes positions critiques sur le « droit d'ingérence », sur l'usage de la force pour imposer l'aide internationale, sur le rôle des États m'ont conduit à des controverses publiques, notamment avec Bernard Kouchner, et cela a sans doute contribué à me cataloguer. Mais c'est le conflit israélo-palestinien dont la résonance est particulièrement forte en France qui est le terrain par excellence de l'affrontement des « intellectuels ». Je suis né à Jérusalem, j'ai été élevé dans une famille sioniste, j'ai donc un lien personnel fort avec cette histoire, et les circonstances m'ont amené à m'exprimer publiquement sur le sujet. Avant la Deuxième Intifada (2000) et ses effets en France, je n'avais parlé d'Israël qu'une seule fois en public. C'était en 1992 alors que j'étais invité de l'émission *L'Heure de vérité*, peu de temps après que la Cour suprême israélienne ait légalisé la pratique de ce qu'on appelle là-bas des « pressions physiques modérées » sur des Palestiniens suspects de terrorisme. Autrement dit la torture. Interrogé à ce sujet par Albert du Roy, j'ai répondu qu'Israël n'était malheureusement pas le seul pays à pratiquer la torture, loin de là, mais qu'il était le premier à l'avoir légalisée, donc à l'encourager officiellement sous le prétexte de l'encadrer. Invité par Albert du Roy à commenter le fait au-delà de la condamnation morale évidente, j'ai ajouté qu'il y avait quelque chose de troublant à constater que les victimes d'hier étaient devenues les bourreaux d'aujourd'hui. Cela m'a valu un déluge d'attaques, comme on peut s'en douter, la presse communautaire juive me reprochant de chercher à salir un pays qui ne faisait que se défendre, de diaboliser Israël, bref le refrain habituel. Cependant une critique, venant d'une amie, m'a touché : elle m'a fait remarquer que cette généralisation concernant les

« victimes devenues des bourreaux » était blessante pour tous ceux qui n'approuvaient pas cette politique, et que, de plus, j'entérinais de fait le discours des dirigeants israéliens se présentant comme porte-voix des survivants de la Shoah, comme héritiers des déportés. En somme, en cédant à l'attrait de la formule frappante, un poncif au demeurant, je commettais à la fois une faute (morale) et une erreur (politique) !

P.B. : Tu as reçu un flot de critiques qui se sont arrêtées relativement vite une fois que l'actualité a chassé l'actualité.

R.B. : Oui, d'ailleurs cela a été une expérience isolée car je ne suis revenu que bien plus tard sur ce sujet et la critique s'est donc épuisée d'elle-même. C'est la « récidive » qui provoque l'insulte et le rejet, pas l'expression unique. J'ai « récidivé », mais sept ans plus tard, à l'occasion de la sortie du film *Un Spécialiste* que j'ai co-réalisé avec Eyal Sivan sur le procès d'Adolf Eichmann. Je lui avais parlé du livre d'Arendt, que j'avais découvert à l'occasion du dilemme qui se posait aux humanitaires en Éthiopie et, quelques années plus tard lors d'une recherche d'archives à Jérusalem, il est tombé par hasard sur des enregistrements vidéo du procès. Nous avons alors décidé d'en faire un film s'inspirant du livre, c'est-à-dire mettant au premier plan l'accusé, de façon à entrer dans son argumentaire de défense. Notre objectif était de faire un essai politique à partir du portrait d'un « criminel de bureau » par lui-même, en reprenant la description précise de ses activités quotidiennes à laquelle il se livre longuement. Notre propos était de retourner sa défense, en faire notre acte d'accusation. Le film est sorti en 1999. J'ai alors été invité à parler d'Eichmann, de la mémoire et de ses usages, d'Israël dans ses rapports avec la Shoah et, avec la survenue de la Deuxième Intifada en 2000, de la politique israélienne. L'événement déclenchant a été la tribune publiée dans *Le Monde* par Roger Cukierman, le président du CRIF. Il y affirmait que l'ensemble des juifs de France était inconditionnellement aux côtés de Sharon lors de sa fameuse promenade-provocation sur l'Esplanade des mosquées, démarrage de la Deuxième Intifada. J'ai co-signé, pour la première et unique fois de ma vie, une lettre collective signée exclusivement par des juifs, entre autres Gisèle Halimi, Pierre Vidal-Naquet, Daniel Bensaïd (qui l'avait rédigée).

C'est à la suite de la publication de cette contre-tribune que je suis devenu une sorte de porte-parole des juifs critiquant la colonisation israélienne. Au fil du temps, sur fond d'Intifada, d'« importation » du conflit israélo-palestinien en France et de guerre d'Irak, je suis devenu un « bon client », comme disent les journalistes audiovisuels. Je me suis confronté à de nombreuses reprises à Alain Finkielkraut, quelques fois à Alexandre Adler et cela a été suffisant pour me mettre sur cette orbite des « intellos médiatiques ». Je tente de résister à la logique de camp retranché, d'éviter de me raidir dans une posture guerrière.

Cela demande un effort sur soi quand tout pousse vers la montée aux extrêmes : la mobilisation des grandes catastrophes du passé, les stratégies victimaires, l'instrumentalisation de la cause palestinienne, la montée des radicalismes dans la région, le blocage de toute décision de l'ONU par le veto américain. C'est dans cet esprit que j'ai accepté un dialogue avec Alain Finkielkraut, à l'initiative d'Élisabeth Lévy, qui est devenu un livre[1].

P.B. : Cela va au-delà des questions humanitaires. Tu abordes plus largement les crises et conflits et également les questions de développement. Tu as tout de même élargi ton champ d'action par rapport à ce qui relevait strictement de l'assistance humanitaire et qui était ton premier métier…

R.B. : Oui, l'humanitaire est mon activité première en tant que praticien, ex-dirigeant d'une ONG, puis enseignant. Mais il faut constater que depuis les années 1970 (j'ai commencé en 1976), le paysage de l'action humanitaire s'est profondément transformé dans un double mouvement qui fait tout son intérêt : à la fois une émancipation par rapport aux pouvoirs politiques et une saisie par ceux-ci de la rhétorique et de l'affichage humanitaires. Le retournement de l'aide en Éthiopie comme je l'évoquais à l'instant, l'usage de l'aide comme « *soft power* » pendant la Guerre froide, puis la légitimation de la violence au nom du sauvetage

1. Rony Brauman, Alain Finkielkraut, *La Discorde, Israël-Palestine, les Juifs, la France*, Mille et une nuits, 2006.

qui apparut avec la « guerre humanitaire » de Somalie en 1992-93, tout cela nourrit une réflexion sur les rapports entre compassion et pouvoir, sur les usages politiques de la notion de victime et sur l'imagerie associée. Et puis, de proche en proche, l'aide dite « d'urgence » devenant un instrument de gestion de crise, qu'il s'agisse de conflit, surtout, mais aussi de catastrophes naturelles, j'ai étendu ma réflexion sur ces enjeux politico-humanitaires. C'est sur toutes ces questions que peu à peu, j'ai été amené à m'exprimer au croisement de considérations politiques, géopolitiques mais aussi philosophiques et pratiques.

P.B. : Sur les questions internationales, il y a des sujets qui sont plus délicats ou plus risqués que d'autres. Sur la Somalie, il n'y a pas de problème, sur le Darfour ou le Rwanda, où c'est un peu plus chaud, sur l'Irak encore un peu plus et sur le conflit israélo-palestinien, c'est carrément rouge. Donc tu as repris position à partir de la Deuxième Intifada là-dessus. Tu as reçu de nombreuses menaces, y compris de mort, quelqu'un a envoyé des balles chez toi en disant que la prochaine n'arriverait pas par la poste. Il y a eu tout un tas de menaces, pourquoi n'as-tu pas cédé ? D'autres que toi se sont dit, aussi bien à gauche qu'à droite, que cela attire trop « d'emmerdes » et ont arrêté de parler de cela. Toi, tu n'as jamais pris cette décision. Au contraire, malgré des menaces très précises et assez lourdes, tu as continué à t'exprimer. Qu'est ce qui te motive, sachant que tu n'as rien à y gagner d'un point de vue professionnel ? Le bilan des pertes est toujours plus grand que celui des bénéfices en la matière. (*Rires*)

R.B. : Il y a effectivement beaucoup de coups à prendre mais il y a aussi l'estime de gens à qui l'on accorde de l'importance, ce qui est très gratifiant. En tout cas, ces questions m'intéressent, je passe du temps à les suivre et je réponds quand un média m'invite à en parler. Concernant Israël-Palestine, il serait impensable de se taire au motif que les petites frappes de la Ligue de défense juive menacent. Cela étant, les positions et analyses que j'ai défendues au sujet du Darfour et du Rwanda n'ont pas été sans heurts non plus, loin s'en faut.

P.B. : Si un intellectuel engagé en faveur d'Israël recevait par la poste des menaces sous la forme de balles, j'imagine que cela ferait beaucoup plus de bruit que celui qui a été fait autour de toi ou d'autres personnes qui ont reçu ce type de pression. Comment analyses-tu cette peur médiatique à traiter de la même façon des événements comparables ?

R.B. : Je crois qu'il faut voir ce phénomène à plusieurs niveaux. Il y a des rapports ambigus, mais très différents, qu'entretient la société française avec d'un côté le judaïsme, les juifs et de l'autre côté l'islam, les musulmans. Ce rapport culpabilisé et trouble vis-à-vis des juifs, de l'affaire Dreyfus aux lois anti-juives de 1940 entre en écho avec un rapport lui aussi très trouble avec l'islam, de l'Empire ottoman à la

Guerre d'Algérie. Ce fond de méfiance vis-à-vis de l'islam, l'ombre portée de la Shoah et l'intimidation morale à laquelle recourent des leaders communautaires juifs produisent leurs effets. Il serait absurde de nier la réalité d'un antisémitisme nourri par le conflit israélo-palestinien et l'identification des uns et des autres aux camps en présence, comme de nier la réalité d'une islamophobie, au demeurant ouvertement revendiquée par certains au nom de la laïcité et de la liberté de pensée. Il y a eu des agressions antijuives en France pendant la Deuxième Intifada, c'est une réalité, mais les agressions dans l'autre sens semblent appartenir au registre du banal. Dans un cas, elles sont le signe du retour de la bête immonde faisant la une des journaux, dans l'autre elles sont de tristes faits divers sous forme de brèves dans les pages intérieures. Rappelons-nous également la série de fausses agressions et de faux attentats, le plus souvent des affaires et conflits privés transformés par leurs protagonistes en agressions antijuives ! Souvenons-nous encore d'Elie Wiesel parlant du « ciel de France noirci par la fumée des synagogues incendiées », d'Alain Finkielkraut parlant d'une « année de cristal » ! Pendant ce temps, un nervi de la Ligue de défense juive pouvait poignarder un commissaire de police et ne recevoir qu'une peine symbolique.

P.B. : Depuis une douzaine d'années tu es régulièrement confronté à ces problèmes. Est-ce que tu vois un changement d'attitude ou plutôt une sorte de stagnation des termes du débat ? Se sont-ils améliorés ou dégradés ?

R.B. : Non, je les vois stagner. Ce qui évolue à mon sens, c'est la colonisation et la radicalisation droitière du régime israélien qui provoque tout de même un certain malaise dans les rangs de ceux qui ressassent inlassablement l'amour des Israéliens pour la paix et la démocratie. S'il n'y avait pas ce déplorable système électoral et si en face d'eux il n'y avait pas soit les fantômes de l'Autorité palestienne, soit les extrémistes du Hamas, ils auraient trouvé une issue. Voilà le discours dominant des « amis » d'Israël, du moins de ceux qui défendent une solution négociée et la création d'un État palestinien. Les termes du débat n'ont pas évolué en France si ce n'est l'accent mis sur la « délégitimation » d'Israël, grossier tour de passe-passe pour disqualifier toute critique gênante, et sur la véritable menace pesant sur les démocraties, à savoir la bombe iranienne derrière laquelle la question palestinienne est reléguée.

P.B. : N'as-tu pas le sentiment que cette droitisation de la société israélienne entraîne une crispation supplémentaire ? D'un certain point de vue, il y a aussi des communautaristes qui se revendiquent à la fois de la gauche et du soutien à Israël et qui sont gênés car il est quand même difficile de se dire de gauche et pour l'occupation d'un peuple. Par conséquent, les réactions sont décuplées. Je dirais que c'est souvent ces gens-là qui sont les plus rapides à traiter d'antisémites ceux qui n'acceptent pas l'ordre des choses actuel.

R.B. : Oui, tout d'abord parce que l'accusation antisémite porte beaucoup plus lorsqu'elle vient de la gauche plutôt que de la droite. D'ailleurs toutes les accusations d'ordre moral sont généralement plus puissantes lorsqu'elles viennent de la gauche, puisqu'elle est – veut être – le camp historique de la morale. Reste qu'il suffit d'affirmer que l'on est contre la colonisation, de soutenir l'accord de Genève, de professer son attachement à l'existence de deux États pour être à peu près quitte de tout le reste, de ses positions. Les exemples les plus notables sont ceux de Bernard-Henri Lévy et d'Alain Finkielkraut. Leur viatique politique, en rapport avec cette question, tient à leur soutien à l'existence d'un État palestinien. Une fois ce rappel fait, ils peuvent commencer à défendre Israël contre vents et marées, présenter « Plomb durci » comme une opération de légitime défense, voire de libération des Palestiniens comme l'a dit sans ironie aucune Bernard-Henri Lévy. Ils ne manquent pas de reconnaître que la répression quotidienne est sans aucun doute une bien triste affaire, mais d'une part elle est un mal nécessaire en attendant la paix, d'autre part elle est peu de choses au regard de ce qui se passe au Darfour, au Congo, dans le monde arabe, etc.

Le plus frappant dans tout cela, finalement, c'est l'impunité médiatique dont BHL est l'exemple : il peut prétendre que l'armée israélienne au Sud-Liban en 2006, ce sont les brigades internationales en lutte contre le fascisme islamiste ou présenter l'attaque de Gaza dans les termes que je viens de le rappeler sans, semble-t-il, se discréditer. Défenseur des droits de l'homme il est et il reste, du moins aux yeux d'une partie importante de la presse. Dans son livre sur sa guerre de Libye, il présente Lieberman, le ministre israélien des Affaires étrangères et brute fascisante notoire (l'homme qui appelait notamment à bombarder le barrage d'Assouan, à jeter une bombe nucléaire sur Gaza) comme un homme qui a peur. Il découvre son humanité dans cette peur, cette faille humaine touchante. On retrouve là une fascination des intellectuels pour les hommes de fer dont je parlais au début de notre entretien.

P.B. : Cela t'est-il déjà arrivé d'utiliser, dans le débat public, des arguments dont tu n'étais pas certain ou que tu savais faux, pour la bonne cause ? Est-ce que dans ta conception du débat public, la fin justifie les moyens ?

R.B. : Non je n'ai jamais utilisé des arguments que je savais faux. Ma rupture avec le gauchisme, qui date de 1975, et de la prise de conscience de l'effroyable radicalité des khmers rouges m'a définitivement guéri de l'idée que la fin justifie les moyens. Je suis absolument convaincu au contraire que la fin *est* dans les moyens et nulle part ailleurs. Mais ça ne me prémunit naturellement pas contre l'erreur de bonne foi. La question est donc de savoir si l'on est capable de revenir sur ce qu'on a dit et de corriger, voire de réfuter ses propres propos. Plus généralement, je pense que les objectifs les plus louables – la justice, la démocratie, les droits de l'homme, l'humanitaire – sont menacés dès lors qu'ils ne sont plus une réalité vivante mais une « cause », pour le dire dans les termes d'Arendt. Dès lors, en effet, les actes qui les composent sont jugés à l'aune des fins ultimes et non selon leurs mérites propres. Tout mensonge devient une étape vers la vérité, tout mal peut être décrit comme la condition d'un bien futur. Reconnaissons que les « intellectuels » ne sont pas, loin de là, les seuls à raisonner de cette manière et d'ailleurs ils ne le font pas tous. Mais ils n'ont aucun droit à prétendre qu'en tant que tels, par la vertu de leur statut social, ils échapperaient à ce piège des grandes causes et des fins ultimes.

Régis Debray,
le philosophe désabusé
mais combatif

Régis Debray est né le 2 septembre 1940 à Paris. Après des études secondaires au lycée Janson de Sailly, il intègre l'École normale supérieure où il aura comme professeur Louis Althusser, le philosophe marxiste français le plus influent de l'époque. Il voyage un an et demi en Amérique latine (1963-1964) avant de passer l'agrégation de philosophie en 1965. Mais l'enseignement ne le tente guère et il accepte l'invitation de Fidel Castro pour assister à la conférence Tricontinentale. Il s'installe à La Havane où il rédige *Révolution dans la révolution* en 1966.

Le livre se veut pragmatique, circonstancié et précis. Contrairement à la théorie admise, la révolution cubaine s'est faite par les campagnes et sans parti communiste. Régis Debray décrit notamment la théorie du « Foco », le foyer révolutionnaire à partir duquel la révolution a pu gagner les villes. Lorsque j'ai découvert ce livre, ce qui m'a le plus frappé c'est la réflexion originale sur les liens entre marxisme et castrisme, Régis Debray insistant sur la dimension nationale de la révolution cubaine.

L'année suivante, Régis Debray part en Bolivie pour rejoindre Ernesto Guevara qui tente d'implanter un foyer guérillero sur place. Il est fait prisonnier en avril 1967 et condamné à mort, peine qui sera commuée en 30 années de prison. Il est enfermé à Camiri et sera libéré au bout de quatre ans, à la suite d'un changement de régime en Bolivie et après une importante mobilisation internationale. Il rejoint alors le Chili où Salvador Allende mène une expérience de voie démocratique au socialisme après son élection à la présidence en 1970. En 1972, il participe avec Serge Klarsfeld à une tentative d'enlèvement du criminel nazi Klaus Barbie réfugié à La Paz.

La Critique des armes, livre en deux tomes publié en 1974, est une réflexion autocritique sur les erreurs et les impasses de la lutte armée. Il paraît alors que la révolution cubaine s'est rigidifiée et que Salvador Allende vient d'être renversé par Pinochet. Selon Debray, Guevara et Allende ne sont pas opposés sur le fond, mais ont poursuivi le même objectif (l'établissement du socialisme) par des voies parallèles : l'élection et la révolution. Tout dépend des situations historiques nationales.

Rentré en France, Régis Debray participe à la campagne présidentielle de 1974 en soutenant François Mitterrand. Cette rencontre *a priori* incongrue entre l'ex-guérillero et l'ancien ministre de la IVe République est en réalité logique : Debray poursuit sa réflexion sur les moyens de parvenir au socialisme, Mitterrand capte des voix originales à gauche.

Dans *Le Pouvoir intellectuel en France* publié en 1979, le philosophe décrit, dans une perspective historique, les nouvelles hiérarchies du milieu intellectuel. La dégradation du débat public, la course à la facilité, le manque de recul et de perspective sont les thèmes principaux de sa critique. En 1981, il est nommé chargé de mission auprès du Président pour les relations internationales. Il sera secrétaire général du Conseil du Pacifique Sud en 1984-85 avant d'être nommé au Conseil d'État dont il démissionnera par la suite. Durant cette période, il rédige le discours dit de Cancun de 1982 dans lequel Mitterrand entend marquer une nouvelle page de l'histoire diplomatique française. Mais les marges de manœuvre de la France dans le monde ainsi que les siennes propres dans le système politique français le conduisent à démissionner.

En 1985, il publie *Les Empires contre l'Europe* où il met en avant, malgré les apparences, la faiblesse de l'Empire soviétique et à l'inverse la force des États-Unis. Suivront *Que vive la République !* en 1989 dans lequel Régis Debray prévient que la fin de l'après-guerre en Europe n'annonce pas une Europe paisible et stable, *À demain De Gaulle*, en 1990 qui propose un parallèle entre le général et François Mitterrand, parallèle qui ne tourne pas à l'avantage du second, et *L'État séducteur* en 1993 qui regrette l'effacement des frontières entre vie publique et vie privée et substitue l'examen de moralité au débat d'idées. Sont évoqués la tentation des apparences et du showbiz, la priorité accordée au temps bref sur le temps long et l'abandon du complexe au profit du simple. « Un chanteur est interrogé une heure durant sur le sens ultime du XXe siècle comme Gandhi, De Gaulle ou Einstein ne le furent jamais » (p. 176).

En 1999, il est violemment pris à partie par Bernard-Henri Lévy qui signe dans *Le Monde*, l'article « Adieu Régis », parce qu'il s'était opposé à la guerre du Kosovo.

Après avoir passé une habilitation à diriger des recherches universitaires en 1994, Régis Debray fonde l'Institut européen en sciences des religions en 2002 qui sera rattaché à l'École pratique des hautes études.

Dans *Le Moment fraternité*, il évoque la « religion occidentale contemporaine », celle des droits de l'homme, qui sert d'alibi à une politique de domination et d'ingérence. Il dénonce des élites médiatiques qui mettent en scène leurs engagements et oublient la question sociale parce qu'elles n'ont plus de lien avec le peuple. Par la suite, il consacre plusieurs ouvrages au Proche-Orient : *Dialogue des civilisations : un mythe contemporain* (CNRS, 2007), *Un candide en Terre sainte* (Gallimard, 2008) ou encore *À un ami israélien* (Flammarion, 2010).

Dans *Rêverie de gauche* paru chez Flammarion quelques semaines avant le premier tour de l'élection présidentielle de 2012, Régis Debray rappelle aux socialistes quelques leçons du passé pour mieux les inviter à ne pas capituler face à l'avenir. L'ex-guérillero consacre ainsi un chapitre à Marc Bloch, l'auteur de *L'Étrange Défaite* pour regretter qu'aujourd'hui tout soit devenu affaire de communauté et que la grande perdante est la communauté nationale « devenue introuvable ». De même, il s'étonne qu'au moment où la démocratie est dans toutes les bouches, le peuple sente le souffre. « Au sens social du mot vous l'appelez populisme, au sens national souverainiste. La société est surabondante tandis que le peuple manque. Or, écrit-il, une société est un éparpillement de mémoires, un amoncellement de poches à rancunes et de comptes à régler. Un peuple est une longue histoire. »

Depuis 2011, Régis Debray est membre de l'Académie Goncourt.

Entretien avec Régis Debray

« Je suis frappé par l'assèchement rhétorique du discours politique. »

Pascal Boniface : Tu refuses d'être considéré comme un intellectuel…

Régis Debray : Le mot est une injure. Je ne vais pas te citer Bernanos qui est une référence ambiguë mais il a dit quelque chose qui me plaît beaucoup : « L'intellectuel est si souvent montré en imbécile qu'il y a intérêt à le tenir pour tel jusqu'à ce qu'il ait prouvé le contraire. » C'est la boutade d'un homme de droite. Je la reprends, homme de gauche, à mon compte.

D'abord, de quoi parle-t-on ? D'un substantif qui est né au début du XIXe siècle sous la plume de Saint-Simon, le sociologue, et qui s'est répandu après le manifeste des intellectuels, Zola, l'affaire Dreyfus. Tout cela est bien connu. Distinguons donc l'intellectuel des origines qui a été, pour la République, une hormone de croissance et l'intellectuel terminal qui est bien souvent une cellule maligne en démocratie d'opinion.

À l'origine, l'intellectuel prend la relève du prêtre, du prédicateur et non pas du moine. Le prêtre est celui qui sermonne, qui exerce une action sur les laïcs, sur le peuple. D'où ma définition de l'intellectuel : quiconque a un projet d'influence. Mais l'influence a besoin de vecteurs, qui ont été tour à tour la parole dans le cas du prédicateur, l'imprimé à partir des XVIIIe et XIXe siècles, et c'est aujourd'hui l'audiovisuel. L'intellectuel est constitutivement média dépendant, l'expression « intellectuel médiatique » est d'ailleurs une redondance. Le drame aujourd'hui, ce qui rend très difficile l'exercice d'un projet d'influence, est que sa mise en œuvre dépend d'un système d'information et de diffusion qui porte en lui la négation de toute rationalité, de toute discursivité et qui fonctionne à l'émotion, à l'individu et non au général, à l'émotionnel. Dans l'immédiateté du « coup de poing/coup de gueule ». L'intellectuel est rattrapé par ses instruments, il fait le mariolle pour se faire reluire. Aujourd'hui, un intellectuel actif c'est un type intégré à l'appareil de production de l'opinion. Il n'est plus l'antagonique du pouvoir établi, mais le relais du nouveau pouvoir, du premier pouvoir.

P.B. : D'où ton refus d'être considéré comme un intellectuel !

R.D. : Je ne le suis plus et c'est tant mieux. Je l'ai été : je suis un traître de l'intérieur car j'ai eu un projet d'influence en tant qu'intellectuel progressiste, de gauche, etc. J'ai voulu rendre publique mon opinion privée sur le cours des choses pendant une dizaine d'années, peut-être une quinzaine. Puis, je me suis aperçu que cela ne produisait rien, non pas au sens économique, mais politique du mot.

Un simple exemple. Après avoir été à l'Élysée deux-trois ans, je publie deux livres sur les affaires internationales. *La Puissance et les Rêves* où j'explique que la nation, ce n'est pas fini, que la mondialisation est une balkanisation : vous allez avoir une fragmentation du monde. Aujourd'hui, c'est une banalité. En 1983, c'était inaudible. Ensuite, je publie en 1985 *Les Empires contre l'Europe* où j'explique qu'il y a un empire très faible, qui est l'Union soviétique qui va disparaître bientôt, et un empire très fort, qui sont les États-Unis. Jean-François Revel m'apostrophe comme un agent du KGB. Alain Minc estime que je suis un pauvre type qui ne saisit pas que l'Union soviétique va absorber toute l'Europe de l'Ouest. Leur voix porte dix fois plus que la mienne. À partir de données comme celles-ci, on se rend compte que qui n'a pas la maîtrise des vecteurs d'opinion, comme directeur de journal, chroniqueur, financier, n'a pas moyen de se faire entendre.

P.B. : Si pourtant ! Tes différents livres ont toujours eu un écho certain dans le public, ont eu des tirages conséquents sans être des best-sellers, pour des livres qui sont d'un accès pas toujours aisé. N'as-tu pas eu tout de même le sentiment d'avoir influencé, participé à la bataille de l'opinion ?

R.D. : Oui, j'ai participé à des batailles d'opinion. J'ai suggéré quelques thèmes : celui de républicain *versus* démocrate par exemple – encore que cela a été mal interprété. J'ai défendu l'idée qu'il y avait une singularité républicaine qui ne peut pas se confondre avec la généralité démocratique de type anglo-saxon. Oui, j'ai pu, dans des petits milieux, avancer certaines lignes de force, certains clivages, certains thèmes. Mais ultra-minoritaires, très vite détournés, obligeant à ressasser sans fin, à des bagarres ineptes pour dissiper les inévitables malentendus ou caricatures. Tout cela m'est apparu stérile et j'ai lâchement quitté l'arène.

P.B. : Pas vraiment puisque tu continues régulièrement, tout en vitupérant contre l'époque, à publier des livres de conviction et non des ouvrages de poésie ou de description des arts.

R.D. : Oui… je cède parfois à des mouvements d'humeur. Je garde mes convictions intactes, mais je ne ressens plus le besoin de les exprimer. D'abord, parce qu'il ne faut pas toujours se répéter, ouvrir une boutique et gérer sa petite image. Il faut ouvrir les fenêtres et changer de trottoir. Et puis, parce qu'encore une fois, être un intellectuel conséquent aujourd'hui – je vais te faire frémir –, c'est être Bernard-Henri Lévy.

C'est se donner les moyens de sa fin. Avoir beaucoup d'argent, un riad à Marrakech, un carnet d'adresses, une clientèle, être à la fois éditeur, financier, président de tas de conseils de surveillance, membre de tas de comités de contrôle dans tous les médias, alors tu deviens un Citizen Kane au petit pied et là tu peux mener des batailles d'opinion susceptibles d'intéresser, y compris les gouvernants qui sont devenus média-dépendants. Tu deviens une puissance médiatique et tu contrôles un réseau. Mais il faut s'en donner les moyens, c'est-à-dire renoncer à toute probité intellectuelle. Il faut vouloir les conséquences de ses choix. Être un intellectuel, modifier un état des choses avec des mots ou des images, c'est maîtriser l'infrastructure. Sinon tu es soit un alibi, soit un mauvais coucheur et tu finis en ronchon de service.

P.B. : Donc, si tu n'es pas milliardaire initialement, tu ne peux pas être intellectuel parce que, outre les talents propres, il faut avoir une base de départ ?

R.D. : Au sens opérationnel, oui. Tu trouveras, dans mon entrée, la une de *L'Aurore* avec le « J'accuse » de Zola. C'est un article très ennuyeux, très long. Il n'y avait pas une illustration à la une de *l'Aurore*, pas plus que dans les pages intérieures, à l'époque. Aujourd'hui, une intervention dans la presse, c'est combien ? Trois mille signes. Zola, je crois que c'est quarante mille. Ouvrir un dossier, décrire une situation, proposer une stratégie demandent du temps et de l'espace.

Aujourd'hui, si tu apparais à la télévision, c'est trente secondes, comme André Glucksmann pour dire que l'Union soviétique, ce sont trente mille Tchétchènes dans des cellules ruisselantes de sang et de merde. Intervention coup-de-poing : vingt-cinq secondes. La télé : parfait !

Mais il n'y a plus d'espace non plus. Il est très rare qu'un magazine te donne plus que deux mille signes pour t'exprimer. Nous n'avons donc plus les moyens objectifs d'exercer notre intelligence sur la chose publique. Soit tu t'adaptes aux nouvelles conditions et tu te livres à ton narcissisme moral avec bonheur – les gens aiment cela. Soit tu écris dans des revues spécialisées qui ne touchent que les spécialistes. Toucher le grand nombre aujourd'hui, c'est passer par TF1. Je préfère être seul dans mon coin, mais la tête droite, qu'à quatre pattes dans les antichambres.

P.B. : Beaucoup de gens que j'ai interrogés me disent effectivement qu'auparavant on pouvait avoir une demi-heure, une heure pour s'exprimer à la télévision et que cette époque est révolue. Plus personne, y compris des gens extrêmement intéressants, n'a autant de temps pour s'exprimer.

R.D. : Il y a eu une exception avec Frédéric Taddeï. J'ai pu avoir, au moment des élections, un dialogue avec Henri Guaino d'une heure et quart sans interruption, qui a été un échange. On ne s'est pas injuriés… Les Taddeï ne sont pas légion.

P.B. : Je suis persuadé que cette émission a eu du succès.

R.D. : Énorme. Le retour fut considérable. Parce que pas de noms d'oiseaux mais des gens qui argumentent, qui ironisent, qui ont une conversation, une controverse.

P.B. : Comment expliquer, alors que cette émission a dû avoir une audience très forte, qu'elle a marqué les gens qui l'ont regardée alors, que l'on cumule les programmes où, à l'inverse, dix personnes se chamaillent, aucun argument n'est audible et dont on ne retient que les éléments pour le zapping montrant quelqu'un qui tape du poing sur la table ou qui renverse un verre d'eau sur son voisin pour montrer la solidité de son argumentation ?

R.D. : C'est la hantise du trou, la hantise du tunnel. Il faut faire des tables rondes pléthoriques.

P.B. : Tu parles du succès de BHL. Mais, c'est un succès en circuit fermé.

R.D. : C'est un succès chez les journalistes qui font caisse de résonance, pas chez ceux qui produisent du savoir ou le transmettent. Il y a la haute et la basse intelligentsia.

P.B. : Tu avais déjà fait cette distinction dans *Le Pouvoir intellectuel en France.* Le pays est de plus en plus agacé par les représentations. Si, dans une université, on fait une conférence avec Régis Debray, l'amphithéâtre est plein. Avec BHL, ce n'est pas le cas, s'y ajoute même la crainte de l'organiser de peur qu'elle tourne au chahut.

R.D. : Oui, mais ce n'est pas le rôle des universités que de faire des meetings politiques…

P.B. : Non, je pense à un débat intellectuel, une conférence.

R.D. : J'entends bien. Oui, c'est possible. Mais alors, prends en compte un facteur personnel : la fatigue de l'honnête travailleur qui a trimé toute sa vie et qui a besoin, l'âge venu, d'espace vert et de langueur dominicale. Je ne veux pas dire que l'on raccroche sa rapière mais qu'on ne la sort qu'en cas d'urgence. Et il n'y a pas urgence. S'il y avait une crise nationale générale, un état de guerre – civile ou pas –, bien entendu ce serait différent. Mais la France est devenue un pays ordinaire, avec des gens très normaux aux commandes et des aspirations plutôt modestes.

P.B. : Dans ton dernier livre, tu fais cette comparaison entre les proches de Mitterrand en 1974 et les entourages politiques actuels.

R.D. : La politique s'est professionnalisée, n'est-ce pas ? Et la démocratie d'opinion promeut des hommes-baromètres. De quoi dissuader un jeune esprit bien intentionné d'entrer dans l'arène. Aujourd'hui s'est constituée une couche d'attachés parlementaires devenus conseillers généraux, puis maires, puis députés, qui forment un milieu très clos où les enjeux sont minces et les disputes tournent autour des places. C'est un monde replié sur lui-même, un organe qui s'ausculte lui-même, sans balcon sur le monde extérieur. On ne voit plus ce qu'un homme d'idées ou de mots peut y faire. Ce n'est pas comme cela aux États-Unis : il y a de la ventilation, à la fois par les *think tanks*…

P.B. : … Les *think tanks* sont quand même assez orientés politiquement, par leurs financements d'une part, et les parlementaires sont réélus tous les deux ans d'autre part.

R.D. : C'est vrai. Mais le milieu politique français est coupé des professions intellectuelles. Par ailleurs, si on va au fond maintenant, un homme d'idées se rend assez vite compte que la politique n'est pas une affaire d'idées comme le disait, je crois, Emmanuel Berl, mais d'astuces et d'opportunités. L'idée est un marchepied qui conduit un homme politique à son but, c'est-à-dire au pouvoir où la logique des forces remplace la logique des idées. Tu peux dire qu'il en va ainsi depuis 3 000 ans, d'accord, mais cela s'est accentué. Il n'est pas inexplicable que l'on veuille s'éloigner d'une scène qui nous concerne de moins en moins.

Je suis très frappé par l'assèchement rhétorique du discours politique. On atteint des niveaux de platitude et d'atonie sans précédent, ce qui est symptomatique de la disparition des visions d'avenir, des programmes et même des cohérences. De tout temps, le normalien sachant écrire était recruté dans les cabinets ministériels et fabriquait des discours qui se tenaient, où l'on pouvait même déceler trois-quatre formules amusantes, originales. Là, le normalien sachant écrire reste chez lui. Et les politiques ne vont plus mettre des papillons dans les couloirs de la rue d'Ulm pour recruter : ils s'en foutent ! Des deux côtés, on se fout de l'autre. Encore quelque chose qui incline à tirer l'échelle.

P.B. : Tu as régulièrement mis en cause les excès de la communication par rapport au fond. Aussi, l'un des problèmes est que l'intellectuel est censé réfléchir au présent, mais surtout à l'avenir, que le court terme l'emporte de plus en plus sur le long terme…

R.D. : Évidemment, évidemment… Cela va de pair avec la professionnalisation du milieu… et la provincialisation. Le rétrécissement des horizons géographiques et historiques est sidérant. J'ai peut-être vu cette transition dans les années 1980. Mitterrand avait un intérêt pour l'histoire évident – ce qui en faisait un homme d'État –, mais pas pour la géographie et pour le monde extérieur. À part l'Allemagne et Israël, pour des raisons différentes, Mitterrand ne s'intéressait guère au monde extérieur.

P.B. : Pourtant, il a quand même été un des grands présidents, après De Gaulle, sur l'international…

R.D. : Je lui organisais des déjeuners sur un thème donné – la Chine, l'Inde, le Proche-Orient ou l'Afrique du Sud – avec des spécialistes, mais ça l'emmerdait. Au-delà de cette anecdote, j'ai vu se rétrécir les lignes d'horizon. Parler du Pacifique, de l'Océan Indien ou des Antilles aujourd'hui apparaît comme baroque. Or, c'est cela qui m'intéresse. L'Europe a joué un rôle décisif dans cet amenuisement. Le retour à l'Europe, c'est le retour à la terre, l'*hinterland*, c'est l'oubli du maritime et du grand large, c'est du pétainisme *soft*. Et l'histoire longue a disparu du discours politique. L'arc des références temporelles dans l'attrape-gogo électoral, dans le discours des candidats est de plus en plus étroit. Les plus audacieux vont jusqu'à évoquer Mendès-France, De Gaulle, la Résistance. Au-delà, non ! Le XIXe, n'en parlons pas. Une peau de chagrin dans tous les sens du mot : spatial, temporel et intellectuel. Qu'est-ce qu'on irait foutre là-dedans ?

Le rôle, que je n'ai pas joué, que j'ai pu vouloir jouer en 1981 serait impensable aujourd'hui. Vouloir s'occuper des rapports avec le Tiers-monde… On te regarderait : « le Tiers-monde, c'est quoi ?! » D'abord, ça ne se dit plus. Ensuite on s'en fout. Si on peut vendre un Airbus, tant mieux. Mais travailler pour un Länder, non. Donc, adieu Berthe. Il reste tout un « pia-pia » possible pour le débat de société : mariage homosexuel, cannabis, etc. Sur ces enjeux-là, il faut se documenter sérieusement. Or, l'intellectuel est celui qui parle de ce qu'il ne connaît pas, qui ne fait pas d'enquête, qui se regarde dans la glace, qui a évacué le principe de réalité. Il est là pour répondre à la demande sociale d'un public qui veut être conforté dans ses préjugés et son ethnocentrisme. Chacun a son public et sa sociologie qui feront chorus avec le gourou du secteur. Je ne veux pas faire gourou, je fais ma petite soupe dans mon coin.

P.B. : Comment tu te définirais alors maintenant ? Comme un… écrivain ?

R.D. : Écrivain. Un écrivain est une figure de solitude. Un écrivain se place dans le temps long, que ce soit en arrière ou en avant. Un écrivain n'agit pas en bande ou en réseau, même si personnellement j'aime bien les bandes et les groupes et les cénacles et les confréries. Mais cela n'est pas l'essentiel. Un écrivain est un type seul, qui dialogue avec le passé des autres et le sien. Et qui n'a plus de projet d'influence, qui accepte que le cours des choses se déroule sans lui. S'il peut agir sur lui, c'est indirectement et sans y penser.

Alfred Grosser, le pédagogue malicieux

Alfred Grosser est né le 1er février 1925 à Francfort-sur-le-Main en Allemagne dans une famille juive. Son père était pédiatre, directeur d'une clinique pour enfants et professeur à l'Université. Dès 1933, il est renvoyé de la clinique, exclu de l'Université et chassé de l'association des porteurs de la Croix de Fer de 1re classe, l'équivalent de la médaille militaire française, qu'il avait obtenue après quatre années de guerre sur le sol français lors de la Première Guerre mondiale. En décembre 1933, toute sa famille émigre donc en France pour s'installer à Saint-Germain-en-Laye où son père décède le 7 février 1934. Plus tard, Alfred Grosser écrira dans son livre de mémoire *La Joie et la mort* : « Sans Hitler, donc sans l'émigration de ma famille, je serais probablement devenu un jeune bourgeois avide de réussite – qui aurait eu bien du mal à percevoir le sort des déshérités de la société. » Le 1er octobre 1937, Mme veuve Lily Grosser, née Rosenthal, est naturalisée française ainsi que ses deux enfants.

Le 12 juin 1940, le jeune Alfred part avec sa sœur à vélo vers le sud de la France pour fuir l'avancée de la Wehrmacht. Leur mère reste à Saint-Germain pour veiller sur leur grand-mère. Sa sœur décède en avril 1941 à Saint-Raphaël où leur mère les avait rejoints entre-temps. Après l'occupation allemande de la « zone libre », Alfred Grosser tente de rejoindre le maquis du Vercors en août 1943 mais ne réussit pas à trouver celui avec qui il a rendez-vous ; ce qui lui vaudra la vie sauve. Grâce à de faux papiers, il devient professeur chez les frères maristes à Marseille et participe, avec les Jeunes du Mouvement de libération nationale, aux combats pour libérer la ville.

Lieutenant assimilé, il est nommé censeur militaire de presse tout en poursuivant ses études de germaniste. Il écrit à ce propos qu'il est « Devenu germaniste en 1942, parce que la faculté des sciences de Marseille avait refusé au jeune juif que j'étais le droit de s'inscrire au certificat de mathématiques générales. »[1] De retour avec sa mère, à Saint-Germain-en-Laye, il échoue au concours de l'École normale supérieure en 1946 mais est reçu en 1947 premier à l'agrégation d'allemand. Après trois années à la Fondation Thiers, une année à

1. *Op. cit.*

l'UNESCO, quatre années d'assistanat d'allemand à la Sorbonne et une année au Centre de Bologne de la Johns Hopkins University, il devient en 1956 directeur d'études et de recherches à la Fondation nationale des sciences politiques. Il enseignera rue Saint-Guillaume jusqu'en 1992.

À côté de sa carrière de professeur, Alfred Grosser est chroniqueur politique dans *La Croix* de 1955 à 1965, puis dans *Le Monde* de 1965 à 1994, à *Ouest-France* et de nouveau dans *La Croix* à partir de 1984. Membre du Conseil de surveillance de *L'Express*, il en démissionne en 2003 à cause de l'attitude de l'hebdomadaire sur Israël et les Palestiniens. Il a également collaboré au journal protestant *Réforme*.

Sa vie est celle d'un *moralpädagoge* cherchant à faire progresser la connaissance et la réflexion tant chez ses étudiants que chez ses lecteurs ou auprès des publics variés auxquels il s'est adressé en France, en Allemagne et aux États-Unis. En 1975, il a reçu le Prix de la Paix décerné par l'Union des éditeurs et libraires allemands comme « médiateur entre Français et Allemands, entre incroyants et croyants, entre Européens et hommes d'autres continents ».

Outre de nombreux ouvrages sur l'Allemagne, il a notamment écrit un livre devenu un classique de l'histoire des relations internationales : *Les Occidentaux. Les pays d'Europe et les États-Unis depuis la guerre*. Parmi ses trente-cinq livres, on relèvera également *La IV*e *République et sa politique extérieure*, *La Politique en France* (avec François Goguel), *Au nom de quoi ?*

Fondements d'une éthique politique, Le Crime et la mémoire, Les Identités difficiles, Les Fruits de leur arbre. Regard athée sur les chrétiens, Von Auschwitz nach Jerusalem. Über Deutschland und Israël.

Ses enseignements auront marqué des générations d'étudiants. Une grande partie de l'élite politique et journalistique l'a eu comme professeur. Ils ont pu apprécier ce mélange rare d'ironie et de bienveillance, d'exigence et de disponibilité. Le sociologue Werner Gephart explique ainsi les raisons de son estime envers Alfred Grosser : « Mon admiration porte surtout sur son courage à présenter un miroir critique tant aux Allemands qu'aux Français sans se départir de sa sympathie pour eux. »[2]

Comme secrétaire général du Comité français d'échanges avec l'Allemagne nouvelle fondé en 1948 par Emmanuel Mounier, il a en effet eu d'emblée le souci de donner une place et la parole aux résistants allemands, dans le sens du préambule de la Constitution française de 1946 selon lequel la victoire a été remportée non sur des nations ou des peuples mais « sur les régimes qui ont tenté d'asservir et de dégrader la personne humaine. »

Ces dernières années, Alfred Grosser a consacré de nombreux efforts, en France et en Allemagne, à défendre la cause palestinienne, ce qui lui a valu des accusations d'antisémitisme. « Je me suis fait traiter d'antisémite alors qu'en termes hitlériens, mes quatre

2. Cité par Ingo Kolboom dans « *Hommage à Alfred Grosser* », *Encyclopédie de l'Agora*, 1er avril 2012.

grands-parents et mes deux parents étaient juifs. On me dit alors que j'aurais été animé par la célèbre haine de soi juive, ce à quoi je réplique que je passe mon temps à me surestimer, à m'aimer trop. »

Alfred Grosser est Grand officier de la Légion d'honneur en France et Grand-Croix de l'Ordre du mérite en Allemagne.

Entretien avec Alfred Grosser

« J'ai toujours voulu susciter la compréhension pour le point de vue opposé. »

Pascal Boniface : Dans votre livre, *La Joie et la mort* [1] vous faites le bilan de votre vie et concluez avoir exercé sur votre temps une influence un peu plus forte que la plupart des gens. Comment la mesurez-vous ? De quel type d'influence parlez-vous ?

Alfred Grosser : D'abord, en tant que professeur. Il s'agissait évidemment de transmettre des connaissances, notamment sur la politique française, l'Allemagne, sur les relations internationales, etc., mais aussi – ce que bien des collègues m'ont reproché – d'exercer une transmission morale, d'enseigner à prendre des distances par rapport à certains conditionnements

1. Alfred Grosser, *La Joie et la mort*, Presses de la renaissance, 2011, 334 p.

– nationaux, religieux, ethniques. Ensuite, par mon action hors de l'université : développer les connaissances en France sur l'Allemagne, en Allemagne sur la France, chez les chrétiens sur l'incroyance, chez les athées sur le christianisme, à l'Institut de formation des cadres paysans sur la société et la politique. Je pense avoir exercé ainsi une influence limitée, mais certaine. À Sciences po, nombre de futurs hommes et femmes politiques ont suivi mes enseignements. Dirai-je que certains en ont vraiment tiré profit et d'autres malheureusement pas ?

P.B. : Vous ne me les nommez pas !

A.G. : Non, car la liste négative serait trop longue. En revanche, je puis dire que l'enseignement qui a laissé le plus de traces n'était pas un véritable enseignement. Pendant dix ans, de 1980 à 1990, j'ai parlé les jeudis, de 18 à 19 h dans un amphithéâtre de 300 places presque toujours plein d'un sujet d'actualité qui était affiché dans le hall l'avant-veille, sur la base de la presse et de ma vision moralisante des gens et des choses. Quand je rencontre aujourd'hui quelqu'un qui me dit « Je vous ai eu comme professeur rue Saint Guillaume », c'est presque toujours des séances du jeudi qu'il me parle, des séances qui ne menaient à aucun examen, à aucune valorisation en termes de scolarité. C'est à la fois flatteur et assez vexant !

P.B. : Pourriez-vous préciser vos deux domaines d'influence – pour lesquels vous avez été récompensé en 1975 par le prestigieux Prix de la Paix des éditeurs et libraires allemands. Il vous a été décerné comme « médiateur entre Français et Allemands, entre incroyants et croyants » et aussi « entre Européens et hommes d'autres continents ».

A.G. : Sur ce troisième point, c'était immérité. J'ai eu fort peu d'occasions de parler et de dialoguer en Afrique, un peu à Beijing, Tokyo et Singapour, davantage aux États-Unis. Pour l'Allemagne, il s'est toujours agi, depuis au moins 1947, de participer à la naissance d'une démocratie allemande sur la base d'un sentiment de coresponsabilité pour l'avenir des jeunes Allemands d'après-guerre. Avec une liberté de critique absolue, limitée seulement, depuis quelques années, par les violentes accusations d'antisémitisme qui me sont faites à cause de ma défense des Palestiniens de Gaza et des « territoires ». Cela n'entrave pas ma parole ou mes écrits, mais est parfois désagréable. Comme, pour parler comme Hitler, mes quatre grands-parents étaient juifs et mes deux parents aussi, l'accusation se transforme souvent en « il agit par haine de soi ». À quoi je réponds qu'au commandement « aime ton prochain comme toi-même », je me soumets en aimant beaucoup le prochain, donc terriblement moi-même ! Bref, en Allemagne je fais, depuis des décennies, en quelque sorte partie de la vie publique. Je suis le Français auquel on donne le droit de participer de façon critique, mais bienveillante, à tous les débats intérieurs de la République fédérale.

Il en est un peu de même pour ma participation en tant qu'athée à la vie du catholicisme français. Je dis français, parce que l'Église catholique allemande est moins ouverte. Je ne pense pas que je pourrais écrire comme je le fais depuis 1955 dans l'équivalent allemand (qui n'existe d'ailleurs pas) de *La Croix*, ni être appelé à préfacer, comme récemment, le livre d'un archevêque vice-président de la Conférence des évêques de France. Je suis cependant lié au cardinal-archevêque de Munich qui s'appelle Marx et qui a publié un livre fort engagé à gauche, froidement intitulé *Das Kapital.* C'est à lui que j'ai envoyé un email très bref après l'horrible décision, en 2012, des évêques allemands, d'interdire l'accès aux sacrements (eucharistie, mariage, etc.) à quiconque refuserait de payer l'impôt d'Église (collecté par l'administration fiscale). Mon message disait : « Mammon triomphe ! »

P.B. : Revenons aux étudiants.

A.G. : En 1956, René Rémond et moi, nous nous sommes vu attribuer les deux postes de directeur d'études et de recherches à la Fondation nationale des sciences politiques qui venait d'être créés pour le tout nouveau cycle supérieur d'études politiques, le premier 3e cycle en sciences humaines. Il était historien, moi germaniste, mais nos postes étaient les seuls à être rétribués en science politique. Nos collègues à temps partiel étaient l'un juriste, Maurice Duverger, l'autre historien, Jean-Baptiste Duroselle. Nous étions donc deux autodidactes chargés d'enseigner à des étudiants qui, eux, ne seraient donc pas autodidactes. Nous avons donc formé de futurs professeurs d'université, plus encore des journalistes de renom, des experts en sondages, un futur Premier ministre, François Fillon, une future présidente du Medef. Mais lorsque Laurence Parisot m'a dit publiquement que je lui avais appris l'éthique, je n'ai pas été certain que mon enseignement ait été pleinement compris !

P.B. : J'ai eu la chance de le suivre, ce troisième cycle, et ce qui m'avait frappé c'était l'esprit d'équipe du corps enseignant, ce qui changeait beaucoup de l'individualisme forcené des facultés de droit où chacun voulait se distinguer des autres.

A.G. : Même lorsque notre équipe s'est élargie, l'esprit est resté, d'autant plus que nous n'avons jamais coopté un non-scientifique, c'est-à-dire quelqu'un qui croit à une causalité unique, qui prétend détenir une clef qui ouvrirait toutes les portes, par exemple la propriété des biens de production ou le statut social de la famille. En trente-six années à Sciences po (au départ, le directeur m'avait fait promettre de rester au moins trois ans), je n'ai jamais assisté à un jeu d'intrigues. Mais ma femme prétend, peut-être avec raison, que c'est ma naïveté qui m'a aveuglé. En tout cas, si intrigues il y a eu, je n'ai jamais eu l'occasion d'y prendre part.

P.B. : Mais ce qui vous a toujours accompagné, c'est de présenter les choses en donnant systématiquement le contre point de vue et donc de faire comprendre plus que de faire apprendre.

A.G. : Ultérieurement, d'anciens étudiants m'ont dit que mes cours et ma méthode pour conduire séminaires et groupes de travail étaient toujours les mêmes : « Premièrement, les choses sont plus compliquées que vous n'aviez cru. Deuxièmement, ceci est vrai, mais le contraire n'est pas tout à fait faux. » Il est vrai que j'ai toujours voulu susciter la compréhension pour le point de vue opposé. Je viens de parler de cours. En 1968, même et surtout en tant que co-président de la commission « révolutionnaire » qui a fait le statut actuel de l'Institut d'études politiques (Sciences po), j'ai défendu la nécessité des cours magistraux. « Pour chaque séance, j'ai fourni une somme de lectures et de réflexions dont les étudiants ne peuvent pas élaborer l'équivalent au sein d'un groupe de travail. » Malheureusement, les cours ont été sacrifiés progressivement. Le résultat, c'est que les neuf dixièmes des étudiants de l'Institut d'études politiques de Paris sont diplômés sans jamais avoir reçu d'enseignement sur la politique française, ni intérieure, ni extérieure. Il existe des spécialisations très limitées où l'on aborde un peu ce qui correspond au cours de politique extérieure de la France depuis 1944 que je faisais tous les deux ans, ou au livre *La politique en France* que j'ai écrit avec François Goguel en 1963 et qui a été réédité pendant vingt ans.

P.B. : Qu'est-ce qui vous pousse en 1946, vous qui avez fui le nazisme, à travailler sur l'Allemagne avec empathie ? Quels sont les ressorts psychologiques qui vous mènent à œuvrer en faveur de l'Allemagne et des Allemands et de façon – au moins au départ – relativement isolée et solitaire, parce que ceux qui allaient dans ce sens-là n'étaient pas légion ?

A.G. : Est-ce le fait d'avoir eu la chance de n'être ni arrêté, ni torturé, ni déporté ? Mais j'ai travaillé avec d'anciens déportés, d'anciens torturés qui se sont, comme moi, sentis responsables de l'avenir allemand ou bien de l'avenir de notre société. Geneviève Anthonioz-de Gaulle, rentrée du terrible camp de Ravensbrück, a été conduite par le père Joseph Wresinski dans la boue des *slums* français, a découvert que leur dénuement ressemblait à celui des internées et s'est mise magnifiquement au service d'ATD Quart Monde. À l'origine, pour moi, il y a une double expérience à Marseille en août 1944. Une nuit, la BBC m'apprend que les vieux détenus de Theresienstadt étaient transférés à Auschwitz. Parmi eux (j'en ai eu confirmation après la guerre) « Tante Ida » et « Onkel Kurt », la sœur de mon père et son époux, médecin à Berlin qui n'avait pas voulu émigrer. Après une longue réflexion, au matin, j'étais sûr, définitivement sûr, qu'il n'existait pas de « culpabilité collective », quelle que fut l'étendue des crimes et le nombre de criminels. Puis, dans Marseille libérée, j'ai veillé dans un hôpital un ami mortellement blessé par un éclat d'obus pendant les combats. À côté de lui se trouvait un jeune prisonnier allemand, soigné lui aussi. J'ai parlé avec lui et découvert qu'il n'avait rien su, qu'il ne savait vraiment rien des horreurs accomplies au nom de son pays. D'où la conviction qu'il fallait ouvrir ces jeunes-là à la vérité, les insérer dans la société internationale si on ne voulait pas les exposer à de nouvelles propagandes nationalistes et haineuses. Ce sera, en octobre 1947, la conclusion de ma série d'articles « Jeunesse d'Allemagne » que *Combat* a bien voulu publier. Je les avais écrits au retour de six semaines de voyage à travers l'Allemagne en ruines. J'avais été, pour la première fois depuis 1933, dans ma ville natale. J'avais parlé avec le maire. Il sortait d'un camp de concentration. Je n'avais pas à me « réconcilier » avec lui. Nous avions une tâche transnationale, franco-allemande, commune.

Mais je ne pense pas que je me serais lancé si aisément dans ce travail comme secrétaire général du Comité français d'échanges avec l'Allemagne nouvelle fondé par Emmanuel Mounier s'il n'y avait eu l'influence, l'exemple de ma mère devenue secrétaire bienfaisante du Comité. Elle avait dû émigrer avec son mari et ses deux enfants. Arrivé en France le 19 décembre 1933, mon père est mort d'une attaque cardiaque le 6 février 1934. Elle a dû lutter pour créer et diriger un home d'enfants. En juin 1940, ma sœur et moi avons fui à vélo l'avance de la Wehrmacht. Comme ma sœur a roulé intensément pendant ses règles, elle a contracté une infection dont elle est morte en avril 1941 à Saint-Raphaël où notre mère avait pu nous rejoindre. Malgré cette vie, elle m'a immédiatement encouragé et soutenu. Dans sa *laudatio* pour mon Prix de la Paix à Francfort, en 1975, Paul Frank, secrétaire général de la présidence de la République fédérale, avait dit : « Si elle vivait encore, elle se tiendrait aujourd'hui aux côtés de son fils [...] à qui sa bonté a donné la certitude inébranlable qu'il était sur la bonne voie. » Il a ajouté qu'elle avait œuvré « pour que la jeunesse du pays qui lui avait pris ce qu'elle avait de plus cher s'entende avec le pays qui l'avait accueillie en libre citoyenne. »

P.B. : N'avez-vous pas rencontré des difficultés et votre attitude a-t-elle toujours été comprise ?

A.G. : La réponse sera triple. En premier lieu, on trouve la difficulté de ne pas se laisser submerger par le souvenir. En 1958, un fonctionnaire de l'Occupation française avait créé en Forêt noire un petit centre pour anciens chefs des jeunesses hitlériennes qui n'avaient pas participé à des crimes. Il ne s'agissait pas de les endoctriner mais de les ouvrir par des contacts avec des résistants, des syndicalistes, des hommes politiques, des étrangers. J'ai accepté l'invitation malgré l'idée difficile que chacun des présents m'aurait poussé dans une chambre à gaz s'il en avait reçu l'ordre peu d'années auparavant. La deuxième tient à l'erreur sans cesse commise pour les rapports franco-allemands. On oublie le début du préambule de notre Constitution de 1946, qui sert encore de texte de référence au Conseil constitutionnel : « Au lendemain de la victoire [...] sur les régimes qui ont tenté d'asservir et de dégrader la personne humaine... »

Pas sur les nations, pas sur les peuples. La Seconde Guerre mondiale a été idéologique, antihitlérienne, contrairement à la Première. De Gaulle et Adenauer à la cathédrale de Reims, Mitterrand et Kohl à Douaumont, Sarkozy et Merkel à l'Arc de Triomphe un 11 novembre : trois symboles de 1914-18. Pour 1939-45 il eût fallu une célébration à Dachau où anti-hitlériens allemands et français avaient été détenus ensemble. La troisième difficulté n'en a pas été une. Sauf quelques très rares attaques, notre travail n'a guère été mis en cause, sans doute à cause de l'origine résistante des membres du Comité d'échanges. Dans mon cas particulier, j'ai eu la double chance d'être un professeur d'université normal et aussi de n'avoir pas d'accent ni dans l'une, ni dans l'autre langue. Une seule fois, l'homme fort détestable qu'était l'ambassadeur André François-Poncet m'a dénié le droit de critiquer le gouvernement à partir de « la nationalité qui m'avait été conférée. »

P.B. : Il est vrai qu'au regard du chemin parcouru, c'est quand même l'un des plus beau succès politiques de l'histoire de l'humanité, la plus belle illustration du fait que la volonté permet de faire bouger les choses.

A.G. : Sauf que l'on parle sans cesse d'ennemis héréditaires alors que ce rôle a plutôt été assumé pendant des siècles par l'Angleterre et alors que l'ennemi, avant et après 1871, était la Prusse. Dans la première instruction envoyée de Paris à Baden-Baden, siège du gouvernement militaire français en 1945, il était davantage question de Prusse que de nazisme. Et lorsque le général de Gaulle m'a reçu en 1962 pour me parler de mon livre *La Quatrième République et sa politique extérieure*, il m'a dit : « Vous et moi, nous savons bien que, de l'autre côté, c'est la Prusse ! » Que la RDA communiste soit située dans l'ancienne Prusse, quoi de surprenant ? La Bavière ou la Rhénanie, c'eût été différent !

P.B. : Comment l'amateur de foot que vous êtes a-t-il vécu Séville 1982 ? [2]

A.G. : Il faut revenir sur ce que le nom Schumacher représente et ne représente pas en France. Évidemment, c'est le gardien de but qui a grièvement blessé le Français Battiston. Mais il me semble que ce souvenir-là a été effacé par la popularité du grand coureur de formule 1 Michael Schumacher et aussi par l'estime pour l'équipe nationale allemande appelée dans la presse française la *Mannschaft*. J'ai aussi souvent dit que la preuve de l'amélioration des relations franco-allemandes, c'est que, quand un Français parle du *Kaiser*, il ne pense pas à Guillaume II, mais à Franz Beckenbauer !

Malheureusement, le nom de Schumacher n'est pas lié en France (et de moins en moins en Allemagne) à celui de Kurt Schumacher, chef du parti social-

2. L'Allemagne a battu la France en demi-finale de la Coupe du monde aux pénaltys après prolongations. Le match a été marqué par l'agression impunie du gardien allemand Harald Schumacher sur le milieu de terrain français Patrick Battiston sorti inconscient sur une civière.

démocrate au lendemain de la guerre. Il était détesté par les dirigeants français parce qu'il s'opposait durement aux Alliés sur la même base que le général de Gaulle face à Winston Churchill : « Puisque je n'ai rien, je dois être intransigeant ». En fait, il était un survivant des camps où il avait été interné dès avril 1933 pour avoir, jeune député au Reichstag, lancé la formule : « Le national-socialisme est un appel au salaud qui dort dans les hommes » (*Ein Appell an den inneren Schweinehund im Menschen).* Il avait perdu un bras au cours de la Première Guerre. Il perd une jambe dans les camps. Cet invalide, survivant de l'enfer, était moins attrayant pour l'électeur allemand que le vieil Adenauer.

P.B. : La passion allemande pour le football a-t-elle joué un rôle dans les relations franco-allemandes, après l'agression schumacherienne de 1982 ?

A.G. : Dans l'esprit des médias allemands, cela a été le cas lors de la Coupe du monde en Allemagne. Elle s'est déroulée de façon festive alors que j'avais toujours dit et écrit que la République fédérale était un pays sans joie. Mais il y a eu d'innombrables drapeaux allemands. Trois stations de radio m'ont demandé en interview : « Que dit-on en France de cette mer de drapeaux ? » J'ai répondu que les couleurs noir/rouge/or étaient celles du libéralisme politique allemand du XIXe siècle et aussi de la République de Weimar. J'ajoutais que la question était typiquement allemande depuis la fin de la guerre : « Que va-t-on dire de nous à l'étranger ? », par exemple si nous critiquons Israël.

P.B. : Comment expliquer que cette idée reçue soit si fortement ancrée, qu'il y ait des choses qui puissent être décrétées impensables et d'autres incomparables ? Quelle est la racine selon vous de cette hérésie intellectuelle ?

A.G. : En France aussi on utilise le mot « impensable » pour parler de quelque chose que l'on vient de penser et d'« incomparable » pour quelque chose que l'on décrète radicalement autre, dans la beauté ou dans l'horreur, l'altérité radicale ne pouvant résulter que d'une comparaison. Le deuxième chapitre *Le Crime et la mémoire* est intitulé « Auschwitz par comparaison ». Il faut toujours comparer. Exemple plus anodin : au début des années 1950, un groupe de jeunes Français revient d'Allemagne après avoir visité les usines Mercedes. « Ah ces machines, cette intensité du travail, etc. Ces Allemands sont vraiment étonnants ! » J'ai demandé : « Avez-vous déjà visité une usine Citroën ou Peugeot ? » – « Non. Pourquoi ? »

P.B. : Vous avez également écrit qu'on désigne des gens courageux parce qu'ils prennent des positions qui vont à l'encontre des idées reçues, en faisant une comparaison entre les journalistes qui risqueraient de perdre leur place et les professeurs d'université qui ne risquent rien. En même temps on ne voit pas tant de ces derniers prendre des positions à contre-courant.

A.G. : Ma formule complète, c'est que, dans nos sociétés démocratiques, un journaliste peut être courageux parce qu'il risque sa place, donc de devenir chômeur, tandis que le professeur d'université ne risque rien à proclamer des vérités difficiles, mais il y a beaucoup de professeurs lâches. J'ajoute que l'absence d'autorité au-dessus d'eux a aussi des conséquences fâcheuses. Combien de nos collègues se soucient-ils de l'institution à laquelle ils appartiennent et dont ils tirent avantage ? Pendant mes trente-six années à Sciences po, je me suis toujours senti en situation d'allégeance à l'égard du directeur, quel qu'il fût, sans pour autant me sentir privé d'une liberté quelconque.

P.B. : Dans l'enseignement primaire et secondaire, il y a aussi le contrepoids des parents d'élèves et tout de même un certain pouvoir du directeur ou proviseur.

A.G. : J'ai raconté, dans d'autres livres, que j'ai longtemps été président des parents d'élèves du groupe scolaire de notre rue. Un jour, la directrice des filles m'appelle en me disant qu'elle a un problème : « j'ai un professeur qui arrive d'Afrique, je croyais que je pouvais lui confier une classe avec quelques Africains, elle les a mis au fond, elle ignore totalement les mauvais élèves elle ne s'occupe que des bons, que puis-je faire ? » Je lui ai conseillé d'écrire à l'inspecteur d'académie en disant qu'elle était absolument merveilleuse et qu'elle était trop bonne pour ce modeste établissement, et ça a marché !

P.B. : Est-ce que vous pensez que le courage a diminué aujourd'hui par rapport aux époques antérieures ? Parce qu'il fut un temps où il s'agissait de risquer sa vie pour une cause, aujourd'hui on a peur de se faire chapitrer pour prendre position. Est-ce que vous avez le sentiment que le courage est moins grand chez les intellectuels aujourd'hui que dans le passé ?

A.G. : Nombre de mes collègues m'ont reproché pendant mes trente-six ans de Sciences po d'avoir adopté une dimension morale dans mon enseignement. Nous sommes là pour transmettre du savoir. Dans certaines matières, oui : les professeurs de mathématiques sont là pour transmettre du savoir. Mais dans les sciences humaines, on ne peut pas s'y limiter, je dois aider à former des hommes et des femmes insérés dans la société. Le pire, ce sont les professeurs qui ne s'occupent pas du tout de leurs étudiants. Je me souviens d'un collègue qui s'est vanté devant moi d'être parvenu à faire mettre son téléphone en liste rouge, « comme cela, les étudiants ne peuvent plus me déranger ! » Je lui ai demandé quel était exactement son métier.

Pour répondre à votre question, non je ne crois pas. Nous sommes justement dans une société assez pacifiée où les gens ont peur, non plus tellement pour leur vie, mais pour de petits intérêts, de petites carrières, etc. Par exemple, il y a une trinité française qui pour moi représente l'horreur : Alain Minc, Jacques Attali et Bernard-Henri Lévy. Où sont les articles qui dénoncent ce qu'ils font, ce qu'ils prétendent être, ce qu'ils faussent ? Pensez à l'accueil (ou le non-accueil) qu'a reçu votre livre *Les Intellectuels faussaires* ! Une des raisons peut-être pour lesquelles on n'a pas rendu compte de mon dernier livre. C'est que je rappelle dans un mémorandum pour *Le Monde* : le pouvoir de ce journal est tel qu'on ne peut pas le critiquer, qu'il réagit négativement à toute remise en question et que de toute façon personne ne prendra ce risque parce qu'on n'aurait alors plus de compte-rendu, parce qu'on sera tu, on sera absent du *Monde*, ce qui constitue un handicap compte tenu de la place qu'il tient dans la vie intellectuelle française. Je concluais par le fait que la puissance même crée des situations négatives… Je n'ai pas eu de réponse.

P.B. : Vous constatez donc une diminution du courage.

A.G. : Mais le courage n'a jamais été fréquent. Les vices de la société intellectuelle française, Romain Rolland les dénonçait dans le volume « La Foire sur la place » de son grand roman *Jean-Christophe.* Il est vrai que c'est une vertu difficile à pratiquer en régime dictatorial et même autoritaire. En 1933, aucun collègue ne s'est levé à Francfort pour protester contre les mesures prises contre mon père, pédiatre juif. Chassé de la direction de sa clinique et de son enseignement à l'université, il a décidé d'émigrer. L'Association des pédiatres allemands a fait un acte solennel de repentance en 1998. Pour la France, je me réfère souvent à la très belle lettre que Richard Descoings a adressée à tous les étudiants de Sciences po lorsqu'il est devenu directeur. En tant que membre du Conseil d'État, il se trouvait particulièrement qualifié pour rappeler qu'à l'automne de 1940, un seul conseiller s'était élevé contre les mesures antijuives de Vichy. Il demandait aux étudiants de considérer qu'ils n'avaient pas seulement à apprendre, mais qu'ils avaient à réfléchir à la déontologie qu'ils auraient à appliquer une fois arrivés à un poste de responsabilité.

P.B. : Comment conciliez-vous votre engagement et l'intégrité intellectuelle ? Comment partager l'expression de convictions fortes et le fait de ne pas imposer son point de vue aux autres ?

A.G. : J'essaie constamment d'être la voix absente dans l'esprit de mes publics. En 1989, pour le cinquantenaire du début de la guerre hitlérienne, je parle un soir sur l'invitation d'une église catholique à Cologne, et je montre quelles ont été les compromissions des évêques allemands en 1933. Le lendemain, je parle dans un grand rassemblement syndical à Dortmund et je rappelle quelles ont été les compromissions des syndicats en 1933. Si j'avais parlé des syndicats aux catholiques et des catholiques aux syndicats j'aurais été démagogue et non pédagogue. Pour moi c'est fondamental. Et plus encore en France où je choque, mais délibérément. J'ai beaucoup enseigné dans les écoles militaires et souvent employé la formule « les trois vainqueurs et la France ». Enfin, j'adapte mon discours au public, je vais parler négativement de l'Allemagne en Allemagne, mais positivement en France, et vice versa. Lorsque le très remarquable ministre chrétien démocrate allemand de la Défense inaugure la première caserne allemande à Berlin, en 1995 (jusqu'au traité 2+4, en 1990 il ne pouvait pas y avoir de soldats allemands à Berlin), il l'a baptisée du nom de Julius Leber, résistant socialiste matraqué dès 1933 et exécuté le 5 janvier 1945. Dans une incidente, il a dit : « Julius Leber était alsacien, donc aussi de culture française ». Récemment encore, devant une commission du Conseil économique, place d'Iéna, j'ai dit que je mourrais avant d'avoir entendu un ministre français dire de quelqu'un : « Il était alsacien, donc aussi de culture allemande. »

P.B. : Est-ce que vous pensez qu'une bonne cause peut justifier d'utiliser des moyens malhonnêtes comme masquer la vérité, la travestir, mentir ?

A.G. : La réponse est catégoriquement non. En revanche, et c'est pour cette raison que je n'ai jamais adhéré à un parti politique, il y a des obligations de réserve. Il ne faut donc pas mentir mais si vous êtes membre d'un collectif engagé, toute vérité n'est pas bonne à dire. Si je m'étais engagé dans un parti politique, j'aurais été expulsé très rapidement. Je dis cela mais ce n'est pas vrai puisque Fabius n'a jamais été expulsé pour avoir voté contre l'Europe alors que le statut du PS aurait dû le faire expulser. Un exemple que j'aime bien donner aussi : j'ai souvent enseigné à l'Institut de formation des cadres paysans. Un jour j'étais à un stage épatant de jeunes femmes agricultrices. Elles m'ont demandé si j'étais engagé, j'ai donc répondu que non, et j'ai donné ma réponse qui est un peu bête et très hypocrite : « je ne suis pas engagé sinon je ne pourrais pas vous parler de la nécessité de vous engager car j'aurais une étiquette ». Puis elles me demandent pour qui j'avais voté, je leur dis « Mitterrand. – Mais vous venez de le critiquer ! » Et ça, c'est tout à fait caractéristique : puisque j'avais voté pour lui, je ne pouvais pas le critiquer. Un jour le président d'Antenne 2, qui était un ancien étudiant et ami, auquel j'avais demandé de me donner une émission politique, un commentaire, cinq minutes par mois par exemple, m'a répondu : « impossible, on ne sait jamais ce que tu vas dire. » Si j'avais été communiste, si j'avais été d'extrême droite, tout cela aurait été possible, mais comme il m'a dit « on ne sait pas si tu vas être pour ou contre le gouvernement ». Mais cela dépend de ce que le gouvernement fait ! Dans un article, où Max Gallo, à l'époque très à gauche, reprochait aux intellectuels de ne pas assez soutenir Mitterrand, j'ai répondu « il faut de nouveau adopter une vérité unique du Parti socialiste, critiquable sur bien des points et surtout soudain d'une grande arrogance intellectuelle. »

P.B. : Vous avez écrit que vous ne vous considérez pas comme un intellectuel de gauche parce que vous donnez raison à Aron contre Sartre, mais qu'en même temps, comme électeur vous avez toujours voté à gauche.

A.G. : Oui, avec parfois des tentations de voter différemment, tentations que j'ai réprimées mais j'ai voté pour la gauche modérée. Dernièrement, j'ai voté Hollande, mais je ne suis pas sûr intérieurement que si Juppé avait été candidat, je n'aurais pas voté Juppé. Je peux aussi me faire qualifier de méchant centriste et j'approuve la démarche de Bayrou disant que si je suis centriste je peux autant aller avec la gauche qu'avec la droite. Simplement, le système majoritaire tue tout ce qui se veut situé au centre. Donc j'ai eu des tentations centristes, mais j'ai sagement voté PS, souvent en grinçant des dents. Du côté de nos quatre fils qui ont aujourd'hui entre 52 et 43 ans, aucun n'a jamais donné dans l'extrémisme, ni de gauche, ni de droite. Disons que la famille a toujours été à gauche, entre centre gauche et gauche dure.

P.B. : J'ai l'impression que, ces dernières années, votre principal engagement a porté non sur les rapports franco-allemands, mais sur la politique israélienne à l'égard des Palestiniens.

A.G. : Oui et non : c'est surtout en Allemagne que je suis intervenu sur ce sujet, notamment avec mon livre *Von Auschwitz nach Jerusalem. Über Deutschland und Israel.* Le 9 novembre 2010, sur invitation de Petra Roth, maire de Francfort, j'ai prononcé dans le cadre solennel de la *Paulskirche* de l'église Saint-Paul le discours du souvenir de la « Nuit de cristal » de 1938.

Le Conseil central des Juifs en Allemagne et la communauté juive de Francfort avaient protesté contre l'invitation et avaient menacé de manifester son hostilité à mon égard pendant la cérémonie. J'ai pourtant dit ce que j'avais à dire, sur l'horreur du nazisme, mais aussi sur un aspect central de ma critique à l'égard de la politique des gouvernements israéliens. Tout s'est passé dans le calme. Il n'y a pas eu d'éclat, en partie parce que la majorité du très nombreux public me soutenait. J'ai donné la main à mon principal antagoniste et j'ai été très cordialement accueilli à la synagogue pour la cérémonie commémorative.

Deux textes m'ont servi de point d'appui. L'un datait de 1990. L'ambassadeur d'Israël en France s'était rendu dans la petite ville du Chambon-sur-Lignon pour remettre à la communauté protestante la médaille des Justes. Le discours de remerciement avait été fait par le pasteur Arnoux au nom de l'Église réformée du Chambon. Il a dit : « Attribuer une telle distinction engage autant que la recevoir. Puisque Yad Vashem représente l'État d'Israël et puisque, aujourd'hui, le Plateau est remercié pour avoir autrefois scolarisé des enfants, ouvert des maisons, recueilli des gens chassés dans toute l'Europe et dans leur propre patrie, nous aimerions que la remise de cette distinction soit une sorte d'engagement à ce qu'il n'y ait plus d'école fermée aux jeunes Palestiniens, plus de maisons dynamitées, plus de gens expulsés de leur terre ancestrale pour être remplacés par des colons et pour qu'on trouve une autre réponse aux jets de pierre que des balles de fusils. » L'autre texte était le discours prononcé par Horst Köhler, président de la République fédérale, devant la Knesset, en février 2005 : « La dignité humaine est intangible. C'est la leçon du passé national-socialiste que les pères de notre Loi fondamentale (constitution) ont inscrite dans l'article Premier. Protéger et respecter la dignité de l'homme est une tâche qui incombe à tous les Allemands ; en fait partie l'obligation d'intervenir à tout moment et en tout lieu pour les Droits de l'homme. La politique de l'Allemagne doit être juge en fonction de cette obligation. » J'ai ajouté à cette citation que j'avais cru que ce passage parlait des Palestiniens, mais que cela n'avait pas été le cas.

Mon thème central – qui est aussi celui sur lequel je voudrais terminer notre entretien – est que la vertu la plus importante est la prise en considération de la souffrance de l'« autre ». Après 1945, nous ne pouvions pas demander à un jeune Allemand de comprendre pleinement l'horreur des crimes hitlériens si nous ne lui montrions pas une vraie compréhension pour les souffrances des siens, dans les villes bombardées ou pendant les expulsions subies. De même, ai-je dit à Francfort, on ne peut pas demander à un jeune Palestinien de comprendre les souffrances infligées par les attentats si on ne montre pas un minimum de compréhension pour les souffrances à Gaza et dans « les territoires. » Je ne regrette pas, moi qui pourtant aime tant sourire et rire, de finir sur une note grave.

Ce n'est pas par hasard qu'on m'a défini en Allemagne comme *Moralpädagoge*. Depuis que j'ai lu *Éthique et infini* d'Emmanuel Levinas, je me réfère à sa juste constatation : « Il faut comprendre que la moralité ne vient pas comme une couche secondaire [...] La moralité a une portée indépendante et préliminaire. La philosophie première est une éthique. »

Olivier Mongin, l'antitotalitaire lucide

Olivier Mongin est né à Paris le 5 juin 1951. Passionné de sciences humaines et de philosophie, il intègre la Khâgne d'Henri IV avant de suivre des études d'anthropologie à Paris VII puis d'histoire et de philosophie à la Sorbonne. Proche de Michel de Certeau, il soutient un mémoire de troisième cycle sur Emmanuel Levinas, premier travail universitaire en France sur ce philosophe. Il s'intéresse également à Paul Ricœur et Hannah Arendt, tout en subissant le choc de la lecture de *L'Archipel du goulag* de Soljenitsyne. Il se rapprochera également de Claude Lefort et Cornelius Castoriadis qui ont créé le mouvement Socialisme et barbarie, et contribué à l'émergence d'un courant antitotalitaire en France.

En 1976, il devient secrétaire de rédaction de la revue *Esprit* fondée en 1932 par Emmanuel

Mounier, puis le directeur de la rédaction en 1988, avant de céder son poste à Marc-Olivier Padis en 2013. Il en est actuellement le directeur de la publication, un poste moins en prise avec la gestion quotidienne qui lui permet de réfléchir à l'avenir de la revue dont le cœur de cible (catholiques de gauche, leaders syndicaux) s'est réduit sociologiquement. Mongin estime en effet que la revue a toujours un avenir dans une période de turbulences économiques et de crises sociales. Il s'agit notamment d'apporter d'autres réponses aux défis contemporains qui sont indissociables de la troisième mondialisation historique. Sur cette question, il privilégie en particulier la facette de la mondialisation urbaine à laquelle il a consacré plusieurs livres (*Vers la troisième ville ?*, *La Condition urbaine. La Ville à l'heure de la mondialisation*, *La Ville des flux. L'Envers et l'endroit de la mondialisation urbaine*, à paraître en 2013).

Loin de céder au triomphalisme ambiant lors de la chute du communisme, Olivier Mongin adresse une mise en garde en 1991 dans *La Peur du vide* : « Inutile de chanter les louanges de la démocratie moderne ou de vitupérer contre, si on ne daigne pas voir les vices et les vertus du type d'homme qu'elle contribue à former. » Puis il publie, en 1994, *Face au scepticisme, les mutations du paysage intellectuel* (Hachette) où il refuse d'associer automatiquement démocratie et capitalisme et s'inquiète du détricotage de l'État providence. Il se prononce en faveur de l'émergence de « l'intellectuel démocratique » qui se distingue de l'intellectuel médiatique – réactif aux seuls « événements » de l'actualité – et du spécialiste, enfermé dans ses recherches et indifférent au débat public. Selon Mongin, « le rôle de l'intellectuel est de mettre en scène des problèmes communs et de formuler des convictions. »

En 1999, il participe à la fondation du Comité Kosovo pour dénoncer les violations des droits de l'homme du régime Milosevic contre les populations civiles du Kosovo. Il est favorable à une indépendance conditionnelle de ce pays, qui serait encadrée par la communauté internationale et impliquerait une transition démocratique. Il participe en 2002 à la fondation du cercle « La République des idées » avec Pierre Rosanvallon, dont l'objectif est de participer à la refondation de la vie intellectuelle en France et en Europe. Éditeur, il devient co-directeur de la collection « La couleur des idées » aux éditions du Seuil, et anime la collection « Questions de société » aux éditions Hachette durant plusieurs années. Il est par ailleurs vice-président du Syndicat de la presse culturelle et scientifique et membre du Conseil d'administration de la chaîne Public-Sénat.

Entretien avec Olivier Mongin

« L'intellectuel généraliste est un citoyen qui n'a pas renoncé à l'idée d'intérêt général et de culture générale. »

Pascal Boniface : Quelle est, selon toi, la définition de l'intellectuel ?

Olivier Mongin : C'est une question délicate qui dépend de la conception que l'on défend de l'intervention dans l'espace public. Parler de l'intellectuel au sens politique « à la française » c'est associer de la réflexion, de la conviction et un engagement public, ce qui désigne une espèce en voie de disparition. Aujourd'hui, ne sont valorisés que les intellectuels médiatiques, c'est-à-dire ceux qui sont les plus visibles, et rares sont ceux d'entre eux qui apportent un plus, un peu de sens, un peu de philosophie, par rapport aux experts. Certains sont encore des références comme Edgar Morin dont *la Voie*[1] est une sorte de Bible planétaire, mais il est lui-même en passe de devenir une exception alors que tous les grands noms intellectuels, les références, les Ricœur, les Foucault, les Derrida, les Castoriadis, les Lefort ne sont plus là… et combien d'autres. Mais, à défaut de « grands intellectuels », il faut défendre un certain type d'intellectuels, à savoir celui capable de concilier une approche locale et une réflexion globale, et donc susceptible de se démarquer à la fois de l'intellectuel médiatique et de l'intellectuel spécialisé, l'universitaire rivé à sa discipline. Les Sartre et les Mounier ont créé des revues avant-guerre et après-guerre parce que l'université n'était pas un espace susceptible d'animer la vie publique intellectuelle. Il n'est pas sûr que les choses aient beaucoup changé, les universitaires empruntent le masque de l'expertise quand ils sont sollicités par les médias. L'intellectuel que je défends est un généraliste (notion ô combien méprisée !), un architecte qui doit faire un tout avec des morceaux, un homme de réflexion qui n'est pas enfermé dans une spécialisation, que ce soit les relations internationales, les sciences cognitives ou l'économie, mais quelqu'un capable de réfléchir globalement, c'est-à-dire d'apporter, dans un débat, des éléments qui permettent de comprendre ce qu'il se passe dans le moment historique et dans la situation géographique. Paul Ricœur disait qu'entre l'opinion (la *doxa*) et la

1. Edgar Morin, *La Voie.*

science (l'*épistèmé*), il y avait la place pour le vraisemblable (le *doxazein* chez Aristote) : nous devons être des gens du vraisemblable, susceptibles de soupeser des scénarios contrastés, afin d'éviter de se perdre dans les méandres de l'opinion et de croire que l'on peut disposer du savoir en bonne et due forme. Ni position de maîtrise ni flottement généralisé : croire dans la vérité n'exige pas de la maîtriser. On va sûrement parler des sujets qui fâchent : de quel droit intervenir à propos du Kosovo si c'est une affaire d'experts ou de connaissance du terrain (comme on dit souvent : de quel droit parler du nord du Mali si je n'y suis pas allé !) ? En cela, l'intellectuel généraliste est un citoyen qui n'a pas renoncé à l'idée d'intérêt général et donc de culture générale. Cela exige des efforts manifestes sur le plan du respect des faits mais aussi de l'argumentation. On se plaint souvent de l'ennui de la philosophie analytique américaine (fort soucieuse du langage et du sens des mots) mais Paul Ricœur la défendait en affirmant que les Français ne prennent guère soin de l'argumentation, qu'ils adorent la guerre des mots, les guerres civiles de langage. C'est ce que l'on préfère encore sur les écrans, montrer des rixes et montrer des rings de boxe.

Je ne me suis donc pas retrouvé par hasard dans une revue qualifiée de généraliste comme *Esprit* que je lisais déjà très jeune, tout comme *Les Temps modernes*. C'est là que cela se passait et non pas sur les écrans. Bien sûr, ce n'est plus le cas mais il n'y en a pas moins une production intellectuelle non universitaire tout à fait respectable. Regardez les sommaires de revues de tous ordres, à commencer par le domaine des relations internationales. Bien entendu, le contexte des années 1970 à 90 et le contexte contemporain, celui de la troisième mondialisation historique et de la révolution numérique, n'ont plus grand chose à voir entre eux. Les donnes ont été modifiées dans tous les domaines, d'abord en raison d'une révolution technologique radicale.

Mais je pense que la figure de l'intellectuel a d'abord et avant tout été celle de l'engagement et de la prise de position. Mais, non sans lien avec l'engagement, il y a un point décisif, c'est celui de l'indépendance : en France, rares sont les institutions intellectuelles totalement indépendantes. La revue *Esprit* n'est ni une revue universitaire, ni une revue d'éditeur, et n'a aucune tutelle, elle est une maison d'édition à elle seule. Nous sommes, comme la revue *Commentaire*, une entreprise qui doit survivre par elle-même dans le marché, mais ce n'est pas qu'une affaire financière : l'indépendance donne la possibilité de dire ce que l'on pense, de prendre position, de ne pas être sous tutelle ou d'être les militants d'un parti, d'un syndicat. Or, je suis très frappé que dans notre pays où l'intellectuel trouve souvent dans l'État son mécène, l'indépendance soit rare. Cela ne l'empêche pas de taper sur son État, l'intellectuel italien Joseph Ferrari l'avait bien montré dans *Les Philosophes salariés* (1849), un livre décapant qui visait à la fin du XIXe siècle les penseurs du style de Victor Cousin.

P.B. : Tu mets en avant deux écueils dont le premier est la médiatisation. Quelle est ta relation aux médias ? Qu'acceptes-tu, que refuses-tu ? Car il y a deux dilemmes : « tout ceci me prend du temps et j'ai moins le temps de réfléchir, de travailler sérieusement », et « Tout ceci dévie de ma fonction mais en même temps un intellectuel a besoin d'avoir accès au public sinon il est enfermé dans sa tour d'ivoire. » Comment les résoudre ?

O.M. : Je ne crache pas dans la soupe, j'ai souvent été invité durant les années 1980 par Jean-Marie Cavada dans des émissions grand public (qui n'existent plus depuis belle lurette) ou par le regretté Michel Polac dans des cadres plus confidentiels ; c'étaient des émissions assez bien préparées. Aujourd'hui, il reste Taddeï qui relève du bazar et Calvi qui mise sur les experts en tous genres et ne craint pas de se répéter, on l'a vu durant les présidentielles. En un mot, l'ambiance est au magazine plus qu'à la presse écrite quotidienne ou à la revue mensuelle ! Certes, nous sommes un peu à la marge, une marge que l'on nourrit quelque peu, mais on a vite appris que le passage dans les médias ne fait pas vendre une revue ou un livre exigeant, et que les invitations passent par des réseaux qu'il faut irriguer, ou par des gymnastiques téléphoniques quotidiennes. Mais nous n'avons pas de service de presse, nous ne sommes pas édités par une maison comme Gallimard comme c'est le cas de la revue *Le Débat*. Par ailleurs le risque est d'être catalogué, fiché. Durant toute une période, et encore récemment, j'étais moins invité pour *Esprit* que pour mes travaux sur le rire, au risque de friser la caricature et le comique de répétition (toujours la même question : « peut-on rire de tout ? »).

Reste qu'aujourd'hui, au débat sur le rôle de la médiatisation est venu s'ajouter celui qui porte sur l'articulation entre la version écrite de la revue et sa version numérique. Il est difficile en effet de ne pas prendre en compte les réseaux sociaux, on est aujourd'hui d'abord immergé dans des échanges virtuels qu'il faut ramener éventuellement à l'écrit. Notre rôle est de devenir une balise, d'éclairer l'univers opaque des échanges virtuels. Je compare notre rôle à celui de la place Tahrir, un espace physique, tangible, qui a été l'aboutissement d'une action engagée dans un premier temps par les réseaux sociaux.

Ce qui est sûr, pour répondre plus directement à ta question, est que l'intellectuel d'hier, Sartre ou Domenach, celui qui se trouvait en haut de la pyramide comme une sorte de prédicateur, c'est terminé. J'ai connu la revue *Esprit* à la fin des années 1970. À cette époque, des journalistes du *Monde* assistaient à des réunions dans les locaux, les gens d'*Esprit* devenaient souvent éditeurs et directeurs de collection aux éditions du Seuil, Jean-Marie Domenach faisait sa chronique régulière tous les mois dans *Le Monde,* il y avait des liens entre une maison d'édition, un journal important de la presse quotidienne et la revue mensuelle qui avait pour tâche de découvrir des auteurs et d'imaginer les thématiques à venir. Moi-même qui me considère avant tout comme un éditeur, j'ai eu l'occasion de diriger de belles collections dans diverses maisons et je ne le regrette pas. Etre un éditeur, c'est trouver des auteurs et travailler avec eux, c'est pourquoi je suis sceptique devant une rhétorique qui met en cause la notion d'auteur au nom de l'hypertexte et de l'intertextualité par exemple. La révolution numérique va modifier la relation au livre et inventer d'autres types d'auteurs, mais ni l'un ni l'autre ne sont en voie de disparition.

La revue était un pôle, un haut lieu de sociabilité, de passage des intellectuels étrangers, des groupes de hauts fonctionnaires s'y réunissaient également. Aujourd'hui ceux-ci sont plus timides et discrets. En dépit de la crise, ils laissent à des *think tanks* hypothétiques le soin d'imaginer la énième réforme de l'État. La sociabilité intellectuelle a considérablement changé mais il ne faut pas croire que cela soit lié à la seule révolution numérique. On vit dans un univers moins curieux (mais plus chargé d'informations qui tournent en rond), plus rapide mais moins mobile, moins susceptible de prendre du temps et de donner du plaisir. La réflexion, c'est du temps donné, mais la vitesse est devenue la règle dans la société des écrans où plus rien ne fait « écran » et ne marque des limites. Comment concurrencer BFM ou I-Télé qui sont eux-mêmes en retard sur les événements ? Depuis des décennies, Paul Virilio souligne le rôle de la vitesse et Hartmut Rosa vient de publier des ouvrages qui montrent que l'extrême rapidité de la circulation des informations a pour conséquence que nous sommes toujours en retard. La vitesse de la communication nous tire vers l'arrière, comme si on était dans un bolide.

P.B. : Par exemple, pour faire connaître *Esprit*, est-ce que les réseaux sociaux et la revue en tant que telle suffisent ou est-ce qu'il faut également aller répondre à des débats télévisés ou radiodiffusés pour que les gens aient envie d'aller un peu plus loin dans la connaissance des idées ?

O.M. : Il est évident que nous n'avons pas à jouer les experts et que nous ne sommes pas perçus comme tels. Je crois que la figure de l'engagement reste la marque de fabrique de l'intellectuel et que ce n'est pas sans lien avec le rôle de Bernard-Henri Lévy qui associe les deux figures de l'engagement et de la médiatisation. Or, aujourd'hui – tu peux analyser cela mieux que moi –, ce que demande une émission à la Yves Calvi ce sont des connaisseurs et surtout pas des gens qui vont brasser un peu large, quitte à faire des « tunnels » comme le dit le jargon, ce qui peut être ressenti comme des impasses par des télés-pectateurs. Or, il faut du temps pour expliquer et se faire comprendre. La planète médiatique préfère des experts assez pointus en apparence, pour répondre un peu vite et cadrer. Si on m'invite pour parler du Mali et que je ne sais pas où se trouve Gao sur la carte, il y a un malentendu. Mais il ne faut pas en rajouter, l'expert ne fait rien d'autre que présenter à sa manière la météo, il commente des températures, ce n'est pas notre affaire, c'est un autre métier. Il faut présenter une marque (celle d'un magazine comme *Le Nouvel Observateur* ou *L'Express*, voire un quotidien) pour passer à la télé. La revue cela fait peur. Il faut s'appeler Laurent Joffrin, Christophe Barbier ou Bruno Jeudy.

Bref, les revues ne jouent pas les premiers rôles mais on a un logo, une marque qui fait encore autorité. À nous de nous imposer comme un recours indispensable dans un univers qui spécialise et fragmente. Un économiste que je respecte, André Orléan, affirme en retournant la formule de Marx visant Hegel qu'il est aussi important aujourd'hui de vouloir interpréter le monde que de le transformer. On ne comprend pas grand-chose à ce « monde mondialisé » qui est en voie de transformation rapide et qui dévore tout sur son passage, ce monde qui est un processus qui va de crise en crise, un monde dans lequel on est pris et sur lequel on a peu de prises !

Par ailleurs, l'époque souffre sur le plan intellectuel d'une absence de langage commun minimal. On ne s'accorde plus sur les mots, et on se réfugie souvent dans des débats techniques ou juridiques auxquels personne ne comprend rien en dehors des professionnels et des fameux experts qui sont avant tout des traducteurs de sigles. Comme je travaille souvent sur les questions urbaines, je constate que la plupart des gens ne connaissent pas le dixième du vocabulaire concernant les collectivités territoriales.

Parler des EPCI (Établissement public de coopération intercommunale) à *Esprit* est une gageure, les gens ne connaissent pas, et je ne parle pas de sigles de l'Éducation nationale ou des institutions. Les questions les plus citoyennes ne sont même pas aujourd'hui susceptibles de trouver un langage commun. Je vais être franc : j'observe que les journalistes et les politiques lisaient les revues, c'est encore le cas d'un Jean Daniel ou d'un Jacques Delors, mais ce n'est quasiment plus le cas de l'ensemble. Cela ne veut pas dire que nous ne sommes plus sollicités mais cela se passe hors antenne, dans des groupes de travail improvisés ou au cours de repas. Sans parler des commissions qui sont souvent décevantes car elles sont des alibis ou des diversions et que l'on n'en comprend pas toujours les dessous. Au Haut Conseil à l'intégration dont j'ai été membre plusieurs années, la bête noire était la discrimination positive version Sarkozy (qui n'était pas encore président de la République), et c'était le seul problème ! À la commission sur la violence des images présidée par Blandine Kriegel (j'ai écrit un livre sur ce thème), les critiques énoncées ont suscité des réactions extrêmement violentes de la part des représentants du milieu du cinéma, qui ne voulaient pas que l'on touche à la télévision qui faisait déjà partie de leur territoire de diffusion. On s'en est encore aperçu récemment à l'occasion d'une polémique fort utile.

L'absence de langage commun s'accompagne d'un retrait de l'espace intellectuel en tant que tel.

Même si on les réclame de temps à autre (où sont-ils ? Ils ne s'engagent plus ? Qu'est-ce qu'il se passe ? On ne croit plus en rien ? C'est un rituel médiatique comme celui des francs-maçons), les intellectuels sont plutôt considérés comme des empêcheurs de tourner en rond, des trouble-fêtes. D'ailleurs, allez faire le tour des patrons susceptibles de vous aider à lancer une revue de caractère civique, vous serez gentiment éconduit. J'en ai fait l'expérience avec Pierre Rosanvallon quand il a fondé *La République des idées* en 2002 : rares étaient les « responsables » susceptibles de favoriser financièrement un projet comme celui d'une *New York Review of Books* à la française. Le monde des affaires commençait déjà à regarder vers les œuvres d'art et la mode, car il sait très bien capter la valeur là où elle se trouve. Mais cela veut-il dire qu'on ne puisse rien faire et qu'il soit difficile de créer des institutions intellectuelles ? Je crois l'inverse. Il y a eu fin 2012 une crise à la revue *Urbanisme* dont s'occupait Thierry Paquot avec d'autres. La Caisse des dépôts et consignations – en l'occurrence ce n'était pas un patron du privé –, qui a peut-être d'autres chats à fouetter, a diminué drastiquement la subvention accordée à cette belle revue née en 1932 et désormais en passe de se réduire comme une peau de chagrin. Plutôt que de se battre contre cette hydre financière liée à l'État, des membres du comité de rédaction se sont regroupés avec d'autres pour concevoir une petite revue, elle s'appelle *Tous urbains*. C'est une revue faite uniquement d'éditoriaux, d'éditos comme on dit, c'est-à-dire de prises de position. Alors qu'*Urbanisme* était la chambre d'écho de toutes les institutions sociales et politiques liées à l'urbanisme, on a décidé, en prenant le modèle de *L'Impossible* de Michel Butel (en kiosque depuis 2011), de faire une revue pas chère et composée de papiers engagés. Nous avons fait un numéro zéro qui a été bien accueilli, nous l'avons payé de notre poche, reste à continuer et à trouver un lectorat. Mais on peut imaginer des petites revues de ce type dans d'autres domaines que l'urbanisme ou l'architecture. Je m'aperçois qu'on est dans un pays très bloqué mentalement et où très peu de gens prennent position parce que l'on est très vite pris dans les circuits politiques et que l'on est rarement indépendants. D'où une rhétorique qui fait office de critique, de beaux principes, d'actes de foi humanistes qui n'engagent pas à grand-chose…

P.B. : Mais Internet permet aussi des mobilisations, des réflexions à peu de frais…

O.M. : Notre site est plutôt apprécié, des gens passent par le site pour faire connaissance ou acheter des numéros, mais ce n'est pas un pourvoyeur de nouveaux lecteurs. Le problème de ce format est double. Il faut l'animer mais nous n'avons pas les moyens de payer quelqu'un pour cela, et il faut trouver des webmasters qui mettent du contenu en ligne et connaissent l'histoire de la revue. Dans les revues, on a des trésors de guerre incroyables, on a toujours des textes à sortir, des articles ont anticipé ce qui se passe, c'est-à-dire qu'on a une mémoire, un patrimoine. S'il n'y a pas une connaissance de cette mémoire, on se contente d'aller chercher du neuf, de l'inédit. Le gros problème c'est que l'on vit énormément dans le répétitif : avec la crise de la démocratie politique, cela fait dix ans qu'on a l'impression de raconter la même chose, d'écrire les mêmes éditoriaux. En ce qui concerne l'international, on est toujours pris dans la même polémique Védrine/Kouchner : « les réalistes versus les droits-de-l'hommistes ».

Pour revenir à ta question, le débat intellectuel légitime ne reviendra pas seulement par les réseaux sociaux, les échanges numériques, la discussion tous azimuts… Débattre, c'est délibérer, argumenter, or on ne délibère pas de la même manière entre scientifiques, entre philosophes ou entre politiques au sein d'un Parlement. On pense qu'il y a un mode de communication généralisé qui consiste à mettre les gens autour de la table sans s'accorder sur le langage et les règles du débat, on oublie que la délibération s'organise et prend du temps, c'est la base de la démocratie. Elle fonctionne mal dans le champ politique, et ne fonctionne pas nécessairement mieux dans le champ intellectuel.

P.B. : Les deux dangers dont tu as parlé sont le temps – il faut réagir de plus en plus vite donc on manque de perspective – et la spécialisation. Ils se cumulent pour un moindre recul qui fait voir les choses de façon moins globale et nous fait de plus en plus être le nez dans le guidon. Est-ce le principal danger ? Penses-tu que ces deux dangers se nourrissent mutuellement pour amener une hyperspécialisation qui empêche de voir large ?

O.M. : Il est facile de dire « je suis un matheux, je suis un chercheur pointu et je m'enferme dans mon monastère universitaire ». Le problème est qu'il n'y a pas d'alternative entre des médiatiques qui ne diraient que des bêtises publiquement ou des singes savants qui ne parleraient pas publiquement. Le défi est alors de trouver des rythmes de parole et de débat. La radio y parvient dans le cas de France culture, et nombre de documentaires projetés tardivement à la télévision sont exemplaires. Mais je vois des gens qui réfléchissent beaucoup trop « canaux » et de moins en moins « contenus », et se sentent démunis pour simplement capter le réel, c'est plus fort en France qu'ailleurs. Aujourd'hui, c'est l'un des pays où l'appréhension de ce qu'est la mondialisation, un phénomène qui n'est pas qu'économique car indissociable de la révolution numérique, est difficile. C'est d'ailleurs le seul sujet, si l'on ne veut pas s'enfermer dans un républicanisme stérile car idéologique. C'est pourquoi je viens de finir un ouvrage sur la mondialisation urbaine. Cela ne veut pas dire que nous avons de mauvais penseurs, pas du tout. Je n'ai rien contre les « lieux de mémoire » chers à Pierre Nora mais notre pays plie sous le poids de son histoire alors qu'il a besoin de regarder le réel du monde pour y retrouver une place. Je ne dis pas du tout que c'est le déclin mais j'affirme qu'il faut prendre en compte les réalités du monde, et d'abord ses inégalités… Quand on parle de la Somalie, c'est comme quand on parle d'une favela, on touche au réel et là où ça fait mal.

P.B. : N'as-tu pas l'impression parfois que le débat sur les relations internationales est de plus en plus un résumé avec deux grandes catégories – le bien, le mal – et que l'irruption de la morale dans le débat public, qui pourrait être quelque chose de satisfaisant, est devenu parfois caricaturale ? Que le commandement moral empêche la réflexion qui est toujours un peu plus compliquée que des choses binaires ?

O.M. : Je ne souscris pas à cette idée de la moralisation comme déclencheur de l'engagement dans le cas de tous les défenseurs des droits de l'homme. D'autant plus que les droits de l'hommistes, version André Glucksmann, sont aussi des gens qui en appellent à la guerre et peuvent nouer des liens avec les néo-conservateurs américains ou avec le pouvoir algérien. Pour le faire comprendre, je voudrais revenir sur mon propre parcours qui a justifié des engagements successifs, et le nouer autour de ces quelques mots : « décentrement, exemples, rencontres, situations. »

« Décentrement » d'abord. Très jeune, à moins de 20 ans, j'ai fait avec des amis deux fois le tour du Maghreb en passant par l'Espagne puis par l'Italie. À l'époque, en 1970 et 1971, il n'y avait pas de touristes, Tanger était un ailleurs, le Rif une aventure, l'Algérie une caisse de résonance des passions françaises suite à la guerre. Voilà ce qui marque et nourrit les engagements à venir : des voyages qui font écho à l'histoire, à des blessures et à des tragédies. Impossible de ne pas faire le lien avec la récente Guerre d'Algérie, avec la décolonisation et l'indépendance, impossible de ne pas se rappeler l'affaire Maurice Audin, les livres de Pierre Vidal-Naquet et sa longue préface à la commune étudiante (Mai 68) qui souligne le rôle du syndicalisme étudiant issu de cette guerre. D'une autre manière, tout le travail d'Olivier Roy, un proche d'*Esprit*, n'est pas une affaire d'universitaire ou de spécialiste, c'est la suite de ses voyages « humanitaires » en Afghanistan. Pour moi, le voyage initiatique fait remonter à la Guerre d'Algérie, au choix de la violence ou de la non-violence, à la torture, à l'islam, aux porteurs de valise, à Francis Jeanson, à *Vérité Liberté* qu'a dirigé Paul Thibaud. Ce sont autant d'engagements qui font écho à l'histoire d'*Esprit* et à des engagements qui se démarquent du soutien au Front de libération nationale algérien, qui est le signe de ralliement des *Temps Modernes*.

C'est le deuxième mot, celui d'« exemples », tous ces noms propres qui sont des références, la Guerre d'Algérie, fantasmée par mes voyages, a été rétrospectivement l'occasion du renforcement de mon lien à *Esprit*. *Les Français d'Algérie*, ce livre de Pierre Nora destiné à contrer les positions de Germaine Tillion et qui vient d'être réédité augmenté d'une longue lettre de Jacques Derrida[2], montre ce qu'était le climat de la vie intellectuelle à l'époque. Secrétaire général du GDM (Groupement pour les droits des minorités) j'ai eu l'occasion de connaître plus tard Germaine Tillion, un bonheur rare qui explique le mot « rencontres ».

Mais il y a prioritairement eu les « situations ». Avec Paul Thibaud, nous avons traversé (le plus souvent hors de France car alors on passait une grande partie du temps en Europe de l'Est) le long moment anti-totalitaire. Je viens de la philosophie politique et j'ai appris à réfléchir sur les mécanismes de pouvoir avec Claude Lefort ou Pierre Hassner, avec des intellectuels pour lesquels la violence est la question de départ. Mais l'antitotalitarisme n'a pas été pour nous une affaire de philosophie, elle était un engagement : Soljenitsyne nous a appris ce que Sartre ne pouvait pas nous faire comprendre et nous a mis à l'épreuve des situations « communistes ». Entre 1975 et 1988-89 nous étions donc fréquemment en Europe de l'Est, en Pologne où l'on croisait des revues proches d'*Esprit* mais aussi Walesa, Michnik, etc., et en Tchécoslovaquie avec l'association Jan Hus (Jacques Derrida, Nathalie Roussarie et Jean-Pierre Vernant). Durant cette période, Paul Thibaud est un temps emprisonné à Prague – comme Jacques Derrida –, ville où je rencontre Fidelius et des péguystes avant de connaître Havel à Paris. Nous avons vécu cette expérience totalement. Je ne suis ni un militaire, ni un expert, mais je saisis que l'histoire va

2. Pierre Nora, *Les Français d'Algérie*.

mal. Avant même d'arriver à Gorbatchev, on sent des évolutions et on voit venir le moment démocratique de 1989 et de l'après-1989. J'insiste là-dessus : à l'Est on était dans le chaudron d'une violence qui ne se montrait pas directement, d'une brutalité cachée, cela ne nous a pas empêché de croire à l'avènement d'un monde post-communiste, post-Guerre froide, et à rêver d'une démocratie pacifiée et sans violence. Mais là encore, la violence prime pour moi. Je n'ai jamais fait dans le démocratisme, dans cette philosophie de l'histoire qui voudrait que l'on aille vers un monde pacifié. Plus d'individualisme, moins de violence : ce qui était une manière de dire plus de marché, moins de violence… Je n'y ai jamais cru, d'autant que la guerre du Liban a duré de 1975 à 1990.

L'autre situation, qui est peut-être un prolongement de ce que je ressens en Algérie très tôt, c'est justement celle du Liban, pas loin donc de la Palestine et d'Israël où je me rends en décembre 1982 après l'invasion israélienne de l'été. C'est une rencontre avec Michel Seurat qui me fait comprendre beaucoup de choses : d'abord que l'on ne peut saisir ce qui se passe là-bas avec les seuls concepts d'État et de société civile, et ensuite qu'il faut relire Machiavel, Hobbes et Ibn Khaldun. Entre 1975 et 1990, la violence est là, mon engagement est là, en plein cœur de Beyrouth, comme il l'est à l'est de l'Europe.

Impossible dans tous les cas d'être angélique, d'oublier les facteurs de violence, c'est le sens de mon premier livre *La Peur du vide* qui répond à Gilles Lipovetsky et à son *Ère du vide*. Le titre de l'ouvrage posthume de Michel Seurat, que j'ai édité avec Gilles Kepel, *L'État de barbarie*, a retrouvé de sa force avec le soulèvement syrien contre Assad, mais cela ne veut pas dire que la Syrie est une culture barbare, c'est le mode de pouvoir qui est barbare, tel que l'analyse Seurat. J'ai donc appris à démonter, avec d'autres, des machines de pouvoir sur le terrain. On a été très présents dans tous ces combats, et on l'est toujours depuis les Printemps arabes. Impossible d'oublier Jo Maïla, Jo Bahout ou Roger Nabaa… L'Europe de l'Est et le Liban, voilà ce qui a joué dans notre manière de nous comporter vis-à-vis du Kosovo, comme vis-à-vis de l'Irak, de façon différente. On était sous le coup des morts, des horreurs, des carnages, mais la réaction morale passait par la nécessité de mettre un terme à des pouvoirs génocidaires, dans le cas de celui de Milosevic, d'un pouvoir néo-totalitaire dont on pouvait saisir et anticiper les évolutions cycliques et les barbaries. Ce n'était pas la morale ou même les droits de l'homme qui étaient la raison d'agir… On a eu des combats communs avec BHL, et alors ? J'ai même eu des polémiques avec Hubert Védrine qui est d'ailleurs un très beau joueur puisqu'à chaque fois il discute et débat. La prise de position sur le Kosovo, on la prend avec Antoine Garapon, M. Kulleishi, les frères Jupoli et d'autres, comme Hassner et Lefort. Garapon qui est un militant des droits de l'homme et qui est allé au Kosovo de nombreuses fois.

Mais pourquoi y a-t-il un accord entre des gens assez différents ? C'est que l'on anticipe ce qui va être la stratégie de Milosevic. Je ne vais pas rentrer dans les détails de tout ce qu'on a vécu avant la création du Comité Kosovo, de tout ce qui a précédé, Croatie, Bosnie… Il faudrait prendre toutes les séquences les unes après les autres et rappeler que n'étions pas des militants aveugles. On a écrit des livres (*Vukovar Sarajevo* est devenue une référence) et Joël Hubrecht continue à suivre et à analyser les procès au TPI. De même, nous n'avons jamais fait semblant de croire qu'il n'y avait que des saints du côté des Kosovars ! Le droit-de-l'hommisme a été porté par des gens dont on peut se sentir plus proche que des réalistes, alors que nombre d'entre eux ont un double discours puisqu'au nom du bien ou du moindre mal, ils décrètent la guerre. Nous avons plutôt cherché à interpréter des situations et à y répondre. C'est lorsque tu te retrouves dans un camp au Liban ou à Sarajevo que tu prends des coups sur la tête. L'intérêt de la revue était que nous étions devenus des gens de terrain et, pour ma part, je le suis toujours car je rencontre des morts-vivants dans la montagne du Nicaragua ou dans les favelas de La Paz ou de São Paulo. Mais j'insiste : il y a chez moi un axe mental et physique Varsovie-Prague-Beyrouth qui m'a conduit à Pristina. C'est le moteur de mes engagements.

P.B. : Le Comité Kosovo a été l'action publique la plus visible que tu as faite… C'est vrai que tu as fait alliance avec des gens qui, eux, voyaient les choses de façon binaire et tu t'es retrouvé en face de gens qui ont une pensée plus complexe comme Todorov ou Régis Debray…

O.M. : Je te remercie pour la complexité, on sait faire aussi et cela ne doit pas être un alibi, je viens de dire que nous n'étions pas des militants excités. L'alliance, dis-tu ! Mais nous n'étions pas invités, en tout cas Garapon ou moi, dans les grands meetings à la Mutualité ou ailleurs. Ce n'était pas notre affaire ! J'observe par ailleurs que les Glucksmann/Lévy se sont accordés avec les réalistes à la Régis Debray et autres nationalistes pour dénoncer le péril vert, l'islam en train de monter en puissance et de devenir la figure de l'ennemi, ce qui s'est concrétisé avec le soutien des premiers au putsch militaire en Algérie en 1991. Là encore, tout était à fronts renversés : nous n'avons pas soutenu ce putsch à *Esprit*, cela m'a même valu des échanges contradictoires avec Claude Lefort dans *l'Observateur* par exemple. On voit donc que la nature des engagements est à géométrie variable. Par ailleurs, on a pris bien des coups puisque Garapon et moi avons été traités de « tueurs » de Serbes dans les colonnes du *Débat*. J'ai répondu dans *Esprit*... Mais il n'y a pas eu de suite.

P.B. : Mais certains présentaient les choses de façon très binaire, avec les bons Kosovars, les méchants Serbes et ils n'ont jamais protesté contre les nettoyages ethniques dont les civils serbes ont également été victimes, soit en Croatie, soit au Kosovo…

O.M. : Là, il faut regarder très finement tout ce qui a été écrit précisément et sortir d'une lecture médiatique et caricaturale que tu dénonces par ailleurs. Nous avons publié beaucoup de choses au Comité Kosovo contre les exactions kosovares (il existe toujours) et nous continuons à suivre la situation. Notre conviction se formulait ainsi : nous ne disions pas « les bons Kosovars » et nous n'avons jamais ethnicisé, contrairement aux républicains pro-serbes regroupés à *Marianne*, mais plutôt : « Ça va se terminer au Kosovo. » Là, on ne s'est pas trompé. La réflexion et la connaissance effective du pouvoir totalitaire nous ont rendus paradoxalement plus réalistes que les réalistes sur les mécanismes de la violence, le rapport civil-militaire, les exactions. Je ne dirai pas que nous ne nous sommes pas trompés sur divers points, mais nous avions saisi un processus de nature inéluctable qu'il fallait contrer. C'est un combat dont je n'ai pas honte. Après, il y a eu des dérives que je ne conteste pas. De même qu'il fallait à une époque faire l'anti-Bourdieu, il a fallu faire l'anti-Debray, et il a fallu bien des années avant qu'il me serre la main à nouveau.

P.B. : Tu as opposé l'intellectuel médiatique à l'intellectuel démocratique…

O.M. : J'ai fait un livre qui participait un peu du climat des années 1990. On pouvait croire qu'on allait vers des sociétés moins inégalitaires et plus démocratiques. Mais je pense que c'est un livre encore un peu optimiste qui prenait déjà en compte les mondialisations sans voir le malentendu qui saute aux yeux aujourd'hui. C'est le suivant : s'il y a plus d'égalité à l'échelle globale, moins de pauvreté, la montée des inégalités est un phénomène général au sein des blocs nationaux. Pierre-Noël Giraud l'a montré depuis plus de dix ans, et François Bourguignon, un ancien du Fonds monétaire international, vient d'en faire la démonstration implacable. C'est une chose que l'on voyait mal par excès de « démocratisme post-totalitaire».

P.B. : Pourtant, tu as, dès le départ et contrairement à certains, mis aussi en garde sur le fait que démocratie et capitalisme n'étaient pas forcément liés.

O.M. : La force de la revue est liée à la distance critique de notre antitotalitarisme et au refus de céder aux illusions sur la libéralisation du Parti communiste en Chine. J'ai toujours suivi de près ce qu'il se passe en Chine grâce à des sinologues, de Jean-Philippe Béja à Jean-Luc Domenach, et surtout grâce à l'admirable revue *Perspectives chinoises* basée à Hong Kong. Ce n'est pas parce qu'il y a ouverture du marché que la démocratie suit. En quoi consistait la critique du totalitarisme ? Là où j'ai un accord avec les réalistes, c'est que de toute façon les logiques de pouvoir ne disparaissent nulle part et jamais. Aujourd'hui, le vrai débat porte sur les pouvoirs de l'économie, sur celui des médias et sur la manière dont la représentation politique pactise avec eux. Ce que j'essaie de dire, c'est que la question du politique, celle du pouvoir et de la souveraineté, est toujours la question centrale. Je travaille surtout sur la mondialisation urbaine parce que je pense qu'il faut mettre les cartes sur la table. Ce n'est pas la peine de dire : « nous, on se protège, on n'est pas comme les autres, etc. ». Actuellement, en France, il y a un double discours. D'un côté, le modèle serait Singapour, Shanghai, de l'autre côté, notre bon modèle serait en train de se casser.

Je fais partie des gens qui ne partagent plus la conception qui était celle de Raymond Aron et qui voulait que la violence s'exerçait entre les nations et que le monde interne des sociétés était pacifié. Aujourd'hui, je pense que l'on assiste – c'est ce qui m'intéresse à travers la mondialisation – à un renversement total. La guerre est de plus en plus interne, et elle va l'être de plus en plus parce que nous sommes dans des sociétés confrontées aux problèmes des inégalités, de la crise des États providences qui étaient des facteurs de pacification. Je ne dis pas qu'on n'a plus la guerre à l'extérieur – on vient de la déclarer dans le nord du Mali et tu es mieux placé que moi pour en parler – mais on a quand même une meilleure régulation de ce qu'est la guerre externe. Au fond, ce qui m'intéresse depuis le début, ce sont les guerres intérieures : le Kosovo faisait un peu la suite de Beyrouth. On n'est plus chez Rousseau ou chez Hobbes de ce point de vue-là : il y a un basculement.

P.B. : Le reproche que l'on peut faire aux intellectuels médiatiques est de prendre des fausses cibles et laisser les cibles véritables de côté parce qu'ils en font partie ou qu'ils leur sont proche.

O.M. : Mais c'est toujours compliqué, comme le disent ceux qui nous ont reproché notre précipitation au moment du Kosovo. Si on prend la Syrie, depuis un an et demi, je fais partie des gens qui étaient initialement contre l'idée d'intervention car je pensais que cela aurait des conséquences désastreuses après la guerre en Irak. J'ai changé de position aujourd'hui.

Edgar Morin,
le penseur de la complexité

Edgar Morin, de son vrai nom Nahoum, est né le 8 juillet 1921. Ses parents sont des juifs séfarades originaires de Salonique qui ont émigré en France après qu'elle ait été rattachée à la Grèce en 1911. Il est issu de famille marrane, ces juifs espagnols que l'Inquisition a voulu convertir de force et qui ont été expulsés d'Espagne en 1492. Sa mère meurt alors qu'il a dix ans, évènement à la fois dramatique et fondateur, qu'il qualifiera « d'Hiroshima intérieur ».

Après son bac, il étudie à la Sorbonne l'économie, l'histoire, la philosophie et les sciences politiques faisant déjà preuve d'un véritable éclectisme. Attiré par les anarchistes catalans au cours de la guerre d'Espagne, il adhère en 1938 aux étudiants frontistes qui luttent à la fois contre le fascisme et le stalinisme puis, pendant l'Occupation, en 1942, il adhère au

Parti communiste dont il démissionnera en 1949 pour protester contre l'alignement sur l'Union soviétique et le stalinisme.

Edgar Nahoum va prendre le nom de Morin pendant la Résistance à laquelle il participe activement. À Toulouse, où il s'est réfugié après la débâcle, il occupe des responsabilités qui le conduisent à Lyon puis à Paris. Il devient lieutenant des forces françaises combattantes en 1942, puis responsable de la propagande à Paris.

Il participe, aux côtés de Marguerite Duras devenue une amie, au défilé militaire dans une voiture des FFI, lors de la Libération de Paris. De cette période de la Résistance, il tire des règles de vie : résister à l'oppression et lutter contre les atteintes à la dignité humaine, conserver une capacité de s'indigner pour n'être pas indifférent à l'autre, défendre son identité face à l'entreprise de dé(con)struction de l'oppresseur. Depuis cette période, il admire de Gaulle et se définit parfois comme communisto-gaulliste.

Il s'oppose à la Guerre d'Algérie tout en conservant des distances avec le FLN et condamne l'intervention soviétique en Hongrie. « En ce qui me concerne, je suis devenu un intellectuel par mes prises de position publiques sur la Guerre d'Algérie, la révolution hongroise de 1956, et j'ai continué, durant mon existence à intervenir sur des problèmes politiques de fond, notamment dans *Le Monde*. »[1] Tout en étant

1. Edgar Morin, *op. cit.*

fondamentalement à gauche, Edgar Morin se définit comme libéral dans la mesure où le respect des libertés fondamentales est pour lui une priorité.

En 1949, il rentre au CNRS. En 1951, il publie *L'homme et la mort*, réflexion sur la mort comme horreur, celle de sa mère, des amis déportés, torturés, ou fusillés pendant l'Occupation. Au milieu des années 1960, il réalise une enquête de terrain sur la modernisation de la commune de Plozévet qui marquera les esprits par son caractère pluridisciplinaire. En 1969, il publie *La rumeur d'Orléans* qui démonte le mécanisme de promulgation d'une rumeur qui courait depuis longtemps dans cette ville, les commerçants juifs étant accusés de faire disparaître des jeunes filles dans les cabines d'essayage pour se livrer à traite des blanches.

À partir de 1972, il se consacre à l'élaboration de son œuvre majeure *La Méthode*, en six tomes, dont le dernier est publié en 2004. Il déclare à propos de cette somme : « J'ai opéré une synthèse élaborée, une méthode qui vise à relier les champs de la connaissance de lettres sans nostalgie du savoir absolu. La méthode n'est pas un programme de connaissance mais une stratégie de connaissances que chacun devrait exercer »[2].

Edgar Morin rejette la spécialisation et la segmentation du savoir, il veut utiliser les différents domaines du savoir pour les articuler les uns avec

2. Propos recueillis par Nicolas Truong, *Philosophe Magazine*, déc. 2007.

les autres et s'élève contre la compartimentation des disciplines. Il est également connu pour être « le » philosophe de la complexité. « Moi, je me vois à la fois philosophe, historien, sociologue, écrivain, mais je suis chassé de chacune de ces catégories. Ma façon d'être de gauche est incomprise par les partis et par la tribu des intellectuels de gauche. Je suis en dehors des courses au pouvoir intellectuel. L'inséparabilité entre mon œuvre et ma vie semble obscène à beaucoup. Comme je l'ai écrit dans *Mes démons*, où j'essaie de comprendre qui je suis, je suis de ceux qui ont une vie et non une carrière. »[3]

Lors de ses vœux pour 2011, Nicolas Sarkozy reprendra sa formule « politique de civilisation » (soufflée par Henri Guaino) et invite Edgar Morin à l'Élysée. Mais il y avait visiblement un malentendu : « Il m'a dit que pour lui la civilisation c'était l'identité de la nation, etc. J'ai expliqué que c'est lutter contre les maux de notre civilisation tout en en sauvegardant les aspects positifs. »[4]

Dans un entretien avec Daniel Bougnoux et Bastien Engel Bach[5], il relie son ascendance marrane à celle de Montaigne qui dans *Des cannibales* s'intéresse aux indiens d'Amérique, expliquant qu'on s'offusque qu'ils mangent des morts et qu'on les qualifie pour cela de « barbares » alors qu'ils ne leur font pas de mal puisqu'ils sont morts tandis que nous torturons,

3. *Ibid.*
4. *Rue89*, 23 janvier 2011.
5. « Edgar Morin, la genèse intellectuelle », *Non Fiction*, 10 avril 2008.

spolions et détruisons, ou Bartolomé de Las Casas qui avait lutté pour faire reconnaître l'humanité des Indiens. On peut penser qu'il est logique que quelqu'un qui a le souvenir de la persécution subie par ses ancêtres soit plus sensible aux persécutions vécues par d'autres, ce qui a été du reste un sentiment vécu pendant plusieurs siècles par des intellectuels juifs et qui a aujourd'hui disparu depuis l'existence d'Israël.

Il a cosigné avec Sami Naïr et Danièle Sallenave en juin 2002 dans *Le Monde*, un article intitulé « Israël Palestine, le cancer ». Attaqués par France-Israël et Avocats sans frontières, association proche de la droite pro-israélienne, pour certaines formules utilisées dans cette tribune, les auteurs ont été relaxé en premier instance par le tribunal de grande instance de Nanterre mais condamnés en appel par la cour de Versailles en mai 2005. À ce propos, Edgar Morin expliquera : dans le cadre d'une politique de vigilance contre l'antisémitisme, le ministère public, au cours du procès en appel, a pris la parole – fait rarissime dans ce genre de procès – pour dire qu'il y avait deux passages qui devaient être considérés comme de la diffamation raciale. Parmi les phrases incriminées, celle-ci : « Les juifs qui furent victimes d'un ordre impitoyable imposent leur ordre impitoyable aux Palestiniens. » Edgar Morin et ses cosignataires furent très affectés par cette condamnation, justement parce qu'ils avaient toujours combattu l'antisémitisme. Cette condamnation a suscité une certaine émotion en France par son caractère absurde. Si un intellectuel juif mondialement connu et respecté, ancien résistant au nazisme était ainsi condamné, quelles perspectives pour la liberté d'expression ? La Cour de cassation a finalement cassé cet arrêt le 12 juillet 2006, considérant que le texte public n'était que l'expression d'une opinion.

Selon le journaliste au *Monde*, Nicolas Truong, « Résistant aussi bien à l'occupation nazie qu'à la stalinisation des esprits, Edgar Morin n'est pas un intellectuel organique c'est-à-dire garant de la ligne d'un parti ou des intérêts d'une classe, il se définit comme un conservateur révolutionnaire conservateur car la politique doit savoir conserver la diversité et les cultures ou la biosphère ; elle doit aussi être capable de révolutionner la démocratie, l'économie, les mentalités. »

Pendant la campagne pour la présidentielle de 2012, Edgar Morin a suggéré d'inscrire dans la Constitution : « La France est une République une et indivisible mais aussi multiculturelle »[6].

6. François Hollande, Edgar Morin, *Dialogue sur la politique de la gauche et la crise.*

Entretien avec Edgar Morin

« Comprendre, c'est rentrer dans les raisons d'autrui. »

Pascal Boniface : Selon vous, qu'est-ce qu'un intellectuel ?

Edgar Morin : Un intellectuel, est un écrivain, artiste, avocat, etc. qui, de plus, s'adresse sur le forum à ses concitoyens, plus largement aux êtres humains. Par exemple, Sartre, qui est un philosophe, devient un intellectuel quand il écrit *L'existentialisme est un humanisme*. Camus est un intellectuel quand il fait *L'Homme révolté*. Zola et tous les écrivains qui ont pris position pour l'Affaire Dreyfus sont des intellectuels parce qu'ils quittent leur métier de romancier. C'est le premier aspect.

Le deuxième aspect est qu'un intellectuel doit poser des problèmes fondamentaux et globaux qui sont de moins en moins soulevés dans notre univers de spécialistes, enfermés chacun dans un compartiment. Ils ont une mission d'autant plus importante par cela même. La difficulté des problèmes fondamentaux et globaux est de ne pas se tromper. Malheureusement, nous avons vu beaucoup d'intellectuels se tromper, notamment dans le passé sur Mao Zedong, sur Staline et sur d'autres. Ils ont un devoir d'autocritique et de rigueur à faire, d'autant plus que cette mission leur échoue.

Ces problèmes fondamentaux et globaux peuvent être des problèmes moraux, mais peuvent être aussi des problèmes que la situation de la planète pose : un peuple opprimé par exemple. Au moment de la Guerre d'Algérie, des intellectuels se sont manifestés contre l'entreprise colonisatrice française et ont joué un rôle important. Ceux qui ont par contre soutenu aveuglément le FLN, croyant qu'il allait être un mouvement révolutionnaire libérateur ont fait une erreur. Mais le fait d'accepter que l'Algérie soit indépendante fait partie des missions de l'intellectuel et aujourd'hui, pour la Palestine, il y a un problème de cet ordre-là.

P.B. : Vous-même aviez toujours refusé, parce que vous avez été pluridisciplinaire presque avant que le mot n'existe à l'université, d'être enfermé dans une spécialité ?

E.M. : Tout à fait. Même quand j'ai été affecté à la section sociologique du CNRS, toutes mes œuvres, qui portent un aspect sociologique, présentent également un aspect historique, psychologique, philosophique, etc. Comme disait Heidegger, questionner fait voler en éclat les boîtes dans lesquelles sont enfermées les disciplines spécialisées. Si vous posez une interrogation fondamentale, vous êtes obligé de faire appel à des connaissances dispersées. Cela a été le cas de mon premier livre important qui s'appelle *L'Homme et la mort* pour lequel j'ai dû faire une investigation pratiquement dans toutes les disciplines, y compris biologique.

P.B. : Quand vous dites que c'est aussi un devoir d'autocritique, ne pourrait-on pas faire une différence aujourd'hui entre l'erreur de bonne foi et des gens, dans le débat public, que j'ai appelés « les faussaires » qui eux ne sont pas dans l'erreur mais sont dans la manipulation de l'information ? Doit-on distinguer un intellectuel qui se trompe de bonne foi de quelqu'un qui trompe sciemment le public pour l'orienter dans une direction ?

E.M. : Vous savez, la frontière est difficile à trouver. Il peut y avoir de la sincérité dans le mensonge. Par exemple, le faussaire conscient est quelqu'un qui truque les documents qu'il produit. Ce qu'il y a de tragique c'est que beaucoup de faussaires sont des gens persuadés d'être dans leur vérité. Pourquoi je dis cela ? Parce que l'usage de faux est constant chez ceux qui sont convaincus de défendre une vérité absolue. Cela a commencé par l'Église chrétienne qui a notamment fabriqué la fausse donation de Saint-Pierre d'après laquelle le pape est propriétaire de Rome. Mais les faux se sont multipliés dans l'histoire. Le stalinisme, persuadé d'incarner la vérité absolue, a trafiqué la réalité, les photographies, les documents. Donc, ce n'est pas si simple : ce sont deux pôles. Le problème de l'illusion et de l'erreur est très compliqué. La mauvaise foi part souvent de la foi.

P.B. : Pour autant, vous-même vous êtes engagé pour l'indépendance de l'Algérie tout en prenant vos distances avec le FLN…

E.M. : Tout à fait.

P.B. : De la même façon, vous avez été communiste tout en restant frileux vis-à-vis du Parti communiste. Comment expliquez-vous que vous ayez eu l'alerte dans différents engagements alors que d'autres intellectuels en vue ne l'ont pas eue ? Quel était l'éclair qui vous a dit : « attention, là je ne peux pas aller jusqu'au bout de la démarche » ?

E.M. : J'ai été un communiste de guerre, c'est-à-dire que j'espérais, tout en étant dans la Résistance, que tous les vices que je connaissais plus ou moins de l'Union soviétique étaient dus à l'encerclement capitaliste ou à l'arriération tsariste. Dans cette vision, il y aurait eu un grand épanouissement après la victoire. J'ai commencé à déchanter rapidement avec la Guerre froide, le jdanovisme culturel, etc. Il y a eu un désenchantement progressif. Le coup décisif, la rupture interne a été le procès Rajk qui était un dirigeant communiste hongrois arrêté, torturé, emprisonné, condamné et reconnaissant ses soi-disant crimes. J'étais persuadé que Rajk était innocent. Il y a eu à ce moment-là un article décisif de mon ami de François Fejtö dans la revue *Esprit*, qui était hongrois lui-même et qui démontrait qu'il était impossible que Rajk ait commis les crimes dont il s'avouait coupable. Cela a été le déclic. L'éveil de la critique a commencé peu après la guerre, mais il y a eu cette rupture.

En ce qui concerne l'Algérie, j'étais un grand naïf et ne connaissais pas du tout la résistance algérienne. Il se trouve que mes proches ont été contactés par les amis du FLN comme Francis Jeanson. Le hasard a fait que j'ai, moi, été contacté par Lambert qui était ce trotskiste lié à Messali Hadj. J'ai vu à quel point Messali qui était un résistant, un fondateur même du nationalisme algérien, était calomnié et ses partisans assassinés. Je me suis dit : « Moi qui me suis tu quand j'étais communiste et que j'entendais autour de moi les pires ignominies sur les trotskistes alors que je savais qu'ils n'étaient pas des traîtres, je ne vais plus me taire. » J'ai défendu l'honneur du messalisme sans avoir jamais été messaliste. Bien sûr, j'ai planqué chez moi un dirigeant messaliste qui était recherché par la police et par le FLN et j'ai compris que la prolongation de la guerre risquait le pire, et pour la France et pour l'Algérie. Nous avons failli avoir une dictature du type « Franco » ou « généraux grecs ». Ça a été le génie politique, le judo politique de de Gaulle qui nous a sauvés alors que le peuple algérien lui, malheureusement, n'a pas été sauvé de la dictature du FLN.

P.B. : Quel est pour vous le rôle de l'intellectuel dans la cité ? A-t-il un rôle d'éclaireur, doit-il essayer d'expliquer les choses, a-t-il une obligation de prendre position ? Et comment concilier une sorte de devoir didactique, de devoir militant ?

E.M. : Je n'appartiens à aucun parti depuis ma rupture avec le Parti communiste. Je reste autonome. Je comprends très bien que d'autres intellectuels puissent être affiliés à un parti, mais en ce qui me concerne, cela sauvegarde mon indépendance.

De plus, j'ai eu la chance très tôt, dès 1963, de pouvoir collaborer au *Monde*, c'est-à-dire de m'y exprimer, par exemple sur la guerre de Yougoslavie ou sur la guerre d'Irak. Il s'agissait d'essayer de poser ces problèmes fondamentaux et globaux au lieu de les traiter au jour le jour ou d'un point de vue sectaire ou particulier. Il faut intervenir quand on pense le devoir, certes, mais les grands problèmes de la vérité sont posés dans l'information, les grands problèmes de la justice sont mis en cause dans la politique et les grands problèmes de la liberté et de l'oppression sont mis en cause dans la politique. Ce sont autant d'opportunités. On ne peut pas prendre parti tout le temps et partout. Il y a le Kenya, le Mali, l'Angola… il y a tellement de choses. À un moment donné, on est obligé de se concentrer sur ce qui semble le plus grave – on peut se tromper. Ce n'est pas une obligation de prendre parti mais pour moi, cela fait partie de ma nature.

Un intellectuel a un devoir de conscience. La conscience, ce qui a deux significations. Premièrement, il est intellectuel : il ne faut pas avoir une vision mutilée, unilatérale, partiale de la réalité. Il n'y a pas que l'erreur factuelle, il y a le fait que de ne montrer qu'un petit aspect de la vérité et de cacher l'autre. Deuxièmement, le devoir de conscience est moral. L'intellectuel a beaucoup de devoirs – parce que nous sommes dans un monde de somnambulisme, de spécialistes, d'absence de pensée politique –, à condition de ne pas dire de bêtises. C'est cela le danger de l'intellectuel.

P.B. : Vous dîtes que vous avez le devoir de prendre position. Au fur et à mesure, les positions que vous avez prises – qu'il s'agisse du communisme, de la Guerre d'Algérie, plus récemment du conflit au Proche-Orient – vous ont amené à être vous-même attaqué, critiqué. Comment évaluez-vous les risques de prendre position et comment jugez-vous le fait que certains, sur des sujets qui sont trop sensibles, s'abstiennent et n'aient pas le courage d'affirmer leurs convictions ?

E.M. : Mon expérience est que chaque fois que je pense avoir bien fait, c'est que j'ai fait quelque chose de dissonant. Par exemple, quand j'ai commencé à critiquer le communisme, j'ai été considéré comme un traître par ceux qui étaient de cette mouvance et aussi par les sympathisants. Ma rupture avec le Parti m'a valu un long moment de calomnies, pas seulement de la part des communistes. Il y a toute une frange de gens pour lesquels quand on est exclu du Parti, on devient un anti-communiste viscéral et obsédé. Cette épreuve m'a aidé à supporter les calomnies ultérieures. En ce qui concerne la Guerre d'Algérie, il y a eu aussi ceux qui étaient les partisans aveugles du FLN comme ceux qui étaient partisans de l'Algérie française, je n'étais pas le seul à être calomnié. Quant aux histoires d'Israël et Palestine, il est certain que je subis une calomnie qui s'est enracinée. Beaucoup de braves nigauds s'imaginent que je veux détruire l'État d'Israël. J'ai même une amie qui connaît le directeur de Radio J, qui lui a dit :

« – Qu'est-ce que tu fais ?

– Je fais un entretien avec Edgar Morin.

– Quoi ! Avec ce type-là ! Mais ce n'est pas possible !

– Pourquoi ?

– Mais, c'est un ennemi d'Israël ; il veut le détruire.

– Mais comment tu sais ça ?

– Tout le monde le sait. »

Il y a cette rumeur. Cela fait que, pour de braves gens mal informés qui vivent dans cette sorte de psychose de guerre que le CRIF entretient, que le Mossad, que toute la propagande israélienne entretient et qui ont lié viscéralement leur sort – pas seulement à Israël, mais aussi à la politique de Netanyahou, de l'État –, je suis un monstre, un traître, un salaud, un antisémite… si paradoxal que ce soit. J'avoue que cela m'affecte mais cela ne m'intimide pas. Ce n'est pas que je sois blindé, mais il y a des gens qui ont subi pire. Je pense à des trotskistes comme Pierre Naville, à Trotsky qui a été assassiné, à Jésus, à tous les malheureux qui ont été torturés, piétinés, écrasés. J'ai de la chance : je suis seulement calomnié.

Il est évident que les pressions que le peuple palestinien subi quotidiennement ne représentent pas seulement une cause fondamentale mais une cause planétaire. Pourquoi ? Parce que cette situation a créé et développe d'un côté un anti-islamisme, un anti-arabisme de plus en plus sectaire et aveugle et, de l'autre côté, dans un monde musulman où il n'y avait pas d'antisémitisme au sens occidental – les musulmans sont des sémites, les juifs étaient plus ou moins tolérés, comme les chrétiens –, il finit par s'y déverser : on traduit les Protocoles des Sages de Sion, etc. C'est donc une situation catastrophique pour le monde, pour la planète car elle entretient une guerre de cultures ou de religions. Ce conflit est très grave. Il est grave aussi pour la vie d'Israël qui, en continuant cette politique, s'isole de plus en plus et risque le désastre qu'il prétend éviter par la force. C'est donc une cause très importante et à laquelle je continuerai, comme je le peux, d'apporter une contribution que je ne veux pas sectaire. Mes différents articles parus dans *Le Monde* essayent toujours d'adopter les deux points de vue. Mais ils ne me conduisent cependant pas à faire un équilibre artificiel puisque d'un côté, il y a le dominant et de l'autre, le dominé.

Une chose très importante est de comprendre, c'est-à-dire entrer dans les raisons d'autrui. Même si vous les critiquez, il faut savoir ce qu'elles disent.

Quand vous dites « intellectuel », je pense que c'est le travail que devrait faire tout citoyen quand il lit son journal, quand il regarde la télévision.

P.B. : Sur ce conflit précis, vous avez l'impression que les passions, intellectuelles et partisanes en tous les cas, sont encore plus vives que sur d'autres conflits ? Dans les débats auxquels vous avez pris part pendant la Guerre froide ou pendant la Guerre d'Algérie, vous avez subi moins d'attaques personnelles et d'opprobres alors que l'on pourrait penser que nous sommes dans une période plus calme stratégiquement, qu'il n'y a pas les mêmes enjeux qu'au cours de la Guerre froide ou, pour la France, qu'au cours de la Guerre d'Algérie. Il est presque paradoxal que vous soyez plus attaqué sur ce conflit qui normalement devrait être moins sensible en France que les précédents. Le fait que le directeur d'une radio, comme Radio J puisse penser une telle chose montre quand même une absence d'informations relativement grave pour quelqu'un dont la fonction est d'informer son public.

E.M. : C'est vrai. Il y a aussi une volonté semi-consciente – ou semi-inconsciente – d'occulter. Je me rappelle par exemple que pour l'Union soviétique, je disais à des amis très proches : « Lisez Soljenitsyne, lisez – Ah non, je ne vais pas lire ça parce que c'est Soljenitsyne ». On rencontre le refus de s'informer, on s'entretient soi-même dans le mensonge mais en oubliant qu'il s'agit d'un mensonge. Cette sorte de psychologie de la dénégation et de l'illusion est très compliquée.

En réalité, cette histoire n'intéresse pas seulement quelques petits millions de juifs d'Israël et quelques petits millions de Palestiniens par là-bas. Elle intéresse tous les juifs répandus sur la planète, le monde chrétien occidental qui soutient Israël ; elle intéresse tout le monde arabo-musulman. C'est donc une cause pervertie. C'est pour cela que le mot « cancer » est important, qui étend ses métastases sur le monde. Le fait d'identification à Israël, avec tout ce que cela signifie, relève d'une psychologie que j'ai connue chez les communistes : l'identification à l'Union soviétique qui était leur patrie, plus importante que la patrie française car ils y avaient mis l'essentiel de leur rêve, de leur espoir, de leur personnalité. Cette identification à Israël fonctionne chez une bonne partie des juifs ; pas tous – je ne connais pas les chiffres –, mais une bonne partie. Cela pervertit tout. C'est pour cela que les choses ne peuvent se calmer que si cette situation se calme. Sans cela, le conflit ne se calmera pas et nous n'en avons pas pris le chemin.

P.B. : Comment jugez-vous le débat public et l'attitude des médias par rapport à cela ? Pensez-vous qu'il est facile d'entendre raison à travers eux ou qu'ils déforment la réalité ? Pensez-vous qu'ils rendent compte de façon satisfaisante des éléments du débat public, en règle générale, comme dans un forum citoyen ?

E.M. : Il y a médias et médias. On le voit à la capacité de fournir l'information ou au contraire de l'occulter. Quand il y a des choses explosives comme à Gaza, elles transpirent dans tous les médias. Il y a beaucoup de choses qui relèvent de l'oppression ou du malheur quotidien qui n'y apparaissent pas, sauf dans le cas de certains reportages spécifiques. En général, la plupart des médias sont favorables aux thèses israéliennes.

P.B. : Et comment l'expliquer ?

E.M. : Cela peut s'expliquer par ce phénomène d'intimidation dont savent très bien jouer les éléments responsables du CRIF ou d'ailleurs, c'est-à-dire le rappel constant d'Auschwitz avec ce mot « Shoah » qui singularise les massacres subis par les juifs dans l'histoire, qui les différencie de ceux des tziganes, des Ukrainiens, des autres peuples. Ils les rappellent sans arrêt pour donner l'impression qu'Israël est en quelque sorte la patrie de ceux qui portent en eux ce martyre, étant entendu que la plupart des Israéliens ont monté les kibboutz avant même Hitler, et que l'hitlérisme a nourri l'émigration pour Israël.

Le rappel de ce qu'ils appellent la Shoah, qui est une tentative d'extermination qui n'a pas abouti parce que la guerre s'est arrêtée, entretient les mauvaises consciences. D'autant plus qu'il y avait eu un assez large antisémitisme répandu en France, en Occident et en Allemagne. Quel est le pays qui se sent le plus honteux devant Israël ? C'est l'Allemagne. Quel est le pays qui rend le plus hommage aux martyrs juifs ? C'est l'Allemagne. Vous avez ce complexe dont ont très bien su jouer les informateurs favorables à Israël.

P.B. : En tant qu'intellectuel, vous avez un travail de production, d'écriture. Pensez-vous qu'il est aussi du devoir d'un intellectuel d'aller devant le public à travers les médias ? Quelle est la part des choses entre ceux qui estiment que c'est un peu dévier de cette fonction que de le faire et ceux qui se réservent à une production intellectuelle ? Cela fait-il partie du rôle de l'intellectuel que d'aller devant le public ou que cela revient-il à trahir une fonction jugée trop noble pour faire cela ?

E.M. : Il y a un vrai problème. Personnellement, j'y vais à certaines conditions. Par exemple pour des émissions comme celles de Giesbert ou de Taddeï l'année dernière, il ne faut pas qu'il y ait trop de monde, il faut que j'ai le temps de parler. Parfois, ils ne tiennent pas leurs promesses. Mais quand on me dit : « vous avez quatre minutes pour parler de votre livre ou pour parler de ceci », je refuse. Si j'obtiens un temps minimum pour argumenter ainsi qu'un nombre limité de débatteurs pour qu'il n'y ait pas chaos et confusion – je ne suis pas du genre à me ruer sur le micro pour prendre la parole –, j'y vais. De cette façon, je suis d'autres fois content d'être présent et parfois je suis au contraire très mécontent d'avoir accepté.

Je ne crois pas être dans la catégorie des intellectuels médiatiques, c'est-à-dire ceux qui sont présents un peu partout, tout le temps, etc. J'ai participé l'année dernière à quelques émissions, mais uniquement à ces deux-là. Pour parler de mes livres, j'ai plus d'occasions à la radio, comme France culture, France Inter ou Radio internationale, que dans la presse où la plupart des critiques les ignorent. Dans un sens, il y a tout un monde des médias qui m'ignore ou qui me boycotte ; il y a tout un pan des médias qui me permet de prendre la parole et j'essaie de naviguer là-dedans.

P.B. : Avez-vous l'impression qu'il est plus facile aujourd'hui d'informer le public, notamment à travers les médias ? Comment feriez-vous une comparaison depuis le temps que vous avez une parole publique, par rapport à la Guerre froide par exemple ? Le développement des médias, des réseaux sociaux change-t-il la donne ou est-on toujours confronté aux mêmes difficultés, aux mêmes contradictions ?

E.M. : En ce qui concerne la télévision, je constate qu'il y a eu une époque où je pouvais avoir des entretiens qui duraient une demi-heure ou une heure, en tête à tête. Ce n'est plus possible. Il s'agissait peut-être d'émissions qui passaient tard le soir, à minuit. Il m'est arrivé aussi bien pour Arte que pour d'autres chaînes d'avoir des émissions où j'avais le temps de m'exprimer. Là, c'est fini. Aujourd'hui, le danger est que vous êtes dans un débat et que le meneur de jeu vous interrompt sans arrêt parce qu'il pense qu'il ne faut pas ennuyer le téléspectateur en fournissant un trop long bavardage. Il y a, de plus en plus, des phénomènes de contraintes, soi-disant médiatiques, mais, à mon avis, qui débouchent sur de la variété, qui plus est très mauvaise. On constate une déchéance de ce point de vue-là.

Par contre, avec les réseaux sociaux, je vois que j'ai des vidéos qui sont sur Facebook, sur d'autres supports et la personne qui est intéressée peut me regarder, écouter mes arguments pendant une demi-heure, une heure, etc. Les réseaux sociaux, internet, c'est comme la langue d'Ésope : il y a de tout, le pire et le meilleur. Prenez des pays d'Amérique latine où mes œuvres traduites en espagnol arrivaient, il y a encore vingt ans, très difficilement parce que se les payer était très cher. J'ai commencé à être connu par des photocopies, des téléchargements depuis internet et puis après des vidéos et des choses comme ça. Autrement dit, ils ont été utiles pour faire connaître mon œuvre. En ce qui me concerne, ils ont un aspect positif.

P.B. : Avez-vous l'impression, par rapport à la spécialisation qui est un enfermement et non pas une aide à la réflexion, et que vous dénoncez depuis très longtemps, que le processus empire et que les gens sont à la fois de plus en plus spécialisés en oubliant le global mais aussi de plus en plus réactifs en oubliant la perspective ?

E.M. : C'est absolument vrai. L'hyperspécialisation – on peut être un spécialiste ouvert, avec une culture – enferme les spécialistes dans leur strict domaine et enferme ceux qui les utilisent dans une connaissance fragmentée et insuffisante. Pourquoi les économistes sont-ils si nombreux à ne pas avoir vu arriver la crise et à être aveugles ? C'est parce que l'économie ne se limite pas aux calculs sur le marché. L'économie est aussi liée à la vie quotidienne des gens, à leurs passions, à leurs souffrances. Or, le calcul ne peut pas mesurer le bonheur, le malheur, la souffrance. Il y a une fermeture de la science économique. C'est pour cela qu'il faut faire renaître une culture générale, conduire une réforme profonde de l'éducation pour mener une réforme de la connaissance. Toutes ces choses que j'ai entreprises mais qui, en France, n'ont pas abouti.

P.B. : Mais les domaines de connaissance sont de plus en plus nombreux. Comment faire face à la multiplication des champs à connaître qui développe de plus en plus de micro-spécialistes ? Comment faire pour pouvoir conserver une approche globale de phénomènes de plus en plus nombreux et fragmentés ?

E.M. : Le problème tient à la sélection des informations. C'est ce que fait chaque journaliste en éliminant celles étant à son avis non-signifiantes et en gardant celles qui sont importantes. Je crois que chacun doit faire sa propre sélection. Dans le domaine des sciences, il y a des points fondamentaux, de même qu'en biologie, en physique, en sciences humaines ; il faut retenir ce qui relève de ces problèmes fondamentaux.

J'ai écrit un livre qui s'appelle *Les sept savoirs nécessaires à l'éducation* dans lequel je montre qu'il y a des choses importantes. Par exemple, ce que c'est qu'être humain n'est enseigné nulle part alors que c'est une chose capitale. Pourquoi ? Parce que tout est dispersé. Je montre le chemin d'une réforme. Il faut que, dans le privé ou dans le public, on fasse ce travail, qu'on introduise des thèmes qui sont ignorés parce que ce sont des thèmes fondamentaux, afin que le citoyen, les nouvelles générations soient capables de mieux affronter les problèmes de leur vie personnelle, de leur vie sociale et de leur vie d'être humain. Nous ne sommes qu'au début d'une entreprise qui n'a pas abouti.

P.B. : Vous est-il déjà arrivé d'utiliser dans un débat des arguments que vous saviez faux mais que vous estimiez utiles à votre démonstration ? Et que pensez-vous de l'adage selon lequel « la fin justifie les moyens » ?

E.M. : C'est une chose sur laquelle mon expérience de jeunesse communiste m'a profondément éduqué. Il est certain que les mauvais moyens se répercutent sur la fin et la transforme. Dans mon livre *Autocritique*, c'est une question sur laquelle j'ai non seulement réfléchi, mais dont j'ai tiré des conclusions radicales.

Emmanuel Todd,
le démographe prophétique

Emmanuel Todd est né le 16 mai 1951 à Saint-Germain-en-Laye. Son père, journaliste à *France Observateur* (qui deviendra *Le Nouvel Observateur*), a couvert, entre autres, la guerre du Vietnam avant de devenir écrivain. Sa mère est la fille de Paul Nizan. Il fait ses études au lycée international de Saint-Germain-en-Laye et obtient le bac en 1968 avant de s'inscrire en licence d'histoire et à l'Institut d'études politiques de Paris. Il poursuit ses études en Angleterre à Cambridge et soutient une thèse d'histoire qui porte sur des communautés paysannes françaises, italiennes et suédoises. Il y étudie structures familiales, réseaux de parenté et mobilité géographique.

En 1976, il publie *La Chute finale, essai sur la décomposition de la sphère soviétique*. Se basant sur l'évolution du taux de mortalité infantile en Union soviétique, il prédit l'effondrement du régime. À l'époque, tout le monde parle de l'importance de la menace soviétique, du caractère éternel du régime ; personne ne voit ses faiblesses structurelles. L'URSS est présentée comme une surpuissance monolithique, qui, loin de devoir s'effondrer, risque de dominer l'Europe occidentale si elle baisse la garde. « Il y a à l'origine de mes prévisions un constat et une interprétation. J'étais tombé à l'Institut national d'études démographiques (INED) sur une statistique faisant apparaître une remontée du taux de mortalité infantile russe entre 1970 et 1974. Je me suis dit que c'est un truc sérieux et que le système était en train de pourrir. »

Chargé de la critique des livres d'histoire au *Monde des livres* entre 1977 et 1984, il publie *La Troisième Planète. Structures familiales et systèmes idéologiques* en 1983. Il identifie dans ce livre une relation entre la structure familiale paysanne et l'idéologie qui émerge durant la phase de désintégration de la société traditionnelle : la famille communautaire est suivie en Russie ou en Chine par le communisme, la famille souche en Allemagne ou au Japon par le nationalisme ethnocentrique, la famille nucléaire en Angleterre ou en France par l'émergence du libéralisme moderne, pur ou égalitaire.

Emmanuel Todd intègre l'Institut national d'études démographiques en 1984. Par la suite, il développera son modèle anthropologique dans plusieurs livres dont *L'Invention de l'Europe* en 1990, relecture spatialisée de l'histoire du continent qui part de la distribution géographique des types familiaux sur le continent vers 1500. Dans *Le Destin des immigrés* publié en 1994, il constate des différences très importantes entre les taux de mariages mixtes en France, en Allemagne et en Angleterre. Il en déduit que la persistance d'une diversité anthropologique des sociétés européennes rend impossible une intégration européenne complète.

S'il se prononce pour le « non » lors du référendum de Maastricht, il votera « oui » au traité constitutionnel européen dans l'espoir qu'une bonne entente entre les nations favorisera à terme l'émergence d'un protectionnisme européen. Celui-ci aurait permis le bon fonctionnement de l'euro en empêchant la divergence économique des nations.

Il participe au club « Phares et balises » animé notamment par Jean-Claude Guillebaud et Régis Debray. Ce club, marqué à gauche, invite des responsables politiques au cours de la campagne électorale pour les élections présidentielles de 1995. Alors que Jacques Chirac est à la traîne dans les sondages, il participe à l'une de ces réunions au cours de laquelle Emmanuel Todd lui parle d'une note d'analyse électorale qui rappelle le poids et le flottement électoral du monde populaire. Chirac utilisera cette analyse pour introduire dans le débat électoral le concept de « fracture sociale », emprunté en réalité à Marcel Gauchet et qu'Emmanuel Todd n'a, lui, jamais utilisé. Cet argument doublé à une campagne de « rupture » va permettre à Jacques Chirac d'être élu président.

Dans son livre *Après l'Empire*, Emmanuel Todd annonce la fin de l'hégémonie américaine. Les États-Unis consomment plus qu'ils ne produisent, ils sont donc, à terme, condamnés. Le fait qu'ils triomphent militairement, notamment avec la guerre d'Irak, ne doit pas faire illusion. Le même pays qui faisait face à la superpuissance soviétique en est réduit à attaquer des puissances militaires mineures.

En 2007, il publie avec Youssef Courbage *Le Rendez-vous des civilisations.* Il y remet en cause les thèses de Samuel Huntington sur le choc des civilisations. Observant notamment les courbes démographiques des sociétés musulmanes, il estime qu'une dynamique d'ouverture est à l'œuvre. En ce qui concerne l'Égypte, il écrit par exemple : « La société égyptienne est en train de se transformer de façon stupéfiante elle sera plus individualiste et libérale quelle que soit la forme transitoire du régime politique. »

En 2007, il critique à la fois Nicolas Sarkozy et Ségolène Royal, estimant que ni l'un ni l'autre n'incarne réellement les valeurs du parti auquel il appartient.

Dans *Après la démocratie* en 2008, il analysera le phénomène Sarkozy dans son contexte d'émergence oligarchique. Emmanuel Todd dénoncera par la suite avec constance et férocité la politique sarkoziste à l'égard des immigrés, des musulmans, des Roms, ou encore l'instrumentalisation du thème de l'identité nationale.

Entretien avec Emmanuel Todd

« Je suis devenu un intellectuel à l'insu de mon plein gré. »

Pascal Boniface : Quelle définition donnerais-tu de l'intellectuel ?

Emmanuel Todd : Je n'en suis pas un, je suis un chercheur. Ma vocation, c'est de faire de l'histoire et de la prospective. Je suis fier d'avoir établi un lien entre les structures familiales et divers types de processus idéologiques ou économiques, d'avoir publié récemment un pavé sur l'origine des systèmes familiaux[1]. Tout ce travail a des implications idéologiques, évidemment. Mais ce n'est pas le but. J'ai une éthique de la science pour la science, de la vérité pour la vérité, avec l'idée que le chercheur doit être

1. Emmanuel Todd, *L'Origine des systèmes familiaux*.

capable de dire ce qu'il trouve même si ce qu'il trouve ne lui plaît pas.

J'ai été pris dans des débats publics à partir du traité de Maastricht, à un moment où j'avais atteint un niveau de dépolitisation très élevé, vers 1992. Je suis progressivement devenu un « intellectuel » français, « à l'insu de mon plein gré » si l'on peut dire, cela m'est tombé dessus. En plus, en termes de recherche, je suis de formation anglaise : empirique, réfractaire à la philosophie continentale. Je n'ai jamais eu de prétention à dire la morale ou à produire du jugement moral. Pendant des années, chaque fois que l'on me disait, que l'on me « traitait » d'intellectuel, je répondais : « non, je suis un chercheur ». Et d'ailleurs je n'interviens dans des débats que lorsque j'ai l'impression qu'une compétence spécifique dans le domaine de la recherche me permet de dire quelque chose dont j'ai le sentiment que les autres ne la voient pas. C'est vraiment comme cela que je suis rentré dans le débat au moment de Maastricht. J'avais le sentiment que les types qui avaient conçu le traité de Maastricht et qui pensaient qu'on allait unifier monétairement des pays aussi différents sur le plan anthropologique – la France, l'Allemagne, l'Italie – étaient à côté de leurs pompes, que ça ne pouvait pas marcher. Au moment où ils étaient en train de concocter leur truc, je venais de publier *L'Invention de l'Europe*, livre dans lequel je faisais une relecture de l'histoire européenne à partir d'une description des systèmes familiaux existants depuis la fin du Moyen Âge. C'était une analyse de la profondeur de la diversité de l'Europe. Et au moment même où le traité était débattu, j'étais en train de travailler sur la modernité du moment, l'intégration des immigrés, et j'avais sous les yeux des taux de mariages mixtes complètement divergents pour les populations musulmanes de France, d'Allemagne et d'Angleterre. Il y a une séquence de chiffres dont je me souviens toujours : pour les filles d'origine algérienne en France, 25 % de mariages mixtes ; pour les filles d'immigrés turcs en Allemagne, moins de 2 % ; pour les filles d'immigrés pakistanais en Angleterre, *epsilon* – c'était insignifiant. Je voyais bien que la France restait tout à fait différente. J'ai voté « non » parce que l'idée d'unification me paraissait absurde, non parce qu'elle me semblait moralement répréhensible. Tout le monde s'est enflammé et j'ai commencé à travailler. J'ai « découvert » l'existence de la politique du franc fort menée depuis plusieurs années et qui avait conduit à cette absurdité idéologico-monétaire. J'en ai conclu que « si l'on applique une politique monétaire de type allemand à une société comme la société française, on la fout en l'air. » Ce que l'on continue à faire d'ailleurs… L'euro, c'est le sommet d'un délire historique ou anthropologique.

C'est à travers ce processus, en tant que chercheur, que je me suis engagé. Et puis il y a eu un accident : le droit à la parole, à la parole publique plus exactement, m'a été donné sans que je l'aie demandé. Je m'explique. Selon moi, l'intellectuel c'est un type qui, tout d'un coup, se réveille indigné et prend la parole. Il fait un article qu'il arrive ou non à fourguer au *Monde*. Mais je n'ai pas la capacité psychologique de faire une chose comme ça, de prendre la parole. Si on regarde mes interventions, on verra que ce ne sont que des interviews. Il n'est jamais arrivé que je prenne la plume pour faire, de moi-même, un article engagé. Tu vois ce que je veux dire ?

P.B. : Oui. Tout à fait.

E.T. : Une porte s'est ouverte, par hasard. J'avais rencontré Pierre Rosanvallon à un petit déjeuner électoral du *Point*, qui m'a demandé si j'allais faire une analyse électorale de je ne sais plus quelle élection européenne pour un journal – ce que je faisais d'habitude. L'analyse électorale c'est technique, c'est de la recherche. Je lui ai dit « non ». Il m'a répondu : « Vous ne feriez pas quelque chose pour la fondation Saint-Simon ? » Voulant justifier ma présence au petit déjeuner du *Point*, je lui ai répondu : « Quelle bonne idée ! ». Moyennant quoi, j'ai écrit ladite analyse qui a inclus ce qui pour moi était un gag. La gauche était alors au tapis, nous étions dans le « Balladur contre Chirac » et j'ai fait cette hypothèse d'un « Chirac transformé en homme de gauche par la force des choses ». Pour moi c'était une blague faite à mes copains socialistes. Mais Chirac s'est emparé de cela, à la fois pour tourner Balladur sur sa gauche et pour faire dire que des intellectuels de gauche s'intéressaient à lui… Le gag dans le gag. Du coup, tout le monde est venu m'interviewer. On m'a donné une parole que je n'avais pas demandée. C'était la première élection de Chirac, j'étais devenu un anti-maastrichtien convaincu et donc à chaque fois que l'on me collait un micro sous le nez ou que l'on m'interviewait par écrit, je développais mes arguments. J'étais alors quelque part entre Chevènement et Séguin en termes d'attitude politique. Je n'avais pas d'aspiration personnelle à devenir un intellectuel médiatique.

Mais honnêtement j'ai vécu cela avec plaisir. Un chercheur, même reconnu, est un citoyen privé. Si on lui offre sur un plateau le rêve de tout mec en train de s'exciter au café du commerce, il en profitera de la même façon : « Et vous, votre avis, M. Todd ? – Mais monsieur, la politique du franc fort : c'est un monceau de conneries, l'euro n'est pas possible pour telle et telle raison ». C'est quand même sensationnel.... Mais, je ne l'avais pas demandé. À ce stade des interventions, ce que je disais était en réalité très peu idéologique mais cela ne se voyait pas parce que j'ai une façon assez violente de m'exprimer. Pas parce que j'ai des opinions violentes mais au contraire, parce que je suis un timide, pour surmonter ma timidité. J'ai donc exprimé de façon violente des opinions très mesurées.

Ce qui me révoltait, c'étaient les actes idéologiques violents des classes supérieures qui faisaient du mal à la population. De mon point de vue, j'étais seulement dans une posture de défense du bon sens. La politique du franc fort, compte tenu des spécialisations et des niveaux de formation, allait bousiller une partie des jeunes et des ouvriers et ce n'est pas raisonnable de bousiller les gens. Au départ, je ne voyais même pas la dimension morale de mon attitude et percevais l'adversaire comme incompétent plutôt qu'immoral. Je me rends compte maintenant qu'il y avait une morale cachée dans mon comportement : il ne faut pas faire de mal aux faibles, qui est une valeur de ma famille et même commune bien au-delà de la gauche. Mais le fond de mon attitude, et c'est ma vraie faiblesse dans le débat, c'est que je n'ai pas de rêve idéologique grandiose. Je suis plutôt connu comme une grande gueule, un brutal qui dézingue Sarkozy en le traitant de machin, qui demande la destitution du président de la République. Mais tout ce que j'attends, c'est une attitude raisonnable des dirigeants – je ne sais pas comment dire – une adaptation de la vie politique ou diplomatique à la réalité du monde, une recherche de solutions moyennes qui fassent le moins de mal possible au maximum de gens, et surtout à ceux qui sont mal placés pour se défendre – ouvriers, immigrés, jeunes. Je crois que j'ai atteint une notoriété exagérée par rapport à l'ampleur de mon message qui est modeste.

P.B. : Comment expliques-tu cette difficulté ou incapacité à écrire un article alors que tu fais des livres denses ? Il est quand même beaucoup plus difficile de rédiger des livres que de faire un papier engagé.

E.T. : J'ai un blocage psychologique du côté de la prise de parole. Je fais deux types de livre.

Les premiers sont ceux de pure recherche. Un livre comme *L'Invention de l'Europe* m'a pris six ou sept ans, le dernier que j'ai sorti, *L'Origine des systèmes familiaux*, est encore plus gros puisque j'ai atteint les 750 pages et que ce n'est que le tome 1. Ce sont des exercices qui nécessitent de se parler à soi-même, où l'on essaie de s'exprimer clairement, de mettre les choses dans l'ordre. Il y a un souci du lecteur bien sûr, mais un livre comme ça c'est surtout un défi que l'on se lance à soi-même. On peut se raconter qu'on discute avec Marx, Weber et Durkheim eux-mêmes de ce qu'ils n'ont pas compris, mais la vérité c'est qu'on est tout seul dans ce genre de voyage. Il y a un second type de livres comme – je vais prendre les essais polémiques récents – *Après la démocratie* ou *Après l'Empire*, c'est autre chose car on parle aux gens. Mon premier livre, écrit à 25 ans et publié en 1976 était de cette eau-là. C'était sur l'Union soviétique et sa fin prochaine : *La Chute finale*. Je devais donc avoir en moi au départ l'envie d'écrire des livres d'intervention. Mais ces trois ouvrages sont vraiment à deux niveaux. Il y a un élément d'indignation morale certainement puisque j'ai écrit *La Chute finale* au retour de mon premier voyage derrière le « rideau de fer ». J'étais exaspéré, même si la Hongrie n'était pas bien affreuse à l'époque, d'avoir à dire au revoir à des gens sur le quai de la gare sans savoir quand ils pourraient venir à Paris. Le socialisme réel, même sous la forme de la « baraque la plus gaie du camp », ne m'avait pas plu. Dans le cas d'*Après l'Empire*, c'était la posture agressive des États-Unis qui m'avait mis en marche. J'avais dit et répété à l'époque que ce n'était pas de l'anti-américanisme mais que je ne supportais pas la posture dominatrice que les États-Unis avaient prise après l'effondrement de l'Union soviétique. Quant à l'exaspération que m'avait procurée Sarkozy, elle est très visible dans l'ouverture d'*Après la démocratie*. Mais dans ces trois livres, j'étais quand même dans mon identité de chercheur : il ne sert à rien de seulement s'indigner. Je suis historien, anthropologue, je dois amener dans le débat des faits, des analyses et des prévisions auxquels les gens n'ont pas pensé.

L'ambivalence a commencé avec *La Chute finale*. À mon échelle d'étudiant fauché, le livre avait bien marché. J'ai vécu plusieurs années sur ses modestes droits d'auteur et ses six ou sept traductions sans compter tout le bien psychologique qu'il m'a fait. Je suis passé à la télé, j'ai commencé à soigner ma timidité. Mais les gens pensaient que c'était seulement un pamphlet antisoviétique très malin. J'avais découvert que le taux de mortalité infantile russe – enfin soviétique et russe – avait commencé à augmenter. J'avais aussi appliqué les techniques de l'École des Annales et de la démographie historique qui associaient baisse de la fécondité et révolution mentale. Pour moi, *La Chute finale* n'est pas un pamphlet mais un bouquin dans lequel j'avais compris que l'Union soviétique allait s'effondrer. À l'époque, je pensais avoir découvert la bombe atomique et je me croyais traqué par le KGB. Je me souviens d'une réaction typique qui fut celle de Raymond Aron qui m'avait soutenu dans une émission de télévision notamment, trop content de voir le petit-fils de son copain Nizan lui donner raison sur le communisme, à titre posthume en quelque sorte. Je l'ai vu, nous avons discuté et il était clair qu'il ne croyait pas en la thèse du livre. Je me revois dans son bureau chez lui boulevard Saint-Michel, lui disant que « le taux de mortalité infantile montre qu'inévitablement… » Mais Aron, philosophe de l'histoire qui n'était pas un grand expert en démographie cherchait des échappatoires, il se tordait contre la réalité. C'est un grand moment quand j'y repense : Aron se battant pour ne pas penser l'effondrement de l'Union soviétique.

Il y avait donc eu, à propos de *La Chute finale*, un malentendu avec le public. *Après l'Empire* est un pastiche de ce premier livre. Je devais prendre une chronique à France culture – dans le contexte d'un divorce à éponger – c'est-à-dire écrire et lire une page sur un sujet au choix, tous les mardis matins je crois. Ce fut un cauchemar car à cause de ma timidité, j'ai fini l'année shooté au Lexomil. À la deuxième chronique, paf ! 11 septembre ! Toute l'année, ç'a été du commentaire de géopolitique. Le lendemain – ou à peu près – du jour où cela s'est passé était extraordinaire. Alexandre Adler était dans le studio nous expliquant en direct que l'État-major américain avait été décimé par l'avion qui était tombé sur le Pentagone. Je me suis dit : « jamais je n'arriverais à parler avec une telle assurance de ce que je ne connais pas ». Le propre des chroniques, selon moi, c'est d'être insuffisantes pour la réflexion et j'ai éprouvé le besoin de mettre mes idées en ordre dans un livre, puissamment aiguillonné par des difficultés financières qui persistaient. Bien sûr il y a la recherche de la vérité, la morale, mais pourquoi cacher qu'on écrit aussi parfois pour gagner sa vie ? J'avais été frappé, en tant qu'historien, par un parallèle. Tout le monde s'excitait au début des années 2000 sur l'hyperpuissance américaine, mais un quart de siècle plus tôt, à l'époque où j'avais écrit *La Chute finale*, les gens s'inquiétaient de la montée en puissance militaire de l'Union soviétique. C'est typique des empires en déclin économique et culturel de se réfugier dans l'hypertrophie militaire. Et je me suis dit : « tiens, c'est la même chose qui se passe pour les États-Unis ». En réalité, ce n'est pas exactement la même chose et le livre ne dit pas du tout que les États-Unis vont s'effondrer, mais la surestimation par le concept d'hyperpuissance relevait du même genre de mécanisme historique. À l'origine d'*Après l'Empire*, on trouve donc de l'exaspération face aux États-Unis de Bush (une exaspération qui n'allait pas au-delà d'une vision interne du type gauche démocrate, le contraire de l'antiaméricanisme soit dit en passant). Mais ce qui est important dans le livre, pour moi, c'est l'analyse : état de l'économie américaine, mortalité infantile exagérée, déficit commercial grandissant, avec cette superbe prédiction sur la crise financière à venir… L'intérêt d'*Après l'Empire* n'est pas dans la dénonciation morale mais dans l'utilisation de mon métier d'historien pour essayer de prévoir un peu. Et pour Sarkozy, c'est pareil.

P.B. : Tu es en fait connu à la fois pour des prises de position qui sont jugées très en pointe ou très fermes voire offensives et en même temps pour des capacités de prédiction. Aussi bien pour l'URSS que pour les États-Unis, tu as été à contre-courant. Pour l'URSS, on ne parlait que de la menace soviétique, que de la finlandisation de l'Europe, que l'Europe occidentale allait être docilement soumise à une URSS surpuissante dont la marche en avant ne serait arrêtée par rien. Et les États-Unis, c'était – tu n'as pas prévu de chute effectivement – que leurs victoires militaires étaient des victoires contre de petites puissances. Il y a à la fois des prises de position tranchées et le fait d'aller à contre-courant. Comment analyses-tu ce double mouvement ?

E.T. : C'est un truc de métier. Je suis historien, élève d'Emmanuel Le Roy Ladurie et moderniste de formation. J'ai fait ma thèse sur les structures familiales dans des communautés paysannes françaises, italiennes et suédoises du XVIIIe au début du XIXe siècles, ma formation de base, c'est donc de réfléchir sur la longue période qui s'étend du Moyen Âge à la Révolution française qui sert de référence à Marc Bloch et à l'École des Annales. J'ai commencé à faire de la recherche avec le Cambridge Group for the History of Population and Social Structure très lié à l'École des Annales. Les gens qui m'ont formé – Emmanuel Le Roy Ladurie, Jacques Dupâquier, Peter Laslett, Tony Wrigley, Alan Macfarlane – m'ont transmis une bonne vision de l'histoire, efficace et opératoire. Ils travaillaient sur les gens ordinaires, les structures familiales, les paramètres démographiques, les taux d'alphabétisation, la vie religieuse, et avaient une vision assez complète des sociétés dans l'histoire, une bonne maîtrise de la longue durée. C'est une vision ample et réaliste de l'histoire humaine. Quand je travaille sur le présent, j'applique ce que j'ai appris en tant qu'étudiant. Je ne voudrais pas diminuer mes mérites, mais les gens ne se rendent pas compte à quel point je suis un bon élève dans le sens où je suis un étudiant loyal envers ses maîtres. Ainsi par exemple, à l'occasion de l'écriture de *La Chute finale*. Le Board of Graduate Studies à Cambridge avait refusé le titre de ma thèse et j'ai occupé les mois vacants qui ont résulté de la négociation autour de ce titre à écrire mon premier essai. Ma thèse concernait des communautés rurales et utilisait des concepts démographiques. Les deux indicateurs fondamentaux de *La Chute finale* qui fondaient mon modèle de désintégration de l'URSS étaient démographiques. J'avais repéré dans des statistiques tout à fait banales de l'Organisation mondiale de la santé la hausse de la mortalité infantile, c'était un premier indice. La natalité était le deuxième. Nous étions à l'époque de l'« Homo sovieticus » des gens qui prenaient l'idéologie trop au sérieux. Selon Zinoviev, le communisme avait fabriqué un « Homo sovieticus », préfiguration de l'« Homo islamicus », homme transformé par l'idéologie (ou la religion) devenu imperméable au temps et à l'histoire. Selon cette croyance, un homme nouveau avait été formé, acceptant pour l'éternité l'idéologie du système. Je passe maintenant à la vision de l'École des Annales. Au moment de la Révolution, la fécondité russe était très élevée, puis sur toute l'époque du stalinisme, elle a baissé. Les Russes étaient donc pour moi des gens normaux en cours de modernisation : ils commençaient à contrôler leur fécondité, à se conduire de plus en plus en individus rationnels et libres dans leur vie personnelle. Tout cela allait finir par déteindre sur le politique – exactement le même genre de raisonnement que celui que j'ai fait beaucoup plus tard avec Youssef Courbage sur l'islam. Il y a un rapport entre l'évolution de la fécondité et celle de la politique. Mais c'est une séquence logique que j'avais apprise en tant qu'étudiant. Regardez la Révolution française : la fécondité commence à baisser dans les petites villes du bassin parisien juste avant la Révolution et puis.... chute. Je n'ai jamais fait autre chose sur l'Union soviétique que d'appliquer ces techniques. D'ailleurs, lors de la publication de *La Chute finale*, Emmanuel Le Roy Ladurie et François Furet ont été très sympa avec moi. Alain Besançon, soviétologue, n'a, lui, pas pigé. Le livre publié avec Courbage en 2007 – 40 ans plus tard – est du même tonneau méthodologique. Il a certes été mû par l'indignation devant le concept barbare de conflit de civilisation, mais à nouveau, *Le Rendez-vous des civilisations* ne vaut pas par son indignation mais par ses chiffres qui montrent la baisse de la fécondité dans l'ensemble du monde musulman. Et Courbage est l'un des meilleurs spécialistes mondiaux de la démographie du monde musulman.

P.B. : Tu es quand même à la fois dans la recherche et le débat public pour les raisons que tu as expliquées. Comment analyses-tu le fait qu'il puisse y avoir autant de charlatans en libre circulation dans le débat public, c'est-à-dire des gens qui parlent de ce qu'ils ne connaissent pas ou qui contrairement à toi prennent des opinions qui ne sont mues par aucune étude sérieuse ?

E.T. : Pour la raison sur laquelle nous avons démarré l'entretien : c'est sympa d'être un intellectuel en France. Comment expliquer…

P.B. : C'est valorisant.

E.T. : Comme je l'ai déjà dit, je suis devenu un intellectuel parisien « à l'insu de mon plein gré », donc quelqu'un dont l'opinion existe même si personne n'a jamais suivi un seul de mes avis dans les sphères dirigeantes. Mais quand même, cela permet de parler, d'exister. Ce n'est pas comme cela dans tous les pays. Je me souviens de mes amis anglais – je n'en ai plus tellement – qui, quand j'ai commencé, me disaient qu'ils étaient un peu épatés. Mon directeur de thèse, Laslett, quand il m'a vu sortir *La Chute finale*, me parlait un peu méchamment de mon « *excitable country* ». Il y a des intellectuels dans le débat public en Angleterre, mais rien de comparable.

L'intellectuel dans le monde traditionnel c'était le prêtre. Il disait le sens de la vie. Puis l'intellectuel se substituant au prêtre c'est quelque chose qui s'est passé en France avant la Révolution : Voltaire, Rousseau, Diderot. La place des intellectuels dans le système français est sans doute l'effet d'une déchristianisation précoce dans un pays assez avancé. La fonction cléricale est un mélange d'accès à la culture écrite, presque savante, se combinant au droit de dire la morale, de l'interpréter. En France, les intellectuels laïques ont récupéré le droit de dire la morale sur les problèmes qui se posent à la société à un moment donné. Mais, honnêtement, en France actuellement, je pense qu'on est dans une phase… comment dire… de dégénérescence de cette tradition.

P.B. : Effectivement, autant c'est faux pour l'école, autant on a l'impression, pour ce qui est des intellectuels, que le niveau baisse. Est-ce dû à une sur-sollicitation médiatique, au fait que le paraître l'emporte sur la réflexion ? Comment vois-tu les choses ?

E.T. : Je ne sais pas. J'aime bien l'expression « intellectuel faussaire ». Le terme d'« intellectuel public » n'a plus la même signification qu'autrefois, sans remonter jusqu'à la Révolution française ou avant. Si je pense « intellectuel » dans le débat français, celui qui me vient à l'esprit c'est le Zola de

J'accuse. Je n'aime pas particulièrement Zola comme romancier, je préfère Maupassant. Mais Zola, c'est une œuvre colossale qui assure sa légitimité avant toute intervention dans l'affaire Dreyfus. Zola a montré sa valeur intellectuelle et morale dans une œuvre qui fonde son autorité morale, elle-même, soit dit en passant, fortement ancrée dans le travail, celui de romancier.

L'intellectuel, c'était un homme qui faisait une œuvre et qui, tout d'un coup, intervenait sur une question de société, de politique, de justice sans rapport avec son travail. Je ne suis pas un fou des prises de position politiques de Sartre et je ne suis pas un fou de la philosophie de Sartre ou de la sociologie de Bourdieu mais chacun a une œuvre, qui, à un moment donné, a fondé son droit à la parole publique. Dans ces deux cas aussi, il y a une autorité qui repose sur un gros travail de réflexion et d'écriture. Mais ce que l'on a maintenant, ce n'est plus du tout ça. Ce que l'on a, ce sont des gens qui n'existent que par leurs proclamations morales, assis en équilibre sur des œuvres minces ou inexistantes. Ça n'a tout simplement rien à voir. Et en plus la proclamation morale devient une façon de gagner sa vie ! Zola avait payé le prix, très élevé, d'une prise de risque considérable. Qui risque quoi que soit aujourd'hui en proclamant à tort et à travers ce qui est juste ?

P.B. : Et comment expliquer cela ? Comment expliques-tu l'impunité du mensonge à laquelle on assiste aujourd'hui, le fait que l'on puisse raconter de grosses bourdes ?

E.T. : C'est quelque chose qui me fascine. Personnellement, je vis dans la terreur de faire des erreurs en termes de recherche scientifique. J'ai peur d'avoir tort dans des faits ou des interprétations. Quand je vois certains de ces intellectuels médiatiques, lorsque j'entends ce qu'ils disent et la façon dont ils sont démentis, je me dis que si j'avais fait des trucs pareils, je me suiciderais de honte. Mais ce laxisme, cette complaisance envers soi-même font partie d'une évolution des mœurs qui dépasse tout à fait le monde intellectuel.

Je ne veux pas qu'il y ait de malentendu. Je n'ai pas la nostalgie du passé sur le plan psychologique et moral. Je pense que les gens sont aujourd'hui tout autant moraux qu'autrefois. Les gens ordinaires sont même beaucoup plus ouverts. L'élévation du niveau de conscience, de la capacité de communication, de la tolérance envers autrui sont dans les milieux populaires un phénomène massif. On l'a un peu oublié, les ouvriers avaient autrefois des difficultés à exprimer leurs émotions, étant parfois proches d'états schizoïdes – je n'ai pas parlé de schizophrénie. L'élévation du niveau culturel, la remise en question des schémas autoritaires, l'équilibrage des rôles masculin et féminin ont mené l'ensemble de la population à un état psychique et moral très supérieur à ce qu'il était autrefois. Cela a toutes sortes de conséquences sociopolitiques positives : l'incapacité à concevoir la guerre notamment, qui est assurément une bonne chose même si c'est parfois embêtant lorsque le monde extérieur la conçoit toujours. Reste que l'un des corrélats – transitionnel j'espère – de cette révolution psychologique a été l'affaiblissement d'un certain type de rigueur intellectuelle ; je suis en train de parler de permissivité. Certes Mai 68 a été pour moi un bonheur extraordinaire, on s'est marrés comme des fous, et à partir de Mai 68 la société a en gros bien évolué comme je le disais juste avant. Mais pour le coup on peut reprendre la leçon d'Aron : on n'a rien sans rien, un phénomène n'est jamais complètement bénéfique. La libération des mœurs, qui est une bonne chose, s'est accompagnée d'un certain type de relâchement de l'autodiscipline morale en milieu intellectuel. Ce n'est pas la peine de le nier. On le voit dans le rapport à l'argent et dans une tolérance à des comportements intellectuels indignes : les gens font des plagiats, se font prendre et ne se suicident pas. Et ils recommencent. C'est tout à fait stupéfiant. Tout ça, c'est le livre que je n'écrirai pas parce que je ne m'intéresse pas suffisamment à ces gens pour leur consacrer de l'énergie. Mais si je travaillais là-dessus, j'essaierais de – c'est ce que d'instinct je commençais à faire – trouver une explication socio-psychologique dans laquelle je mettrais en parallèle tout le bien que les évolutions psychiques ont pu faire dans les milieux populaires et les dégâts qu'elles ont pu faire dans le monde intellectuel. Mais ne dramatisons pas. Je vous jure que les historiens restent aussi sérieux et fiables qu'avant.

Et je complète ce schéma sur les évolutions récentes en rappelant que la « déconographie » philosophique est en France un phénomène fort ancien, qui a fait le lit des délires actuels. La philosophie française a été, durant tout le XXe siècle, et plus tôt encore, remplie de propositions – sur l'être, le néant, l'étant, etc. – dépourvues de sens mais qui se prenaient pour des découvertes métaphysiques. « Je pense donc je suis » et toute cette sorte de chose : tautologie, non-sens, poésie ? Peut-on humainement exiger une rigueur morale absolue de gens qui ont réussi un concours parce qu'ils ont su pasticher ces âneries ? Il y avait depuis longtemps une fragilité constitutionnelle dans la pensée française.

Tzvetan Todorov, l'esprit de dissidence

Tzvetan Todorov est né en 1939 à Sofia, en Bulgarie. Elevé dans un milieu intellectuel, il étudie les lettres modernes et commence à enseigner. Afin de poursuivre sa formation, il vient à Paris en 1963, avec l'idée d'y rester un an. « La France me paraissait le pays de la liberté et de la civilisation… Et avoir un équilibre entre matériel et spirituel »[1].

Roland Barthes est son directeur de thèse consacrée aux *Liaisons dangereuses* de Choderlos de Laclos, et qu'il soutient en 1966. Entré en 1967 au CNRS, il obtient la nationalité française en 1973. En 1981, il épouse la romancière Nancy Huston d'origine canadienne.

1. Propos recueillis par Olivier Barrot, « Un livre, un jour », *France 3*, 12 novembre 2002.

Après avoir fondé et dirigé le Centre de recherche sur les arts et le langage à l'EHESS, il devient directeur de recherche du CNRS en 1987. Il est directeur de recherche honoraire depuis 2005.

Il est membre du Comité de soutien de l'association Primo Lévi, destinée à aider les personnes réfugiées en France ayant été victimes de la torture ou de la violence politique dans leur pays d'origine, et également président de l'association Germaine Tillion qui divulgue l'œuvre et le message de la grande résistante dont il dit que l'exemple l'a amené à l'engagement politique. En 2008, Tzvetan Todorov a reçu le prix du Prince des Asturies en sciences sociales et en 2011, celui de la critique de l'Académie française.

Quatre de ses ouvrages concernent plus précisément le champ géostratégique : *Mémoire du mal, tentation du bien* écrit peu après la guerre du Kosovo, *Le Nouveau Désordre mondial* rédigé après celle d'Irak, *La Peur des barbares* publié avant l'élection de Barack Obama et *Les Ennemis intimes de la démocratie* en 2012. Ces livres signés par un historien et philosophe permettent de « décloisonner » la discipline, lui apportent un regard extérieur et neuf.

Todorov estime par exemple que la guerre du Kosovo, loin de combattre le principe d'épuration ethnique, l'a fait triompher en rendant impossible la cohabitation entre les populations serbes et kosovares. Il remet en cause la vision dominante où les Serbes auraient tous les torts et où l'UCK (l'armée de libération du

Kosovo) verrait les siens totalement oubliés, et s'élève contre le manichéisme selon lui héritier des crimes totalitaires qui divise l'humanité en deux moitiés étanches : les bons et les mauvais, nous et les autres.

À propos de la guerre d'Irak, il rappelle que la guerre préventive est une innovation particulièrement contestable dans la vie internationale moderne. « Si on impose la liberté aux autres, on les soumet, de même que si on leur impose l'égalité, on les juge inférieurs »[2].

Selon lui, au Kosovo comme en Irak, il y eut une guerre illégale, une politique de force et des arguments contestables. « Dans les pays totalitaires, la vérité est systématiquement sacrifiée à la lutte pour la victoire. Dans un État démocratique, le souci de vérité doit être sacré ; sont en jeu les fondements mêmes du régime. » Todorov en profite pour développer le concept de « puissance tranquille », c'est-à-dire une puissance non agressive au service de projets collectifs définis de façon multilatérale.

La Peur des barbares est une réponse aux théories sur le choc des civilisations mais également à ceux qui essayent, y compris à gauche, de montrer que l'islam n'est pas intégrable nos sociétés. Alors que la majorité des émigrés actuels est d'origine musulmane, en Europe, attaquer les immigrés est politiquement incorrect. Pourtant critiquer l'islam est perçu comme un acte de courage, rappelle Todorov, les musulmans

2. Tzvetan Todorov, *Le Nouveau Désordre mondial*, p. 31.

sont réduits à l'islam, lui-même réduit à l'islamisme politique, lui-même réduit au terrorisme.

Il revient ainsi longuement sur l'affaire des caricatures danoises en estimant que si le but des rédacteurs du journal danois avait été de provoquer une réaction violente de la part de certains musulmans et en conséquence un rejet par le pays de sa minorité musulmane, déjà en butte aux attaques du parti d'extrême droite, ils ne s'y seraient pas pris autrement. Il dégage une réflexion sur l'éthique de responsabilité et l'éthique de conviction. Si on a beaucoup évoqué Voltaire à l'époque, Todorov rappelle que ce dernier s'opposait aux institutions dominantes – l'État et l'Église – alors que les militants actuels reçoivent l'appui et l'encouragement des ministres et des chefs de partis au pouvoir. Lui qui a fui un régime totalitaire rappelle aussi que l'amalgame devient choquant lorsque ces combattants pour la liberté s'assimilent eux-mêmes aux dissidents des pays communistes en Europe de l'Est. « Ceux-ci pouvaient payer leur audace par plusieurs années de déportation, là où ceux-là risquent de se voir accueillis à la table du chef de l'État. Il est un peu excessif, à tout le moins, de vouloir bénéficier à la fois des honneurs réservés aux persécutés et des faveurs accordées par les puissants. »

Dans son dernier livre *Les Ennemis intimes de la démocratie*, il note que dans la Bulgarie communiste où il a vécu jusqu'à l'âge de 24 ans, l'absence de liberté touchait bien sûr les choix politiques, mais également des aspects qui n'avaient aucune signification idéologique : le lieu de résidence, le métier ou même les préférences pour tel ou tel vêtement. Le mot « liberté » était valorisé par le régime mais cela servait à en dissimuler l'absence. C'est donc avec inquiétude qu'il a vu en 2011 le terme « liberté » devenir une véritable marque pour des partis politiques d'extrême droite et xénophobes en Europe.

Toujours sur la question de l'islam, Todorov remarque : « On PARLE beaucoup en Occident du danger que représente l'islamisme pour les pays d'Europe ou d'Amérique du Nord, ce qu'on VOIT en revanche, ce sont les armées occidentales qui occupent les pays musulmans ou qui y interviennent militairement. » De fait, il dénonce l'hostilité face à l'islam, soigneusement entretenue par les pouvoirs politiques et les médias. Ainsi, lorsque le président de la République estime que la communauté française veut se défendre pour préserver son mode de vie, il note que le mode de vie des Français a changé de manière spectaculaire au cours des cent dernières années sous la pression de nombreux facteurs comme le recul de l'agriculture et la montée de l'urbanisation, l'émancipation des femmes et le contrôle des naissances, les révolutions technologiques et l'organisation du travail. Les contacts avec la population étrangère sont à cet égard un facteur plutôt marginal, conclue-t-il en rappelant que la culture étrangère de loin la plus influente en France est celle des États-Unis.

Les livres de Todorov passent l'épreuve du temps. Ils forment une véritable œuvre, pertinente intellectuellement et marquée par un véritable humanisme appliquant de façon universelle les principes de même nom.

Entretien avec Tzvetan Todorov

« Sortir du cercle étroit de consensus politico-médiatique français »

Pascal Boniface : Est-ce que tu te considères comme un intellectuel ? Et quelle est pour toi la définition de l'intellectuel ?

Tzvetan Todorov : Un « intellectuel » ce n'est pas juste une catégorie sociologique, c'est-à-dire des personnes qui auraient des professions liées à l'intelligence, dans le sens du « travail de l'esprit », donc à la recherche ou à la création, mais une catégorie plus fine, plus étroite. D'une part, l'intellectuel a une certaine compétence dans un domaine d'études particulier, tel que les différentes sciences (naturelles ou sociales) ou encore dans une forme de création, laquelle exige aussi une connaissance du monde. D'autre part, il se sent concerné par les questions de société, celle dans laquelle il vit. Les intellectuels sont ceux qui tiennent dans leurs mains les deux bouts simultanément. Ce sont ceux qu'on appelait « l'intelligentsia » dans la Russie tsariste comme celle de Lénine, Staline ou Brejnev où il n'y avait pas de liberté d'expression politique, c'était donc les écrivains qui jouaient ce rôle d'intellectuels : Tolstoï, Dostoïevski, plus récemment Soljenitsyne. Ils étaient des « maîtres à penser », des directeurs de conscience, des personnes qui pouvaient se prononcer sur des sujets variés, émettre un jugement moral sur l'existence humaine ou les problèmes du moment, humains, moraux, politiques. Leur légitimité leur venait d'ailleurs : de leur œuvre. Ce n'est pas tant le cas de ceux qu'en France on appelle le plus fréquemment « les intellectuels ». Quand je suis à l'étranger, on me demande parfois, à propos des sujets les plus divers : « Pourquoi personne ne s'intéresse à notre cause ? Que font les intellectuels d'aujourd'hui en France ? » Ceux qu'on appelle en France « les intellectuels » sont, selon une formule de Tony Judt, souvent célèbres pour le seul fait qu'ils sont célèbres. L'unique source de leur notoriété consiste en ce qu'ils sont connus du public. Il n'y a pas une œuvre d'historien ou de psychologue ou de romancier ou d'artiste, bref une activité intellectuelle pour laquelle la personne serait reconnue, qui servirait de socle à l'intervenant sur la scène publique ; qui, se sentant partie prenante des affaires de la cité, livrerait sous une forme accessible à tous, ses réflexions sur le monde dans lequel il vit. Deux ingrédients indispensables à cette catégorie sociale, donc. Le « pur savant » n'en fait pas partie, le « pur journaliste » non plus, même s'ils sont dignes d'attention et respectables en soi. C'est une interaction entre les deux. Pour prendre des exemples du passé, je dirais que des personnes comme Raymond Aron ou François Furet incarnaient la figure de l'intellectuel telle que je la comprends.

P.B. : Effectivement, Raymond Aron et François Furet ne sont pas « connus pour être connus ». Ils sont connus pour leurs œuvres.

T.T. : Aron était un sociologue, il a écrit des grands livres d'histoire des idées, d'études politiques, de philosophie, mais il écrivait aussi des articles dans *Le Figaro* ou dans *L'Express*, donc les lecteurs étaient curieux de connaître les opinions et les conseils de cet individu, maître reconnu de sa discipline. De même pour Furet, un historien qui s'était imposé par ses travaux sur la Révolution française, mais qui s'essayait aussi à la « concordance des temps » – comme dirait Jean-Noël Jeanneney – parlant du présent en s'appuyant sur sa connaissance du passé. Il publiait des articles dans *Le Nouvel Observateur*, *Le Monde*, etc. Ils correspondaient bien à mon idée de l'intellectuel.

Je dois maintenant ajouter quelques éléments plus personnels. Quand je suis venu en France, en 1963, j'étais dans un premier temps assez étranger, voire hostile à la position de l'intellectuel. Venant du monde communiste dans lequel j'avais été éduqué – je suis arrivé à l'âge de 24 ans et j'avais terminé mes études supérieures – je réagissais encore par rapport à lui. En Bulgarie, les gens qui appartenaient au monde scientifique ou à celui de la création artistique et qui, de plus, intervenaient dans la presse ou dans les réunions publiques, c'étaient les pires « vendus » ! Pour accélérer leur carrière scientifique ou artistique qui souffrait de l'insuffisance de leur travail, ils prenaient la carte du Parti, apparaissaient dans ses congrès annuels, ou dans les réunions sur la paix ou l'amitié entre les peuples, et participaient aux habituelles balivernes, toutes ces paroles creuses que diffusaient les journaux et les autres médias. Cela leur permettait d'accéder à divers privilèges qui, à défaut de la richesse matérielle, constituaient les objectifs de la compétition sociale : un peu de pouvoir sur les autres, droit de voyager à l'étranger, lieux de vacances réservés, magasins mieux approvisionnés et ainsi de suite. Dans un pays totalitaire, personne ne peut être entièrement exempt de compromissions avec le régime, mais là il y avait une frontière : pour obtenir des avantages matériels, ces profiteurs avaient tourné le dos au jugement de leur propre conscience. Je me suis rendu compte plus tard que cette grille de lecture n'était pas suffisante pour comprendre le monde occidental dans lequel je me suis trouvé plongé.

P.B. : On a le sentiment que la définition que tu donnes serait un peu celle de ce qu'on appelle « les intellectuels médiatiques » aujourd'hui. On pourrait faire un parallèle entre l'intellectuel officiel du Parti communiste du temps du communisme, et de l'intellectuel médiatique qui appartient, non au Parti communiste, mais au parti de la pensée dominante.

T.T. : Tu soulèves ici une question de taille. Il est certain qu'en France le marché exerce une certaine dictature et qu'être populaire, « vendable », joue un rôle un peu comparable à celui d'être appuyé par le pouvoir. C'est une analogie qu'il faut pousser jusqu'à un certain point, mais pas jusqu'au bout. Alexandre Soljenitsyne l'a pratiquée d'une manière que je trouve abusive, ça m'a toujours choqué : que quelqu'un qui avait connu les camps en Russie vienne en Occident et dise : « Chez nous on souffre de la dictature du parti, et ici on souffre de la dictature du marché. » Excusez-moi mais la dictature du marché, en ce sens du mot, est plus douce ! Il n'y a pas d'heure de laitier, pas de gens qui viennent à cinq heures du matin frapper à la porte vous chercher, vous n'avez pas besoin de préparer votre valise pour partir, vous ne restez pas pendant dix ans dans un camp de travail forcé... Dans ce cas précis, l'analogie concerne l'aspiration au succès matériel et symbolique, fondée sur autre chose qu'une réelle compétence dans un domaine. Mais c'est une histoire vieille comme le monde : Socrate, chez Platon, se plaint de ce que la foule écoute plus attentivement le beau parleur que le savant ou le philosophe. Nos stars médiatiques sont donc un peu comme les sophistes, comme les rhéteurs en Grèce ou Rome anciennes, à qui il suffisait de savoir bien présenter les choses pour pouvoir influencer l'opinion publique. C'est après tout, un don, le don médiatique. Les scientifiques, les créateurs n'ont pas toujours cette habileté-là.

Mais je voudrais finir de te raconter ma propre évolution à cet égard. Je suis donc arrivé en France en 1963. Dans un premier temps, je me refusais de lire le journal quotidien parce que je pensais – un peu naïvement mais sincèrement – que dans les journaux il n'y avait que des mensonges ! La presse bulgare, ou la radio bulgare, n'avaient pour fonction que de dissimuler le réel ou de créer des illusions. Quand ils annonçaient une information, j'étais sûr qu'il y avait des raisons de douter de sa véracité. S'ils disaient que demain il allait faire beau, je pensais que c'était un signe qu'il allait pleuvoir ! Mais j'ai changé progressivement. En accord avec la maxime marxiste selon laquelle « l'être détermine la conscience », que j'avais dû apprendre en Bulgarie, mon être s'est petit à petit transformé parce que je vivais en France ; et ma conscience a suivi ! J'ai été naturalisé français dix ans après mon arrivée, j'ai eu des enfants, j'ai eu un travail stable au CNRS, je suis devenu un membre de plein droit de la société française, j'ai donc commencé petit à petit à réagir comme un Français et non plus comme un Bulgare. Je n'ai pas oublié mon expérience précédente, je ne l'oublierai jamais, mais je l'ai poussée un peu de côté. Parallèlement, et pour la même raison, j'ai commencé à m'intéresser à des sujets qui touchaient à la vie de mon nouveau pays, et pas juste à ce qui me préoccupait directement dans ma spécialité. Je me consacrais à l'époque aux études littéraires, mais d'un genre un peu particulier, dans le cadre de ce qu'on appelait le « structuralisme ». Cette approche était influencée par la linguistique et la sémiotique, il y avait un côté technique, donc coupé du discours commun. Or, à partir de ce moment, j'ai commencé à m'intéresser à des questions de société telles que la pluralité des cultures, la tension entre universalité et relativisme. C'était pendant les années de montée en puissance du Front national, comment ne pas voir la proximité des thèmes ? Devenu plutôt historien des idées, je me suis ensuite tourné vers des questions concernant le totalitarisme et la démocratie, autre sujet qui touche à la cité dans son ensemble. Donc, depuis maintenant une quinzaine d'années, je suis devenu quelqu'un qui s'est rapproché de cette posture de l'intellectuel. Cela s'est manifesté d'abord dans mes livres, ensuite, de temps en temps, par des interventions dans les médias. Une tribune dans *Le Monde*, dans *Libération*, dans *Mediapart*... Ici ou là, de même que tu m'as demandé un jour d'intervenir dans une réunion publique sur les valeurs de l'Europe. C'est là que nous nous sommes rencontrés il y a pas mal d'années maintenant. Je trouve normal que moi qui ai étudié ça dans les livres, je puisse en parler à un public qui n'est pas celui de mes collègues. Je préfère d'ailleurs aujourd'hui m'adresser au public général. Je suis donc « tombé » – ou monté – dans la catégorie des intellectuels, mais pas exclusivement :

je continue d'écrire des livres qui relèvent de l'histoire intellectuelle, artistique ou culturelle.

P.B. : Il y a en fait plusieurs choses. D'une part, l'intellectuel, donc celui qui a un savoir et qui met ce savoir au service de causes, si j'ai bien compris ta démonstration, et puis, sur ta référence à ceux qui sont « connus pour être connus », il y a des gens qui se servent de causes pour se faire connaître. Ce serait cela la distinction ?

T.T. : Je préfère ne pas leur faire de procès d'intention. Je dirai simplement qu'ils ne correspondent pas à l'image que j'ai des intellectuels parce qu'ils ne sont connus que pour leur notoriété. Ces personnages écrivent dans la presse ou parlent à la télévision, parfois avec talent, ils peuvent être de bons journalistes, de bons commentateurs des évènements, mais il n'y a pas d'œuvre à côté.

P.B. : Comment places-tu la barrière entre l'intellectuel qui doit aider à faire comprendre, qui doit être en recherche pour mieux connaître et mieux expliquer les phénomènes sociaux et en même temps le côté « convaincre le public d'une cause » ? À partir de quand ne respecte-t-on plus une cause, est-ce qu'il n'y a pas un moment où l'engagement nuit à la fonction d'intellectuel ?

T.T. : Il y en a un. Je pense qu'encore une fois tu touches du doigt un dilemme permanent. Jean-Jacques Rousseau disait : « Tout homme de parti, par cela seul ennemi de la vérité... » Si l'on épouse une cause, on devient partisan, adhérent et plus tout à fait un intellectuel parce que, dans son œuvre, la recherche de vérité est soumise à un autre impératif. On ne peut dire que le savant ou l'écrivain possède la vérité, mais celle-ci forme son horizon ultime. Ce qu'il produit est une approximation de la vérité, aussi proche que possible, qui lui est permise, en toute honnêteté, par ses moyens du moment. Pour la science, c'est évident, un scientifique qui n'obéit pas à cet impératif, qui n'essaie pas d'aller au-delà de ses croyances et de faire progresser le savoir, n'appartient pas à la catégorie des savants. Cette aspiration à la vérité se trouve mise en question si on embrasse une cause et qu'on veut tout lui soumettre. La position de l'intellectuel a quelque chose d'incommode, de fragile, parce qu'il est tiraillé entre ces deux extrêmes. C'est une menace constante : s'il devient un pur militant, il n'est plus un intellectuel. Edward Said, qui se sentait concerné par cette difficulté dans le statut de l'intellectuel, avait écrit un petit livre, *Les Intellectuels et le pouvoir*, autour de ce sujet. Lui-même en était un, évidemment, il avait une œuvre critique et historique imposante, tout en étant engagé dans un combat, celui des droits des Palestiniens, et plus généralement celui de résistance aux politiques impérialistes. Au fur et à mesure qu'il avançait dans sa carrière, et je dois dire, qu'il s'approchait de la mort car il était gravement malade les dernières années, il travaillait moins en tant que spécialiste de la culture et de la littérature, et il devenait à la fois plus écrivain (je pense à son autobiographie, *À contre-voie*) et plus militant.

Alors, comment je fais, moi-même, quand je suis « engagé » ? J'essaie de rester aussi proche que possible de ce que je crois être la vérité, de ne pas arranger les faits pour qu'ils confirment mon argument. Il se peut, bien sûr, que je m'aveugle là-dessus.

Un autre des auteurs à qui j'aime me référer mentalement est Vassili Grossman, le grand romancier russe et soviétique, auteur de *Vie et destin* et de *Tout passe*, l'un des meilleurs analystes du communisme soviétique. Il évoquait cette opposition en parlant de Lénine, l'opposition entre ceux qui chérissent la vérité et ceux qui lui préfèrent le confort mental, entre ceux qui aspirent à une vérité au-delà de leur expérience subjective ou de leur intérêt et ceux qui cherchent ce qui serait le plus commode, le plus avantageux pour eux dans les circonstances présentes. J'essaie de m'en tenir à cette leçon mais je ne prétends pas toujours y parvenir parce que nous sommes forcément un peu dupes de nos propres passions.

P.B. : Comment fais-tu le lien entre ta réflexion intellectuelle et les engagements que tu as pris, notamment à propos des conflits récents (Kosovo, Irak, Libye) ? Qu'est-ce qui te mène, de la réflexion dans ton bureau quand tu écris un livre ou que tu en lis pour réfléchir à ces questions, à la rédaction d'une tribune dans la presse par exemple ?

T.T. : Je me souviens, et c'est peut-être là qu'a commencé pour moi cet engagement plus actif, d'une tribune que j'ai écrite au moment de la guerre d'Irak. Je sortais d'un livre beaucoup plus historique sur les leçons politiques du xxe siècle, *Mémoire du mal, tentation du bien*. C'était à vrai dire plutôt un livre de réflexion « métahistorique » puisque ce n'était pas un travail d'archives, mais une réflexion sur ce que nous apprenait l'histoire. Je lisais cette période à la lumière du grand conflit qui traverse le xxe siècle en Europe mais aussi dans le reste du monde, celui entre totalitarisme et démocratie. Bien sûr, je partais de la critique des régimes totalitaires, pour moi incontournable. En même temps, et pour la première fois peut-être, je me suis aperçu qu'elle ne me suffisait pas. Je ne pouvais plus, dix ans après la chute des régimes communistes, m'en tenir au constat que la démocratie leur était préférable. Je m'apercevais bien que, même en l'absence de la menace totalitaire, tout n'allait pas pour le mieux dans notre monde ! Je suis devenu de plus en plus sensible aux dangers que recelait le régime démocratique lui-même. Ce n'est pas que le totalitarisme a cessé de m'apparaître comme une incarnation du mal politique, mais je me suis rendu compte qu'au nom de la démocratie on pouvait détourner et pervertir les idéaux démocratiques. L'exemple qui s'est imposé à moi a été un conflit contemporain auquel je me suis intéressé sans doute pour des raisons « géographiques » : l'intervention de l'OTAN au Kosovo, en Yougoslavie. Le dernier chapitre de mon livre *Les Ennemis intimes de la démocratie* porte sur les leçons de cette intervention. J'essaie de la situer dans une perspective plus générale, illustrée par exemple par le lâchage des bombes atomiques au-dessus du Japon en 1945. Le chapitre en question s'intitule « Les périls de la démocratie ».

L'année suivant le Kosovo, il y a eu les attentats du World Trade Center puis les crispations dans le monde occidental qui ont suivi le 11 septembre, et, peu après, les préparatifs de la guerre d'Irak. J'étais ulcéré de voir la mauvaise foi des justificateurs de cette guerre que l'on voyait venir. Elle a commencé en mars 2003, et disons qu'en octobre 2002, la chose se préparait : les « armes de destruction massive », les « preuves » apportées par Colin Powell à la tribune de l'ONU – avec cet épisode ô combien symbolique : Powell demandait que pendant son discours soit cachée la reproduction du tableau *Guernica* de Picasso qui ornait le hall des Nations unies, il ne fallait pas qu'on puisse penser aux conséquences des guerres. Toute une série de seuils ont été franchis, je lisais cela dans le journal. Or, j'étais pénétré d'une certaine conception de la démocratie que je trouvais incompatible avec cette manipulation des données de l'information. Donc je me suis senti obligé d'intervenir et de dire ce qu'il en était. Le résultat a été cette tribune dans le journal et un petit livre écrit dans l'urgence, *Le Nouveau Désordre mondial*.

Qu'est-ce qui m'a poussé à quitter la position de l'historien et du moraliste pour me lancer dans le commentaire du monde contemporain ? Je dirais, en y réfléchissant rétrospectivement : c'est une forme d'indignation. Je pense que c'est ainsi que l'on s'engage pour des causes. À force de lire le journal quotidien ou d'écouter les nouvelles à la radio et à la télévision, je sentais monter en moi l'indignation, je me disais « mais enfin, il faut dire les choses comme elles sont, cette manière de les présenter est inadmissible. » À partir de là, en me fondant sur mon savoir du passé, je faisais une sorte d'extrapolation et essayais, avec des instruments forgés pour lire le passé, d'analyser aussi le présent.

P.B. : Il y a un autre tiraillement, c'est le temps consacré à répondre aux médias, temps soustrait à la réflexion. Comment arbitres-tu ce dilemme entre le temps nécessaire à produire une véritable œuvre intellectuelle et le temps d'aller devant le public ? Est-ce que tu refuses beaucoup de sollicitations médiatiques ou au contraire as-tu le souci d'avoir un contact avec un public plus large que tes seuls lecteurs ?

T.T. : Je te répondrai que cette tension est tranchée, chez moi, en faveur des livres. Je n'éprouve pas le besoin, que je connais chez certains de mes bons amis et qui ne me scandalise nullement, d'être sollicité constamment par les médias. Et donc la tentation n'existe pas. Je dois ajouter que je ne suis pas sollicité constamment par les médias. Au moment où paraît tel ou tel livre, pendant un mois, un mois et demi, je vois des journalistes et si le livre parle du monde actuel, je me retrouve dans ces débats. Cela m'apporte rarement une grande satisfaction, surtout à la télévision où les animateurs ont besoin de constituer des plateaux abondants. Quand il y a douze personnes, que chacun essaie d'en placer une, je ne me sens pas à ma place. Je n'ai plus 20 ans, mon but n'est pas de gagner quelques secondes ou quelques minutes en temps d'antenne. Donc j'accepte les invitations mais j'y vais sans grand enthousiasme, et je crois que les animateurs se sont rendu compte que je n'étais pas un invité idéal. Je ne suis pas très combatif. Quand je suis dans une situation de ce genre, j'écoute avec beaucoup d'attention, et même de sympathie, les arguments de ceux qui sont mes « adversaires ». Je me dis « Oui, au fond, si je me place de ce point de vue, je vois bien l'intérêt de l'argument. » Ce n'est pas du tout ce qui convient dans un débat télévisé. Certains de mes amis sont de bons débatteurs, ils savent affirmer avec éloquence leurs convictions, ils ne finassent pas en disant « Oui, mais… Même si… Quoi que… » et autres locutions de ce genre. Je ne suis plus très sollicité, et je n'ai aucune difficulté pour refuser une sollicitation inexistante ! Il se peut que j'ai connu cette boisson enivrante trop tard dans ma vie. Je suis plus intoxiqué par le plaisir du travail intellectuel, le travail solitaire. Je m'enferme dans mon bureau ou dans une bibliothèque, enfin là où il faut, et je lis des livres, je prends des notes, j'ai l'impression que les idées commencent à naître, à mûrir, et c'est cela qui me passionne plus que le reste. En dehors de cela, je fais des conférences, de temps en temps, je préfère plutôt les faire en dehors de l'université, pour un public « général ». Et encore, cela ne m'arrive pas plus d'une fois par mois ou même tous les deux mois.

P.B. : As-tu l'impression qu'il y a une participation des médias à une manipulation de l'information en invitant des gens qui ne sont pas dans l'intégrité intellectuelle ? Est-ce que c'est parce que des gens intègres comme toi, ne sollicitant pas le suffrage des médias, laissent l'espace à ceux qui ont moins de scrupules et moins de désir d'éclairer le public ? Comment juges-tu cela ?

T.T. : Je distinguerai deux situations. Celle du plateau de radio ou télévision, en format table-ronde, avec un certain nombre d'invités. Tel que j'imagine le travail des animateurs, ils cherchent des gens qui font du bon spectacle, qui s'enflamment, qui parlent vite et avec éloquence, dont les formules font mouche. Les universitaires, même aussi peu canoniques que moi, ne sont pas les meilleurs clients. Je peux comprendre que l'on préfère les bons débatteurs, les bons communicants, aux spécialistes. La deuxième situation, c'est celle de la presse écrite. C'est différent car ce ne sont pas des débats, on peut exprimer une opinion et l'argumenter même en trois ou quatre feuillets.

Je ne parle pas du monde littéraire qui est mon domaine d'origine. À cet égard, je trouve la presse française accablante de connivence entre les critiques et les auteurs, qui sont d'ailleurs les mêmes. Je dis cela par comparaison avec la presse anglo-saxonne qui n'est pas faite dans cet esprit, que ce soit le *New York Review of Books*, le *TLS*, le *London Review of Books, The New Republic*, ou d'autres encore. C'est vraiment un autre style : pour chaque question, on cherche la personne la plus compétente, dont l'avis serait le plus intéressant, et non pas le copain ou le journaliste de service.

À vrai dire, la presse française concernant la scène politique ne m'enthousiasme pas non plus, parce qu'elle me semble trop complaisante avec l'opinion commune ou même simplement avec la position du gouvernement (en politique étrangère). Il y a bien une presse plutôt de gauche ou plutôt de droite, qui donc sera alternativement complaisante ou critique envers le gouvernement, selon qu'il est de leur couleur politique ou non. Mais ce n'est jamais au-delà d'une sorte de consensus entre les classes politique et médiatique, qui du reste sont très proches.

Par exemple, sur l'intervention au Mali, au début, il semblerait que seuls Dominique de Villepin et Jean-Luc Mélenchon aient exprimé des réserves. J'aurais trouvé intéressant d'entendre leurs arguments, d'entendre ce qu'on leur oppose, je ne l'ai pas trouvé. Ces positions de franc-tireur ne trouvent pas suffisamment de place chez nous. C'est peut-être un héritage de mon passé totalitaire, je suis irrité par l'apparence d'un consensus général, alors qu'il n'en est rien en réalité. Même chose concernant la Syrie.

Dans ce cas s'est imposé une sorte de consensus : l'affreux barbare qui massacre son peuple d'une part et ses vaillants protecteurs démocrates de l'autre. Pourquoi, s'exclame-t-on, l'Occident – ou plutôt « la communauté internationale », comme on dit maintenant – ne prend pas ses responsabilités, n'intervient pas pour rétablir la justice et la paix ? Ce sont des relents d'une idée ancienne, celle du « fardeau de l'homme blanc ». Là aussi, il suffit de sortir du cercle étroit de ce consensus politico-médiatique français pour voir qu'il existe dans le monde des visions et des opinions divergentes concernant ce conflit. Le journal *Le Monde* a mis un an avant de mettre des guillemets autour du mot « libérée » dans l'expression « La Syrie libérée ».

P.B. : Penses-tu que l'on puisse biaiser la vérité pour une bonne cause ? Peut-on mentir au nom du bien et que penses-tu de cet argument, souvent entendu et souvent plus encore utilisé, que la fin peut justifier les moyens ?

T.T. : Il existe une réponse très ancienne dans la littérature classique. Kant avait annoncé qu'« un mensonge est toujours inadmissible », et le jeune Benjamin Constant, alors âgé de 30 ans, avait écrit une petite réplique où il avait expliqué « qu'envers des assassins qui vous demanderaient si votre ami, qu'ils poursuivent, n'est pas réfugié dans votre maison », il était « licite » de mentir. Kant a été tellement piqué à vif par cet opuscule – pourtant écrit en français, dans un autre pays –, lui qui était un professeur célèbre et avait 70 ans, qu'il lui a répondu par un autre petit opuscule, *Sur un prétendu droit de mentir par humanité* (1797). Personnellement, je suis plutôt convaincu par les arguments de Constant et dans la situation qu'il a décrite je choisirais de mentir. La vérité ne me semble pas le critère absolument ultime lorsqu'il s'agit par exemple de sauver des vies humaines, de cacher une personne injustement persécutée. Lorsque le but est de connaître le monde, l'horizon de la vérité est indépassable, on en a parlé. Mais dans le monde des relations entre personnes, l'amour, au sens très général – l'amour de l'humanité, l'amour des individus – l'emporte sur la nécessité de toujours dire la vérité. À une autre occasion, Constant s'interrogeait afin de savoir s'il fallait annoncer à une proche amie la grave maladie dont elle était atteinte, ou s'il valait mieux la lui dissimuler pour qu'elle vive tranquille. Il opte pour cette deuxième position, et là encore je me sens d'accord avec lui.

Mais telle n'est pas la situation du débat public. Si j'écris une tribune dans un de nos quotidiens, en général, je ne traite pas du destin d'un individu et donc je trouverais inadmissible d'arranger ce que je sais moi-même en me disant « telle information ne serait pas avantageuse à ma cause ». C'est une chose inacceptable si on veut rester un intellectuel dans le sens qu'on a donné à ce mot au début, donc de quelqu'un qui essaie de tenir simultanément les deux bouts :

concerné par la cause publique mais essayant de rester fidèle à son idéal de chercheur de vérité.

Au fil de notre conversation, je me rends compte que je pourrais te parler aussi d'une action dans laquelle je suis impliqué en ce moment même. Je signe très rarement des pétitions, je l'ai fait deux ou trois fois dans ma vie car je n'aime pas cette forme d'intervention. Si je veux dire quelque chose, je le dis publiquement quand j'en ai l'occasion. Mais depuis un petit mois, avec quelques proches, nous avons lancé une pétition et dont l'existence s'explique par le fait qu'elle ne concerne qu'un seul individu. Cette personne, en deux mots, est un prisonnier qui a déjà passé trente-sept ans en prison. Il a été condamné pour des braquages au milieu des années 1970, depuis sa peine a été allongée à plusieurs reprises parce qu'il n'est pas revenu de ses libérations en conditionnelle ou d'autres actes de ce genre. Il a donc purgé trente-sept ans et il lui en reste encore vingt ! S'il n'est pas gracié, il sortira de prison à 78 ans, en y étant rentré à l'âge de 20 ans. Je trouve que, dans nos pays démocratiques, un tel aboutissement est totalement absurde. La punition n'est pas une privation de toute possibilité de rejoindre la société. Nuire à autrui est un crime, faire subir une peine à cause de l'acte accompli est en accord avec notre système pénal, mais dans le cas présent, par une accumulation des peines, on finit par déshumaniser la personne, oublier qu'il s'agit d'un être humain comme les autres. Sous couvert d'appliquer la loi, on le condamne à mourir en prison. La peine de mort est une ignominie à cause de ce refus d'admettre qu'un individu puisse changer, et toute peine de mort déguisée, du type perpétuité réelle, va dans le même sens. Elle contredit l'un des postulats fondamentaux du régime démocratique, à savoir que l'être humain n'est pas formé une fois pour toutes. Il est transformable. D'où le rôle que nous accordons à l'éducation, aux rapports sociaux et tout ce qui va avec. Pour plaider la cause de ce prisonnier, Philippe El Shennawy, est-ce que je suis prêt à cacher ce qu'il a fait ? Non. Je pense que ce serait mal le servir. Il faut dire ce qu'il a fait. Il a volé, il a transgressé les règles. Chaque fois, il a été condamné en accord avec la loi. Je suis par principe grand partisan de la loi car elle permet de contenir l'arbitraire du pouvoir. Or, là j'en appelle aux pouvoirs politiques pour qu'ils surmontent la lettre de la loi. Parce qu'elle est conçue – c'est à la fois sa grandeur et sa misère – comme une abstraction, alors qu'elle s'applique chaque fois à des êtres humains particuliers. Si on l'applique d'une manière totalement décontextualisée, sa lettre peut tuer son esprit. Comme disaient les anciens sages chrétiens : il faut « punir le péché et pardonner le pécheur ». En l'occurrence, oui, il faut juger en accord avec des lois générales et non pas selon une décision arbitraire, mais ensuite il faut prendre en compte les cas particuliers et se demander si on n'applique pas à cet individu une peine disproportionnée par rapport à ce qu'il a fait. En argumentant là-dessus, je ne cherche pas à cacher ce que je sais de son histoire, je crois même que tout mettre sur table est le seul moyen pour l'aider. Je plaide non pas parce qu'il n'a rien fait, mais parce qu'il a déjà payé.

Jean-Christophe Victor, l'arpenteur du globe

Jean-Christophe Victor est né en 1947 et il aurait pu être écrasé par le poids de son ascendance. Pas facile d'être à la fois le fils de l'explorateur polaire mondialement connu Paul Émile Victor, et d'Éliane Victor, l'une des premières femmes productrices de la télévision à une époque où le statut des femmes dans la société française était plus que mineur. Elle a lancé plusieurs émissions dont « Les femmes aussi » qui, dès les années 1960, promouvait la place des femmes dans une société française qui leur refusait l'accès à la contraception, à l'avortement, au simple droit de signer des chèques et où le divorce par consentement mutuel n'existait pas. Paul Émile, le père, a ouvert, après la guerre, les terres polaires arctique et antarctique à la France, en y faisant installer des bases scientifiques permanentes et en fondant l'Institut polaire français qui porte aujourd'hui son nom.

Jean-Christophe Victor est parvenu à se distinguer d'eux tout en leur demeurant fidèle par une philosophie commune : les médias sont utiles à condition d'avoir des choses intéressantes à dire et si possible à apporter, en se mettant au service du plus grand nombre, et en se méfiant de tout ce qui ressemble à de la notoriété. Il avoue que lorsqu'il était jeune, ses interlocuteurs changeaient d'attitude lorsqu'ils apprenaient qui était son père. Il en a gardé une aversion profonde pour tout comportement vaniteux, une distance vis-à-vis de ce qui relève de l'ostentation, privilégiant une attitude réservée voire discrète. Selon lui, son père aurait légué à ses enfants quelques principes fondamentaux. « Demeurer libre, notamment vis-à-vis des pouvoirs qu'ils soient politiques ou financiers, ouvrir de nouveaux chemins et inventer, respecter l'autre en s'intéressant à tout ce qui peut être différent »[1].

Mauvais élève, il rate son bac. Son père l'embarque alors pour l'Antarctique où il restera cinq mois – la saison d'été – comme manœuvre bénévole à la base française de Dumont d'Urville. C'est au cours de ce séjour qu'il dit avoir réellement fait connaissance avec ce père si absent et si présent à la fois !

Après le voyage en Antarctique, le mauvais élève devient bon étudiant. Il passe trois ans aux Langues

1. Revue *XXI*, avril-juin 2012.

orientales, décroche un diplôme de chinois, puis part à Taiwan à l'université Da Shui. Il s'inscrit ensuite en ethnologie, entame un doctorat sur les réfugiés tibétains du Nord Népal et part un an s'installer dans un village himalayen de 1 200 habitants à douze heures de marche de la frontière tibéto-chinoise. Espérant être nommé en Chine, il devient contractuel du Quai d'Orsay à 26 ans mais il est envoyé à Kaboul. Il apprend le persan, parcourt le pays, y découvre l'islam, la diversité ethnique, la difficulté de vivre en zones arides, et à son retour en 1980, il est contacté par le Centre d'analyse et de prévision du ministère des Affaires étrangères. Le CAP est alors au faîte de sa gloire et de son efficacité, c'est la boîte à idées du ministère. Du fait de l'invasion par l'Union soviétique, l'Afghanistan devient un pays central sur le plan stratégique. Pour le CAP, Jean-Christophe Victor y retourne fréquemment, contribue à la création de l'association Action internationale contre la faim, participe à des missions au Pakistan pour l'aide aux réfugiés afghans.

Puis le CAP lui demande de se pencher sur le Pacifique où une fois encore le hasard de l'histoire le rattrape. La persistance des essais nucléaires français dans la zone, la révolte kanak et la violence déclenchée par la France lors de la prise d'otages dans la grotte d'Ouvéa le conduisent à faire de nombreuses missions dans la zone, auprès des États-Îles du Pacifique, Fidji, Vanuatu, en Nouvelle Calédonie, en Nouvelle Zélande, en Australie.

Au tournant de la fin de la Guerre froide, il crée avec quelques amis un bureau d'étude privé, le Laboratoire d'études prospectives et d'analyses cartographiques, spécialisé dans l'analyse des relations internationales, l'enseignement de la géopolitique pour étudiants ou dirigeants d'entreprises. Il va bientôt imaginer, en s'appuyant sur les recherches du LÉPAC, un magazine de géopolitique qu'il nomme *Le Dessous des cartes*. Référence en matière de géographie appliquée, le succès est immédiat, durable, et l'émission devient emblématique de la chaîne Arte. Il publie dans la foulée de ces émissions des *Atlas du Dessous des cartes*[2], qui sont des best-sellers.

Outre ce projet télévisuel, le LÉPAC a une action de formation à l'international auprès d'entreprises, de collectivités locales et de l'Union européenne. Jean-Christophe Victor multiplie les conférences dans les universités, les instituts culturels à l'étranger. Lorsqu'il intervient, il s'efforce de présenter les faits, les logiques adverses, les thèses en présence, les différentes interprétations que l'on peut en faire. Il se méfie de la « fabrication des ennemis », qu'il s'agisse de la Chine, de l'islam, des migrants, ne croit pas que le monde occidental continuera à dominer le monde et estime que ce dernier a trop souvent une attitude arrogante « qui est non seulement stupide, mais désormais tout à fait obsolète ».

2. Avec Virginie Raisson, Frank Tétart et Robert Chaouad.

Jean-Christophe Victor prépare avec le département du Jura dont son père était originaire, la région Franche-Comté et l'Union européenne l'ouverture pour 2014 d'un Espace des mondes polaires[3]. Ce sera en France le premier centre d'interprétation des mondes glacés consacré aux nombreux enseignements qu'ils dispensent.

3. Avec Stéphane Niveau et la communauté de communes des Rousses, maître d'ouvrage.

Entretien avec Jean-Christophe Victor

« Je ne suis pas là pour heurter, mais pour enseigner et faire réfléchir. »

Pascal Boniface : Tu as créé le LÉPAC il y a une vingtaine d'années. Quelles ont été tes motivations ? Qu'est-ce qui t'a conduit à créer cet objet original ?

Jean-Christophe Victor : Je venais du Centre d'analyse et prévision du Quai d'Orsay après avoir été attaché culturel en Afghanistan. J'avais trouvé que le travail au CAP était absolument passionnant : l'évaluation des situations politiques, « chaudes ou froides », la tentative d'en faire une traduction la plus juste possible, exprimer des idées politiques clairement et brièvement, la nécessité d'entrer dans la logique politique de l'autre, mais en même temps proposer des options en fonction de l'intérêt national, donc d'avoir de l'imagination diplomatique. Tout cela était passionnant et finalement assez opérationnel quel que soit d'ailleurs le ministre en charge. J'y voyais tout à la fois un avantage, puisque j'étais entouré de gens aussi « pointus » intellectuellement que Jean-Marie Guehénno, Nicole Gnesotto, Olivier Roy, et un inconvénient dans la mesure où tout ministère bride bien logiquement à la fois l'indépendance du diagnostic et l'autonomie de la pensée. Il pouvait donc y avoir une limite à la réflexion ou du moins à l'imagination politique, mais cela m'a donné le modèle du *think tank* à la française. Je me suis intéressé aux modèles allemands, indiens, singapouriens, mais surtout américains et britanniques, ce qui m'a donné l'envie – presque ingénue quand j'y repense ! – de me tourner vers le privé et de faire en sorte que la matière grise soit vue comme une matière première et qu'elle soit vendue ainsi !

Voilà ce qui m'a conduit à mettre sur pied un bureau d'études, une agence de recherche, un réservoir d'idées, comme on veut, en tout cas une SARL où j'étais dès le départ l'actionnaire majoritaire, travaillant la matière que je connaissais un peu et qui m'intéressait beaucoup : les relations internationales. J'ai pensé dès le départ à la pluridisciplinarité – avec des chercheurs en démographie, en géographie, en histoire, en économie –, afin d'éviter les approches verticales à la française dans lesquelles les outils diplomatique, économique, juridique ou militaire se fréquentent peu.

Pour la fondation du LÉPAC, créé avec quelques amis, j'ai été très bien entouré. D'abord par une avocate qui a conçu le cadre juridique de la boîte, par un ami spécialiste du capital/risque qui m'a convaincu d'ajuster les tarifs vers le haut en me poussant à « bluffer » – ce en quoi il avait raison –, par des chercheurs qui étaient de véritables « usines à idée » – je pense notamment à Virginie Raisson et à Michel Foucher. Mon credo personnel était : seule l'indépendance économique va permettre la créativité, de même que celle du diagnostic. J'étais absolument obsédé par la non-intervention dans mes idées et la conduite de mes projets. Le LÉPAC n'a donc pas cherché à avoir accès aux subventions.

P.B. : Quand tu dis qu'il y a une indépendance économique qui conduit à l'indépendance politique, est-ce que le fait de dépendre du marché n'est pas une autre forme de dépendance par rapport aux subventions ?

J.C.V. : Oui c'est une autre forme de dépendance. Mais nous stipulons dès le départ avec le commanditaire, et sous forme contractuelle, que sa commande intellectuelle ne peut orienter en rien les concepts, les termes et les conclusions des études commandées, l'orientation des séminaires ou le contenu des propos donc celle des conférences. Et d'ailleurs tout le monde s'y conforme. Parfois même, des directions générales d'entreprises ou de services publics que je n'ai pas à citer s'en servent pour faire passer des messages à leur encadrement que les directeurs ne peuvent pas, ou ne veulent pas affronter. Tout le monde s'y conforme, sauf une fois, il y a assez longtemps, le groupe pétrolier Total à propos de ce que j'avais écrit sur le Nigéria.

Mais il y a plus : on peut disposer d'une vraie indépendance, réelle ou perçue, sans mesurer que l'on est en fait en conformité avec le moule idéologique ambiant, avec la pensée unique partagée par tous. Car on ne le décèle pas forcément soi-même. Les cas de figure sont nombreux : on l'a vu dans les années 1990 vis-à-vis du Japon et de la façon dont il fallait interpréter son budget de Défense, vis-à-vis de l'Irak à deux reprises à dix ans d'intervalle, vis-à-vis du terrorisme à propos duquel on confond « grande menace » avec « grande émotion », vis-à-vis du « choc des civilisations », les thèses de Huntington ne résistant pas à l'analyse, etc. On développe en ce moment une pensée unique vis-à-vis de la Chine dont la démographie ou la croissance finirait par nous menacer – d'ailleurs, qui c'est, « nous » ? Et je trouve que les gros médias ont une part de responsabilité par leur vitesse constante qui conduit au simplisme constant. Voilà pourquoi j'étais intéressé par un fonctionnement intellectuel différent ou en tout cas totalement autonome. C'est un peu prétentieux sans doute, mais je voulais mettre en place une méthodologie faite de transversalité, une horizontalité entre les disciplines, entre les domaines. Et cela sans écouter le bruit ambiant, ni surtout le bruit trop hexagonal !

J'ai une formation classique en sciences humaines ainsi qu'en science politique, et j'ai eu la chance de passer par l'Institut des hautes études de défense nationale. Or, je m'aperçois que j'ai toujours été un peu envieux de la rigueur et de la logique qu'imposent mécaniquement à la pensée les sciences de la terre. D'où mon intérêt pour la géographie alors que je n'ai pas fait d'études de géographie et encore moins de cartographie. Si j'ai acquis un goût marqué pour cette discipline, c'est du fait de divers stimulants : mon père, ses cartes polaires et ses mappemondes très présentes à la maison, mon passage comme enseignant à Saint-Cyr, donc auprès de l'armée de terre, l'intervention de l'armée rouge en Afghanistan qui m'a fait sortir de mon pacifisme et saisir la notion de rapport de force, et l'importance du militaire que je n'avais pas du tout mesuré avant, d'innombrables voyages dans toutes sortes de pays, et, très important pour la géographie, la marche à pied car lorsque l'on marche, on comprend un peu l'espace et, comble du luxe, un peu le temps.

P.B. : Dans beaucoup de tes interventions, tu as critiqué l'occidentalo-centrisme et regretté qu'en France on soit trop souvent enserré dans un cadre idéologique dont nous ne sommes pas toujours conscients. Or, il serait fortement existant.

J.C.V. : J'ai eu très tôt la perception que la société française était segmentée verticalement, très peu fluide, très « notabilisée », si peu paritaire en matière de genre, toujours jacobine car demeurant centralisée malgré les lois de décentralisation. On a du mal à sortir d'un schéma franco-centré, imbriqué dans l'européocentriste, lui-même enserré dans l'occidentalo-centrisme. Maintenant, de quoi parle-t-on quand on évoque « l'Occident » ? En fait, lorsqu'on y réfléchit vraiment, c'est tout à la fois historique, mouvant et imprécis. Premièrement, cela fait cinq cents ans que l'Europe et ses enfants, États-Unis, Nouvelle Zélande et Australie, au minimum, plus les systèmes de pensée et les modèles institutionnels sont *au* centre du monde et *le* centre du monde. Ainsi s'est installé un sentiment de supériorité vis-à-vis du reste du globe, notamment depuis le début de l'exportation du christianisme. À partir des expéditions de Henri le Navigateur en 1415, puis des grandes découvertes qui suivent, l'Europe estime avoir une mission « civilisatrice » – je cite – de christianisation pour ce qui concerne les âmes, avec des militaires pour ce qui a trait aux intérêts des commerçants ainsi que la protection des unes et des autres. Cela a duré en gros de 1500 à 1950. Et depuis, bon nombre de décolonisations mentales ne se sont pas faites. Deuxièmement, le modèle économique euro-américain a fini par dominer totalement, en tout cas depuis la fin de l'URSS. Cela parce qu'il est adopté absolument partout, sauf à Cuba et en Corée du Nord, mais c'est une simple question d'heures ! Je pense que la globalisation est une occidentalisation du monde. Mais cet occidentalo-centrisme vit ses dernières décennies avec l'affirmation de l'Asie et autres BRICS (Brésil, Russie, Inde, Chine et Afrique du Sud) et Next

Eleven (« onze prochains » : Bangladesh, Corée du Sud, Égypte, Indonésie, Iran, Mexique, Nigeria, Pakistan, Philippines, Turquie et Vietnam). Nous vivons une double accélération : le XXIe siècle sera le siècle de l'Asie du fait des différentiels de croissance, du fait de la démographie et des nouvelles classes moyennes. La deuxième accélération, c'est la contradiction propre à notre modèle économique, à la fois producteur – le monde est plus riche qu'il y a vingt ans – et terriblement destructeur. Nous sommes en train de léguer aux futures générations une crise environnementale majeure. Curieusement, nous le savons mais nous n'agissons pas ou bien trop lentement. Les conséquences des deux ou trois degrés en plus, c'est toujours pour les autres et pour après-demain. Toujours trop loin, trop grand voire trop tard. Cela semble abstrait et le temps passe. Or, je vais assez souvent dans l'Arctique et je vous garantis que c'est déjà tout à fait concret, de même que les nouvelles digues que la côte flamande et les Néerlandais font construire devant la mer sont aussi tout à fait concrètes.

Je n'ai jamais été très sensible aux « sirènes de l'Occident », et ceci assez tôt et sans grand mérite car cela m'a été « transmis », tout à la fois intellectuellement, politiquement et presque sentimentalement par ma mère qui avait eu la bonne idée de me faire étudier le chinois aux Langues orientales. Avant cela, la longue et amoureuse fréquentation de mon père avec les Inuits de la côte Est du Groenland ont contribué à forger ma vision très internationale et très différenciée du monde – je ne le mesurais pas à l'époque, enfant ou adolescent. C'est évidemment très précieux comme bagage et comme évidence quasi morale.

P.B. : Quand tu regardes les autres *think tank* français ou européens et tes collègues, comment les juges-tu en général, même si c'est toujours délicat ?

J.C.V. : D'abord je ne juge pas. Ensuite, j'ai plutôt besoin de me nourrir de la façon dont les autres pensent et produisent donc je lis ce que font les Anglais, les Chinois, les Indiens, les Singapouriens, les Américains. En France, je consulte les rapports venant des institutions, du Centre d'analyse stratégique notamment, les revues, les livres, et j'aime les annuaires qui paraissent chaque automne. Sinon, je ne regarde quasiment plus la presse.

P.B. : Ton analyse de la fin du monde occidental se rapproche de celle d'Hubert Védrine. Penses-tu qu'il y ait deux écoles en France, l'une qu'on pourrait qualifier de gaullo-mitterrandisme qui voit le monde au large et se base sur l'indépendance de la France et la préservation de marges de manœuvre, et l'autre atlantiste ou occidentaliste qui est plus solidaire avec une petite partie du monde ? Est-ce que cette dichotomie dans l'analyse des relations internationales te paraît cohérente ?

J.C.V. : C'est n'est pas pour moi totalement antinomique, ou en tout cas cela ne l'est plus au début du XXIe siècle en termes de solidarité « stratégique » même si je mesure la contradiction avec ce que je viens de développer sur « l'occidentalisme ». Je me sens tout à la fois relativement à l'aise dans la solidarité atlantique même si je pense qu'il ne fallait pas aller en Irak en 2003. Il faut donc conserver des marges de manœuvre. Mais depuis quelques années, je me pose la question : pour en faire quoi ? Je n'ai pas été convaincu par l'utilité de la réintégration de la France au sein du commandement intégré de l'OTAN, je ne vois pas ce que l'on a gagné par ce retour puisque le pays est parti à peu près « seul » en Libye et au Mali. De toute façon, nous devons toujours supplier pour obtenir des avions cargos américains afin de transporter nos troupes et notre matériel, et en plus le Pentagone ne les prête pas, il nous les loue, et fort cher !

Je pense que l'on va vers un monde pluripolaire, ce qui explique pourquoi je ne parlerais pas de « déclin de l'Occident ». Il faut intégrer ce que peuvent continuer à apporter la France et l'Europe sur le plan des systèmes juridiques, de la protection de l'individu par le droit, des négociations climatiques et celui des dépôts de brevets, bref du modèle géopolitique que constitue l'Union européenne par rapport aux autres. C'est à peu près le bon format pour affronter la compétition commerciale internationale. D'ailleurs il n'y a que trois régions dans le monde où les immigrants essayent de venir : les États-Unis et le Canada, l'UE et l'Australie. On ne se bouscule pas pour immigrer en Chine même si à mon sens c'est appelé à évoluer, mais pour d'autres facteurs. Si la France continue à proposer une espèce de modèle crispé comme on le fait depuis cinq ou dix ans, il est certain que les étudiants auront de plus en plus envie d'aller étudier ailleurs, au Royaume Uni, au Canada ou en Inde. Bien des enfants d'immigrants du Maghreb de la troisième génération, français et formés en France, s'en vont trouver du travail dans d'autres pays. Ils veulent aussi sortir de la condescendance dans laquelle nous les tenons.

P.B. : J'ai l'impression que la France a perdu de son rayonnement par cette stigmatisation de l'autre.

J.C.V. : C'est un phénomène qui est, on l'a compris, totalement à l'opposé de ce que je pense profondément, mais plus important encore, c'est idiot et inopérationnel. Il faut une politique de visas, de sécurité, de lutte contre les clandestins mais pourquoi fabriquer en plus une image négative des musulmans, des migrants ; en somme une image négative de l'autre. Au Canada, en Australie et aux États-Unis, le migrant c'est neutre voire même positif parce qu'il apporte quelque chose. Cela n'interdit en rien de lutter contre les clandestins ou le passage de drogue. En France – mais pas seulement, l'Europe a beaucoup changé depuis quinze ans –, le migrant c'est plutôt négatif. Je pense que c'est une erreur économique et démographique mais aussi en termes d'image et de représentation de l'autre, car à s'obstiner dans cette voie, nous serons un pays de vieux. Donc nous faisons cette sorte de triple erreur pour simplement courir derrière des idées « d'extrême droite ». C'est non seulement une vision stupide mais surtout extrêmement courte.

P.B. : Tu disais tout à l'heure que la France est moins visible depuis l'étranger. Pour autant, on peut avoir le sentiment que dans nombreux pays on la crédite encore d'une capacité à penser global, contrairement à d'autres. Même si elle n'a plus l'éclat qu'elle pouvait avoir au sein d'un monde moins développé, réduit à son expression européenne, est-ce qu'au cours de tes différents déplacements à l'étranger, tu perçois encore un *a priori* favorable sur la France ?

J.C.V. : La réponse est oui. La France bénéficie toujours d'un *a priori* favorable. Je finis par ne plus savoir à quoi cela s'applique mais il existe. En voyageant beaucoup, on constate que globalement les ambassades font un boulot assez génial, ces fonctionnaires ou contractuels se donnent un mal fou sur le terrain. Il y a donc une sorte de dichotomie que je trouve désolante puisqu'il y a une demande et une attente et que nous disposons des outils pour y répondre.

P.B. : *Le Dessous des cartes* que tu as créé est maintenant une marque connue et reconnue. C'est l'une des activités du LÉPAC, avec les *Atlas* ou la formation de cadres. Quelle était ta motivation et ta démarche à l'origine ? Faire comprendre, expliquer, influencer ?

J.C.V. : Le point de départ, ce fut d'abord Arte qui était en train de se créer. J'étais en relation avec eux à la suite d'un long entretien que j'avais eu avec la présidente des Philippines, Corazon Aquino, et qui avait été filmé. André Harris et Jean-Michel Meurice m'ont alors demandé si mon « labo n'aurait pas réfléchi à une fenêtre sur le monde, différente de la vision journalistique et indépendante politiquement ». J'ai donc écrit un projet et c'était exactement le projet que l'on connaît un peu aujourd'hui, et que l'on peut résumer en trois principes qui n'ont pas changé. Premièrement repérer les tendances longues, faire comprendre et non pas faire savoir en partant du principe que l'on sait beaucoup choses mais sans savoir les ranger. Deuxièmement, réhabiliter la dimension historique au sein des médias audiovisuels qui est à la fois absente et essentielle, j'avais le sentiment qu'on était toujours dans un temps sans mémoire, sans matelas historique. Troisièmement, investir la dimension géographique, spatialiser les données puisque nous passons notre vie à naviguer entre ces deux contraintes et avantages que sont l'espace et le temps. Il me semblait que la géographie était importante et que la cartographie la rendait présente, avec donc seulement des cartes, pas de présentateur, simplement une voix pour un récit au sens premier du terme géopolitique.

C'est sur cette idée nous avons travaillé, c'est-à-dire tâtonné pendant six mois parce qu'on n'avait jamais fait de cartes et seulement des cartes à la télé, animées sans personne à l'écran. On me disait : « mais ce n'est pas possible, il faut qu'il y ait quelqu'un qui raconte ». Donc finalement j'ai raconté mes textes, plutôt facilement car j'aime enseigner, mais je ne le souhaitais pas initialement : je voulais écrire mais pas apparaître. Personne ne s'attendait à ce que cette formule à la fois austère et novatrice connaisse un vrai succès. Bravo Arte, service réellement public, bravo pour cette persévérance et pour la liberté absolument totale qui m'a toujours été laissée. Ce sont des partenaires tout à fait exceptionnels et qui plus est sur la durée.

P.B. : La plus belle satisfaction c'est que la direction d'Arte te fasse confiance depuis vingt ans ou que dans la file d'attente à l'aéroport un anonyme te remercie pour ce que tu fais ?

J.C.V. : Ce qui me fait plaisir c'est quand des gens très modestes disent qu'ils apprennent des choses avec *Le Dessous des cartes* ou avec les atlas du LÉPAC. Ça, c'est un grand plaisir parce que cela veut dire qu'ils aident les gens à grandir. Que ce travail soit reconnu me fait plaisir, mais le fait d'être reconnu physiquement dans la rue ne m'a jamais mis très à l'aise. Je ne trouve pas de fascination dans la notoriété. J'ai réglé les choses très tôt à cause de mon père, sur ce chapitre-là du moins.

P.B. : Quand tu as créé le LÉPAC tu avais ces projets en tête ou c'est venu en plus, en prime en quelque sorte ?

J.C.V. : C'est venu après. D'abord, je ne savais pas que *Le Dessous des cartes* allait être un des produits du LÉPAC, ni que cela allait durer longtemps, qu'on aurait un vrai impact, voire une influence. Et ensuite c'est devenu d'autant plus intéressant que cela nous a permis d'entamer un dialogue avec des anonymes. Au final, le processus est assez complet : choix des thèmes, lecture, recherche, donc acquisition de connaissances, travail d'équipe, définition libre des concepts et du vocabulaire, élaboration cartographique puis audiovisuelle, diffusion, édition, réactions. Que rêver de mieux ?

Mais le LÉPAC c'est un ensemble de choses qui ne se limitent pas au *Dessous des cartes* même si il en est la partie la plus visible. Il y a les atlas, notamment l'*Atlas des futurs du monde*[1], de Virginie Raisson qui dirige la société maintenant. Cet atlas a créé une autre façon de réfléchir à la prospective avec de nouveaux graphiques a l'appui.

P.B. : Les *Atlas du Dessous des cartes* ainsi que *L'Atlas des futurs du monde* ont connu en librairie un succès exceptionnel pour des produits que l'on peut éventuellement juger austère.

J.C.V. : Oui, et l'on me demande parfois pourquoi *Le Dessous des cartes* fonctionne-t-il si bien ? Cela tient tout simplement au plaisir d'apprendre. Lorsque nous créons et écrivons *Le Dessous des cartes*,

1. Virginie Raisson, *L'Atlas des futurs du monde*.

nous sommes d'ailleurs nous-mêmes en position d'apprentissage. Commercialement, ce succès a été un étonnement mais sa signification est que les gens aiment apprendre et acceptent l'idée que le monde est complexe. Nous ne faisons rien d'autre que de dire : « Oui le monde est complexe, il n'est pas binaire et vous êtes suffisamment intelligents pour aborder cette complexité. »

P.B. : Tu as des convictions personnelles très fortes, tu ne t'en caches pas, et en même temps cette émission est un outil pédagogique. Comment concilier des convictions que l'on a envie de défendre et cette démarche didactique ? À partir de quand y a-t-il conflit d'intérêt entre les deux ?

J.C.V. : C'est une question que je me suis beaucoup posé et je pense avoir réconcilié la contradiction. On trouve d'une part, la rigueur de la recherche et des nombreuses vérifications qui s'insèrent dans la méthode elle-même faite d'une volonté d'équilibre et qui propose : « je vais vous exposer le problème des OGM, leurs inconvénients mais aussi leurs avantages ». Il faut donc exposer le pour et le contre. Cela est vrai pour les OGM mais aussi pour l'Iran : « Quelle est la logique iranienne, ce pays qui ne se sent pas en sécurité ? » Il faut à chaque fois tenter d'entrer dans la logique de l'autre, le faire avec beaucoup de rigueur, de modestie, de respect, et restituer le tout dans les dix minutes dont je dispose pour l'émission. Et d'autre part, il y a une minute de conclusion qui, elle, peut prendre deux formes. Soit : « voilà ce que l'on peut retenir de ce qui vient d'être exposé », soit : « sur ce qui vient d'être exposé, voilà mon point de vue », en l'argumentant. Par exemple : « Pour le Canada, sortir du protocole de Kyoto comme l'a fait Toronto en 2012, c'est un avantage pendant cinq ans ou dix ans, et une erreur à partir de 2030 car les conséquences du réchauffement climatique seront alors à l'échelle mondiale et non à l'échelle nationale ». Je pense ainsi arriver à rester équilibré. Je ne suis pas là pour heurter, mais pour enseigner et faire réfléchir. C'est ainsi que je conçois le « mandat » que m'a confié Arte. Cette petite émission est tout de même un très grand amphi qui touche en moyenne 400 000 personnes chaque semaine en France et en Allemagne, plus internet, la VOD, le bassin satellite d'Arte sur la Méditerranée, TV5, etc.

P.B. : Quelles sont les convictions profondes que tu as envie de faire passer ? Quelle est la parole dont tu penses qu'elle est importante à délivrer et avec laquelle tu essayes de convaincre ?

J.C.V. : Il y a des idées à propos desquelles je ne cherche même pas à être mesuré ! La première fois que j'ai, dans cette émission, exprimé mon point de vue très nettement, c'était lors de la guerre en Bosnie, j'estimais alors que « le retour de l'idée de pureté ethnique était ignoble ». *Idem* quelques années plus tard avec le concept d'ivoirité. Il n'y a rien à transiger sur tout ce qui touche à la vision de l'autre, donc tout ce qui s'approche du racisme, de l'antisémitisme, des nationalismes, il faut démonter le concept du choc des civilisations, il faut démontrer que la religion est instrumentalisée par la politique, etc. Il faut parler sobrement des migrations, chaînon manquant de la mondialisation, et cesser de les politiser. La classe politique a laissé se développer une représentation de l'autre, que ce soit le migrant ou le musulman, négative tout à fait à l'opposé de mes convictions profondes et de l'idée que je me fais de la République. Mais il faut faire attention à l'exercice car, contrairement à l'enseignement, aux séminaires, aux conférences, la télévision ne me permet pas la digression. On est sur une mécanique qui va de A à Z, et c'est une contrainte très forte dans le développement d'un raisonnement.

P.B. : Si l'on aborde la question de l'intégrité, penses-tu que de bonnes causes peuvent justifier des moyens un peu malhonnêtes ? Mentir pour une juste raison te paraît-il acceptable ?

J.C.V. : Prenons l'exemple du réchauffement climatique. Nous allons vers des problèmes majeurs mais on vit en Europe dans un tel confort qu'on ne veut pas le savoir. C'est toujours trop grand, trop loin, voire trop tard ! Et pour ceux qui en sont conscients et préoccupés, leur position est schizophrénique car il est bien difficile de changer de mode de vie matériel, du moins rapidement. Il m'est donc arrivé de me poser la question : « Ne faudrait-il pas mentir un peu, après tout, pour renforcer les idées du Groupe d'experts intergouvernementaux sur l'évolution du climat (GIEC) afin de renforcer les alarmes et montrer que des solutions existent ? » Je ne l'ai pas fait. D'une part parce que la rigueur intellectuelle l'a emporté sur la nécessité de convaincre, et d'autre part parce que je pensais que le « bruit » climato-sceptique, dans la mesure où il est financé par des lobbys pétroliers, mourrait tout simplement de sa propre mort. Il y a eu un débat, une remise en question de la méthodologie du GIEC et, curieusement, les journalistes s'intéressaient plus au propos des climato-sceptiques. L'une des raisons en est assez simple et consternante : Claude Allègre passe mieux à la radio ou à la télé que Jean Jouzel, pourtant remarquable climatologue qui a d'ailleurs souvent travaillé en Antarctique. Parfois, l'intégrité se paye chère….

P.B. : En dehors d'exemple concrets, par rapport aux contraintes médiatiques que l'on connaît, penses-tu que l'intégrité paye ou est-ce qu'elle dessert ?

J.C.V. : Je ne me suis jamais posé la question en ces termes. En tout cas, je n'ai jamais modifié telle idée, telle conviction, tel ou tel mot de vocabulaire du fait de quiconque ou du « bruit » ambiant. Et jamais une direction d'Arte n'a, à mon endroit, tenté d'exercer la moindre « contrainte médiatique ». Si ma posture un peu raide me dessert, à vrai dire je m'en fiche complètement.

P.B. : Penses-tu que le fait de faire preuve d'intégrité soit payant à long terme, parce que cela permet de gagner la confiance du public ? Les gens peuvent être plus informés qu'on ne le pense, la connaissance de la complexité des situations peut progresser. N'as-tu pas cet espoir ?

J.C.V. : Oui, car je suis tout à la fois combatif, assez confiant, et très préoccupé ! D'un côté il y a une progression des publics, mais de l'autre il y a un manichéisme avantageux commercialement et intellectuellement. Pour poser une question désagréable : quel est le niveau de formation des journalistes audiovisuels qui dirigeront les médias dans deux ou cinq ans ? Quel est leur niveau de formation en économie ou en histoire ? Or, ils sont des co-fabricateurs d'opinion publique. Quand tu as des couvertures répétées de journaux sur « le complot islamique », le rédacteur en chef mesure-t-il les effets que cela entraîne et la responsabilité qui est la sienne ? Le rédacteur en chef dans une société démocratique, que je sache, n'est pas élu. En quoi est-il légitime pour être un co-fabricateur des opinions publiques ? Donc j'espère que les lecteurs, les récipiendaires sont effectivement capables de débusquer les choses… cachées.

P.B. : As-tu déjà été approché par des gens qui ont essayé de t'influencer, de te soudoyer ou de te faire passer des messages dans lesquels tu aurais dépisté des stratégies d'influence ?

J.C.V. : Pas beaucoup. Ou alors pas que je sache ! Il y a eu des ambassades qui me disent, soit : « si on vous invite, est-ce que vous pouvez faire un *Dessous des cartes* sur mon pays ? », soit « Ce que vous avez dit sur notre pays est tout à fait erroné, est-ce que vous pouvez faire un autre *Dessous des cartes* comme correctif ? » Il m'est aussi arrivé d'entendre : « Ce que vous avez dit est inadmissible, j'appelle la présidence d'Arte pour demander l'interruption de votre émission ! » Ce qu'ils ont fait d'ailleurs avec le succès qu'on voit… Sur les questions énergétiques, ce sont plutôt des coups de fils au LÉPAC de responsables qui me disent : « il faut qu'on parle de ce dossier, est-ce qu'on pourrait se voir ? » Donc, oui, c'est arrivé mais c'est tout à fait marginal.

P.B. : Et depuis vingt ans que tu fais de la pédagogie géopolitique, est-ce que tu as l'impression que la connaissance de la complexité gagne du terrain ? Ou au contraire que la construction de l'adversaire et du manichéisme prend de l'ampleur ? Lequel est minoritaire ?

J.C.V. : Le discours de la complexité est minoritaire depuis longtemps et il le sera longtemps encore. Cela a d'ailleurs été renforcé par l'effet 11 septembre et la réponse de l'exécutif républicain américain qui a suivi. Nous sommes désormais inscrits dans un monde où il y a « eux » et « nous ». Un peu comme, entre Pearl Harbour et août 1945, la célèbre phrase « *You're with us or against us* » a causé un tort considérable parce que le monde n'est en rien binaire.

Je crains maintenant que l'on ne fabrique un nouvel adversaire au monde qui est le nôtre, sans nul doute la Chine. Or, on ne sait pas suffisamment que notre niveau d'interdépendance économique avec la Chine est tel que personne n'a intérêt à une confrontation, quelle qu'en soit la forme. En tout cas sûrement pas militaire ni monétaire. L'interdépendance est un phénomène complexe à décrypter. Plus le temps passe, plus je me sens minoritaire, du moins intellectuellement, et peut-être même éthiquement. De façon immodeste, je me suis très tôt senti armé pour ça mais c'est politiquement un peu triste. D'ailleurs, accepter le fait d'être minoritaire, ça ne veut pas dire chercher à avoir raison ; il suffit de penser que l'on a raison.

Michel Wieviorka, les sciences sociales comme arme politique

Michel Wieviorka est né le 23 août 1946 à Paris. Ses grands-parents paternels sont des juifs polonais qui, après avoir tenté de fuir les persécutions nazis, ont été déportés à Auschwitz où ils ont trouvé la mort.

Michel est l'aîné d'une fratrie d'intellectuels de haut vol. Sa sœur Annette, née deux ans après lui est une historienne reconnue de l'histoire des juifs au XXe siècle, de la Shoah ainsi que du communisme. Son autre sœur, Sylvie, née en 1950 est médecin-psychiatre, engagée en politique. Épouse de l'ancien leader de Mai 68, Alain Geismar, elle est conseillère de Paris. Son frère Olivier, né en 1960, est l'un des meilleurs historiens de la Résistance française.

Michel intègre l'École supérieure de commerce de Paris en 1965 et ne commence à s'intéresser à la politique qu'à partir de Mai 68. Il participe aux manifestations, aux débats, et se passionne pour les sciences sociales. En 1970, il entame une thèse de sciences économiques consacrée à la fréquentation des grands centres commerciaux dont la France est en train de se doter. Il est parallèlement maître auxiliaire d'économie et de gestion au lycée d'Enghien.

L'été 1973 sera consacré au tourisme politique en Amérique latine. Il arrive mi-août au Chili et y reste une semaine, effaré par la décomposition de l'Unité populaire et l'impuissance du gouvernement de Salvador Allende. Il part ensuite au Pérou et il apprendra le coup d'État d'Auguste Pinochet à l'aéroport de Lima alors qu'il attend l'avion qui le ramène à Paris. De retour en France, il se passionne pour la lutte que mènent les ouvriers de l'usine d'horlogerie Lip à Besançon qui était menacée de fermeture et qu'ils occupaient tout en vendant eux-mêmes les montres. Un vaste mouvement de solidarité s'était créé autour d'eux. Le slogan « On fabrique, on vend, on se paie » était un défi non violent au capitalisme. Ils incarnaient la voie de l'autogestion.

Il contacte bientôt Manuel Castells dont il connaissait les travaux pour entamer un doctorat d'État avec lui. Pour des raisons administratives ce dernier ne peut le faire et Michel Wieviorka se tourne alors vers Alain Touraine. En parallèlement, il est assistant en économie à l'université Paris-Dauphine. Son directeur de thèse qui l'a accueilli au Centre d'études des mouvements sociaux (CEMS) souhaite monter un nouveau laboratoire. Avec François Dubet, ils initient tous les trois le Centre d'analyse et d'intervention sociologiques (CADIS) qui naît en 1981. Wieviorka propose de travailler sur Solidarnosc en Pologne qui, selon lui, est un mouvement total dans lequel se croisent social, politique et national. Il sera en septembre 1981 le seul étranger invité comme expert au congrès du syndicat polonais.

Il consacre sa thèse d'État au terrorisme et après la parution de *Terrorisme à la une. Médias, terrorisme et démocratie* écrit avec Dominique Wolton en 1987, il publie sa thèse *Sociétés et terrorisme* en 1988, fruit d'un long « terrain » mené notamment avec des membres de mouvements clandestins basques et italiens.

Candidat à l'École des hautes études en sciences sociales, il choisit comme thème de sa direction d'études le racisme et publie *L'Espace du racisme* (1990), *La France raciste* (1992), *Racisme et modernité* (1993), *Le Racisme, une introduction* (1998). Il s'intéresse en particulier à la montée en puissance de la peur de l'autre, à la discrimination et à la ségrégation auxquelles sont confrontés musulmans et arabes. Il s'opposera plus tard à la création d'un ministère de l'Immigration et de l'Identité nationale qui est selon lui « une catastrophe intellectuelle et politique pour l'image générale de la France »[1]. Proche de Martine Aubry, il met en place auprès d'elle, en 2001, un groupe informel d'experts et d'intellectuels

1. *Libération*, décembre 2009.

sans toutefois adhérer au Parti socialiste. En 2005, il soutient la création du Conseil représentatif des associations noires de France (CRAN) dont il préside le conseil scientifique. Élu en 2006 président de l'International Sociological Association, il est également administrateur de la Maison des sciences de l'homme.

Dans son livre *Pour la prochaine gauche* paru en 2011, il a pour ambition de mettre les sciences sociales au service d'un projet politique de gauche tout en reconnaissant que les exigences des deux domaines ne sont pas les mêmes. Cependant, c'est surtout autour des problèmes d'intégration et de diversité que Wieviorka centre ses travaux récents. Pour lui, la question des identités multiples transnationales est désormais incontournable « ce n'est pas être communautariste pour un élu local que de tenir compte de ces données culturelles liées à l'origine, c'est être réaliste. »

Il plaide pour une France ouverte, faisant des efforts pour mieux accueillir les étrangers, évitant de les pousser dans des logiques de clandestinité et renouant avec des valeurs qui ont fait de la France une nation universaliste, adressant un message humaniste au monde entier. Il se positionne à l'opposé d'une certaine vision de l'intégration, que défendent certains intellectuels et responsables politiques qui somment les immigrés de s'y plier sans toutefois leur en offrir les moyens ni créer les conditions favorables. Wieviorka voit, par exemple, dans les émeutes de 2005, la révolte de jeunes largement issus de l'immigration vivant dans un pays qui leur promet la liberté, l'égalité et la fraternité mais qui, dans la réalité, ne leur propose que discriminations, exclusion sociale, chômage massif et ghettoïsation. Il se prononce explicitement en faveur d'une reconnaissance de l'islam et s'inquiète des mesures, en particulier législatives, qui semblent viser tout particulièrement cette religion même si elles sont formulées en termes généraux. Il estime qu'il y a deux dangers : le communautarisme d'une part, et l'universalisme abstrait de l'autre.

Entretien avec Michel Wieviorka

« L'intégrité c'est accepter d'être transformé soit par la pratique sociale soit par les analyses des autres. »

PASCAL BONIFACE : J'ai raconté dans mon précédent livre, *Les Intellectuels faussaires*, qu'il était né d'une conversation que l'on avait eue ensemble et au cours de laquelle je t'avais demandé si tu avais déjà utilisé le mensonge comme argument dans la vie intellectuelle. Tu m'avais répondu que non. Est-ce que l'on peut partir de ce principe pour parler de l'intégrité en milieu intellectuel ?

MICHEL WIEVIORKA : Le pire des crimes pour un intellectuel c'est le mensonge, et on pourrait ajouter le plagiat qui appartient à la même famille. Je ne vois pas comment quelqu'un qui doit dire le vrai, la vérité, peut utiliser des arguments mensongers, même si c'est pour imposer la vérité. Cela me semble inacceptable.

P.B. : Est-ce que dans ton environnement professionnel tu as été confronté à ce genre de cas ? Vois-tu cette pratique se répandre, se banaliser ou penses-tu que le milieu intellectuel français est en majorité préservé de ce mal ?

M.W. : Nous sommes partiellement préservés de ce mal pour plusieurs raisons. La plus importante aujourd'hui tient à la formidable démultiplication de tout ce qu'apporte le numérique. Aujourd'hui, si je mens sur les faits ou sur les données, si je dis par exemple que la production de charbon de tel pays est de tant de millions de tonnes, en mentant sciemment pour appuyer une démonstration, à la seconde qui suit je peux être démenti, la vérification est aisée. D'autre part, je constate que l'espace public inclut toujours des personnes portées par des logiques de soupçon et de dénonciation et qui n'ont qu'une hâte, c'est de s'assurer que ce que tu dis est faux pour pouvoir le contester. Ces personnes peuvent s'exprimer en ligne aisément et pas nécessairement à tort même si c'est généralement – j'en ai parfois souffert – pour dénigrer de manière infondée et méchante. Mais il n'est pas toujours facile d'imposer le vrai et même, tout simplement, de créer les conditions du débat qui permettront d'aller au bout d'une affirmation vraie. Il n'est pas toujours facile d'être intègre.

P.B. : L'espace public permet en effet de démentir, de déceler les supercheries, les informations mensongères mais dans le même temps on constate que la plupart des intellectuels faussaires que j'ai stigmatisé dans mon précédent livre et autour desquels règne un assez large consensus continuent à pérorer et triompher médiatiquement. Donc le fait de démonter les mensonges, les contradictions de quelqu'un n'est pas un frein médiatique pour autant.

M.W. : Il ne faut pas être naïf. L'opinion, ou certains secteurs de l'opinion, fonctionnent autrement que sur le seul mode de la raison. Les affects, les passions, les idéologies, les orientations religieuses. toutes sortes de choses, de phénomènes relèvent d'un autre registre que la raison. Or, l'intégrité, à mes yeux, va avec la rationalité. On peut être ailleurs que dans celui de la raison et intègre, bien entendu, mais dans le débat d'idées, si on n'est pas dans la rationalité, tout est possible. Notre monde ne vit pas que de rationalité. Je suis de moins en moins étonné de voir, dans divers domaines, que des faussaires peuvent revenir, triomphants, après avoir été démasqués, et qu'une personnalité corrompue qui a triché, falsifié, revient sans vergogne et, par exemple, est élue.

La question peut être abordée du point de vue de l'exigence personnelle de chacun d'entre nous, intellectuels : suis-je bien capable de fonctionner de manière rationnelle, d'écouter les arguments des uns et des autres, de débattre de manière exigeante, avec moi-même et avec autrui ? Elle peut aussi être examinée du point de vue du public et de sa capacité à fonctionner de manière purement rationnelle.

Ce qui ne se vérifie jamais entièrement. En tout cas la rationalité des uns et des autres n'est pas de même nature.

P.B. : Est-ce que ce n'est pas aussi désespérant pour un intellectuel qui essaie de mieux faire comprendre les enjeux sociétaux ? Et d'autre part puisque tu disais que l'espace public permettait de plus en plus de démentir, à quoi cela sert, si la malhonnêteté n'est pas sanctionnée, de savoir que quelqu'un est malhonnête ?

M.W. : Les gens ont besoin de rêver, d'être flattés, d'être entendus, et cela vaut aussi pour l'intellectuel qui raisonne, mais qui souhaite aussi être entendu, trouver son public, une audience. Du coup, un démagogue, un populiste, y compris dans la vie intellectuelle, peut faire des ravages. Quoi que l'on fasse, il n'y aucune raison de penser que seuls les arguments rationnels commandent notre vie collective. Ils doivent en principe commander notre vie intellectuelle, mais dans la pratique, celle-ci ne peut être entièrement dissociée du monde où elle se construit et se diffuse, de la société où nous vivons, et où cela se passe autrement.

Si je suis invité sur un plateau de télévision pour un débat, bien sûr, je réfléchirai aux arguments que je vais utiliser : je me préparerai de façon à être scrupuleusement honnête, intègre. Mais je me dirais aussi : « n'ai-je pas un bon mot à lancer qui mettra les rieurs de mon côté, une anecdote à mettre en avant qui me permettra de gagner des auditeurs sur un mode émotionnel ? Est-ce que je ne pourrais pas provoquer sur le plateau untel en face de moi pour le décontenancer et qu'il s'énerve dans son argumentation jusqu'à en être fragilisé ? Est-ce que je ne pourrais pas, par quelques mots respectueux ou d'adhésion, passer au contraire une sorte d'alliance avec tel autre participant au débat, ce qui me donnera plus de poids ? » Je ne serais pas malhonnête, je jouerais le jeu du spectacle mais ce faisant je ne serais pas uniquement sur le registre du pur échange d'arguments rationnels.

P.B. : Oui mais tu ne transgresseras pas les règles de l'intégrité intellectuelle en utilisant des méthodes qui ne sont pas purement rationnelles mais qui rendent plus attractives le débat. Il y a une différence entre rendre plus attractive une argumentation et de la fausser.

M.W. : Je ne fausserai pas l'argumentation bien sûr. Il peut m'arriver d'avoir tort, de me tromper, et, surtout, de ne pas être assez informé. J'éprouve souvent le sentiment de l'imposture – d'avoir accès aux médias là où d'autres seraient certainement plus compétents que moi. Je me dis alors : « tu as la chance de pouvoir t'exprimer dans les médias, de pouvoir écrire des articles, y compris dans des revues scientifiques, des publications très sérieuses, mais il y a tellement de choses que tu ignores y compris sur ce dont tu parles ! » Je me fais régulièrement ce genre de remarques, ce qui reflète un autre aspect du problème : comment savoir jusqu'où je maîtrise ce dont je parle ? J'aime argumenter, débattre puisque j'ai même créé il y a une douzaine d'années un journal dont c'était la raison d'être, *Le Monde des débats,* qui fut assassiné par Jean Daniel lorsque *Le Nouvel Observateur* en est devenu l'actionnaire principal deux ans plus tard. Je ne suis jamais certain à cent pour cent d'avoir raison. J'aime faire valoir mes idées, mes analyses, mais je sais aussi que mon ignorance est grande, y compris dans des domaines où l'on me reconnaît une compétence.

P.B. : Ça, c'est le jeu médiatique qui veut que dès que tu es connu on t'appelle parce qu'il faut combler des vides et notamment des émissions, c'est moins vrai dans la presse papier. Avec la multiplication des chaînes télévisées, le nombre de cases à remplir est beaucoup plus important et on arrive à être sollicité, y compris sur des sujets sur lesquels on n'a pas de légitimité ni de compétences. Est-ce que tu dis parfois « je ne comprends pas pourquoi on fait appel à moi » et tu refuses une sollicitation médiatique car tu ne te sens pas légitime pour t'exprimer sur un sujet ou est-ce que le fait d'être sociologue permet par l'approche sociologique de pouvoir avoir une réflexion y compris sur des domaines dont on n'est pas un spécialiste ?

M.W. : Jean-Paul Sartre a fait une série de conférences au Japon au début des années 1970 où il s'interroge : « Qu'est-ce qu'un intellectuel ? » Il a une phrase qui m'a impressionné et que je cite de mémoire :

« Un intellectuel, c'est quelqu'un qui se mêle de ce qui ne le regarde pas ».

P.B. : Contrairement aux savants.

M.W. : L'intellectuel est quelqu'un qui va vouloir mettre en avant le vrai, mais de quelle vérité s'agit-il ? L'intellectuel à la Sartre est engagé politiquement, il est l'héritier d'une tradition qu'on peut appeler morale et politique : Voltaire et l'affaire Callas, Zola et l'affaire Dreyfus. Au passage : Zola s'était très sérieusement préparé, comme un vrai scientifique, pour rédiger *J'accuse,* il ne l'a pas écrit en quelques minutes sur un coin de table. C'est un texte très travaillé, très documenté. Être un intellectuel exige selon moi de la rigueur, la maîtrise de toutes sortes d'éléments qui entrent dans la définition du problème qu'il s'agit de traiter. L'intellectuel ne peut pas être coupé des réalités empiriques, c'est pour cela que je suis sociologue ! Je pense que les sciences sociales apportent la figure de l'intellectuel de notre époque : celui qui essaie d'avoir des idées, bien sûr, mais aussi de circuler en permanence entre les idées et les faits. À partir de là, je voudrais signaler deux problèmes qui nous font basculer dans de nouveaux questionnements. Premièrement, le danger existe de confondre l'intellectuel et l'expert, celui qui connaît la réalité empirique. Une chose est d'être un intellectuel, porté par une capacité de produire des connaissances et éventuellement de chercher à entraîner des convictions. Une autre est d'être un expert qui mobilise des connaissances et un savoir plus ou moins technique au service d'une force politique ou économique, d'un État, d'un pouvoir, d'un décideur, d'un contre-pouvoir. La pure expertise mérite le respect mais elle ne peut pas tenir lieu de vie intellectuelle.

Deuxièmement, et là je parle en tant qu'observateur de ma propre discipline, du domaine dans lequel je travaille : il y a une tendance très forte depuis la fin des années 1970, dans les sciences sociales, à prendre beaucoup de distance par rapport aux grands systèmes théoriques, mais aussi par rapport à la vie publique et à la politique. On a pu y voir l'épuisement de l'idéologie, du marxisme dans ses pires errements, la fin des « grands récits ». Les chercheurs des générations plus jeunes sont bien mieux formés que la mienne, ils sont plus forts théoriquement, ils ont une vie internationale et participent à des réseaux planétaires. Mais ils sont spécialisés, comme enfermés dans une niche. Je vais prendre un exemple fictif, celui du spécialiste de la selle de chameau au Proche-Orient. Il connaît tous les spécialistes dans le monde entier qui travaillent sur cet objet, il est dans des réseaux qui en traitent, il a lu tout ce qu'il fallait lire, il a des bases théoriques solides. Mais il est incapable de participer à des débats où l'on discute des problèmes contemporains, où l'on parle politique, histoire, il est limité à sa niche et ne monte pas en généralité. Le problème n'est pas seulement d'être intègre, il est aussi d'être ouvert et capable de circuler entre la production de connaissances précises parce qu'on ne peut pas tout connaître, et la participation à la vie intellectuelle générale qui ne soit pas coupée de connaissances précises et qui fonctionne à un autre niveau. Blaise Pascal l'a dit bien avant moi, l'idéal de l'honnête homme est de savoir quelque chose de tout, plus encore que de savoir le tout d'une chose. Et c'est là que la question de l'intégrité est très importante. Plus on est dans des débats généraux politiques, historiques, plus on risque d'être imprécis voire de verser dans l'imposture et d'être tenté par certaines facilités. Pas forcément celles du mensonge ou de la falsification mais des arrangements pour avoir raison. Quand on est dans sa niche très spécialisée, sur la selle de chameau au Proche-Orient, si on dit qu'elle a été fabriquée de telle ou telle manière, par telle catégorie d'artisans, avec tel et tel matériaux, tels et tels outils, pour tel et tel usage, à destination de telle et telle clientèle, on est dans du solide et on ne risque pas un manque d'intégrité – sauf à avoir une personnalité de faussaire. Mais il y a des domaines où des gens ont fait des pires folies, d'énormes falsifications. Le problème de l'intégrité de l'intellectuel se pose pleinement lorsqu'il est relié à celui de sa capacité à intervenir dans le débat public de manière générale. L'intégrité dans ce cas, c'est la capacité à écouter les autres tout en défendant un point de vue que l'on a soit même construit. C'est paradoxal : comment écouter les autres et être capable de changer de point de vue tout en argumentant pour défendre et promouvoir sa position initiale ? Comment ne pas être une girouette qui change d'avis en permanence, et savoir bouger ? Chaque fois que je fais une recherche j'en sors transformé. Je démarre avec mes idées, mes hypothèses, mes premières lectures, mes entretiens préparatoires, je fais mon travail de chercheur, et… j'en sors différent. L'intégrité c'est accepter d'être transformé soit par la pratique sociale soit par les analyses des autres, ce qui n'est pas toujours facile ni toujours agréable car il faut rester soi-même – j'allais dire dans son intégrité intellectuelle.

P.B. : Et par rapport au système médiatique qui pousse à intervenir sur des sujets sans y être légitime, penses-tu qu'il y a une dérive dans ce domaine ou que ce n'est pas un phénomène fondamentalement nouveau ?

M.W. : Certains intellectuels se mettent à distance des médias, d'autres au contraire, plongent dans ce bouillon de culture et c'est évidemment vite dangereux. Il y a vingt-cinq ans, je pouvais écrire presque autant que je voulais dans *Libération*, ma relation avec les responsables des pages « Rebonds » était ainsi faite. Il était convenu qu'une fois par mois j'enverrai une page. Je me suis aperçu au bout d'un certain temps que je commençais à renverser l'ordre entre fins et moyens. Au lieu de me dire : « il faut absolument que je fasse passer telle idée, que j'informe les lecteurs de *Libération* sur mon approche de tel problème », je me disais : « que vais-je bien mettre dans ma tribune ? » Quand j'ai pris conscience de cette dérive, j'ai arrêté pendant un moment. Il faut savoir aussi arrêter, résister à cette tentation d'écrire parce qu'on a une tribune réservée. Un autre risque consiste à s'abandonner à une sorte de toxicomanie médiatique, une addiction. Les médias apportent des gratifications immenses immédiates et violentes. Tu passes à la télé et si c'est une émission importante, *C dans l'air* par exemple, les gens dans la rue te disent bonjour sans même savoir pourquoi. D'un seul coup tu as acquis une énorme visibilité, une légitimité, tu as été « vu à la télévision ». Je connais des chercheurs pour qui c'est vital. Cette nécessité de se donner en spectacle, de participer à ce jeu médiatique est extrêmement malsaine. Car pour rester dans la course on va à coup sûr faire des bêtises. J'ai quelques amis qui ont eu des poussées de fièvre médiatique dont ils ont eu beaucoup de peine à se remettre. Un chercheur inconnu qui a mis le doigt sur un problème qui va rentrer au cœur de l'actualité pour une raison inattendue voit d'un seul coup les équipes de télévision et de radio faire la queue devant son bureau. Les collègues sont fous de jalousie, il en jouit aussi. Et pendant une semaine, journalistes, cameramen, preneurs de son venus du monde entier piétinent devant sa porte. Puis l'actualité passe, le problème qui avait été au cœur de l'actualité est oublié et le chercheur en question tombe de très haut. Cela fait partie de l'intégrité intellectuelle que de savoir gérer les fièvres médiatiques, ne pas se laisser prendre dans une sorte de dérive narcissique qui vous fait monter très haut pour redescendre très bas et ensuite être déprimé. Les médicaments, l'hôpital psychiatrique peuvent être la conclusion provisoire, je l'ai constaté, et, plus souvent encore, le passage d'une logique d'intellectuel intègre à celle de gestionnaire de sa carrière médiatique…

P.B. : Et par rapport aux intellectuels qui, par principe, refusent de parler aux médias en disant que c'est une perte de temps, que ce n'est pas la bonne façon de s'exprimer et que c'est contraire au travail intellectuel, est-ce qu'ils ne loupent pas une occasion de pédagogie ? N'est-ce pas, après tout, un moyen de trouver un public ? N'y a-t-il pas, entre l'addiction médiatique et le refus pur et dur et intégral du système médiatique, un juste milieu qui respecterait à la fois le métier de chercheur et son recueillement nécessaire et la conception du métier qui repose aussi, après tout, sur le devoir d'atteindre le public, ce que les médias permettent de faire ?

M.W. : Je suis du côté de ceux qui pensent que l'intellectuel, le chercheur doit être présent dans le débat public, mais pas n'importe comment, pas à n'importe quel prix, pas sans être préparé, pas sur des sujets qu'il connaît peu ou mal. À partir du moment où je suis rémunéré par la puissance publique, par la collectivité, ce qui est le cas de la plupart de chercheurs, j'ai une responsabilité. Je dois produire des connaissances et je suis éventuellement concerné par leur diffusion. Mais comment participer à cette diffusion ? L'intellectuel qui se retrouve dans une émission où on se balance des tartes à la crème à la figure ne peut pas parler de choses sérieuses, il est mis au niveau de « people », d'amuseurs, il participe à un jeu pour lequel il n'est pas fait. Mais la participation à la vie médiatique, avec toutes ses limites et ses défauts, me semble nécessaire. Personnellement, je n'ai jamais eu de difficulté à dire les mêmes choses avec les mêmes mots ou presque, devant mes étudiants de troisième cycle à l'École des hautes études en sciences sociales (EHESS) et sur une radio populaire. Le chercheur doit pouvoir, sans jargonner ni se trahir, dire les choses. Et il lui faut savoir accepter le débat, y compris avec des gens avec qui on n'a pas forcément envie de débattre. Cela fait partie aussi d'une certaine intégrité. Si mes idées sont vraies ou justes, je dois les présenter et les soumettre à la critique. Aujourd'hui, celle-ci n'est pas simplement celle que peuvent apporter mes collègues, mes pairs. Leur jugement est important. Je n'aimerais pas que dans une revue professionnelle de sociologie, on m'épingle en disant que ce que j'écris n'est pas sérieux, que je n'ai pas constitué mon échantillon selon les règles de l'art, que j'ai bidonné mes entretiens et que mes analyses ont oublié de prendre en compte les travaux antérieurs de untel ou untel. Mes pairs peuvent ne pas être d'accord avec moi, bien sûr, mais s'ils reconnaissent le sérieux de mon travail, tout va bien. Le jugement de mes étudiants est également important. Mais étant donné le genre de problème qui m'intéresse, je n'ai pas le choix, je dois m'exposer à d'autres appréciations que celles de mon milieu professionnel et universitaire. Je ne suis pas un érudit qui travaille sur des sujets pointus qui ont peu de chance de trouver leur place dans le débat public, pour autant, il faut de l'érudition, des spécialistes, qui d'ailleurs un jour peut-être rentreront dans le débat public. Après tout, l'Afghanistan il y a quarante ans, tout le monde s'en fichait, il y avait certainement quelques érudits spécialistes de ce pays, jamais sollicités, et puis d'un seul coup ce pays devient un sujet d'actualité et les médias ou les pouvoirs publics ont tout eu à gagner à pouvoir consulter ces érudits. En dehors de ce type de situation, il y a beaucoup d'érudition dans notre société qui n'a pas à être exposée au débat public. Par contre, sur les sujets qui nous rapprochent, il faut être présent. Ne serait-ce que parce que la bonne monnaie chasse la mauvaise et pour éviter que le débat public ne soit alimenté uniquement à partir de connaissances superficielles, journalistiques ou idéologiques, éventuellement orientées.

P.B. : La différence serait de savoir si l'on conçoit notre métier comme portant une mission d'information vers le public ou comme moyen d'accéder à une tribune médiatique pour influencer ce dernier en fonction de tel ou tel intérêt ?

M.W. : Le public peut être intelligent ! Il aime aussi être flatté, il faut savoir conjuguer des éléments rationnels et une mise en scène qui puisse l'attirer vers un type d'argumentation.

P.B. : Pour revenir au point de départ, dans ce combat un peu éternel entre l'information et la désinformation, entre l'intégrité et les faussaires, penses-tu, même si les turpitudes des uns sont connues et ne sont pas toujours sanctionnées, qu'il y a tout de même un progrès ou une dégradation ? Le prix du mensonge est-il plus important aujourd'hui qu'il y a vingt ans ou cela reste-t-il neutre et grosso modo les pièces sont redistribuées de la même façon ?

M.W. : Aujourd'hui, il est plus difficile de mentir brutalement, frontalement, donc l'évolution semble aller dans le bon sens. Les disciplines qui sont celles auxquelles je me réfère en sciences humaines et sociales sont en passe de constituer le cœur de la vie intellectuelle. Sur n'importe quel dossier, on demande à un anthropologue, un sociologue, un politologue d'apporter un éclairage, et c'est extrêmement important. Cela veut dire qu'on fait appel à des intellectuels qui savent articuler l'élaboration un peu abstraite et un savoir concret, mais aussi le meilleur de l'analyse rigoureuse et la clarté d'expression. Je suis toujours choqué quand une figure de l'intellectuel de type classique, sartrien, va passer deux jours dans un pays éloigné et revient en faisant la théorie de cette partie du monde. Je le dis sans jalousie, mais avec tristesse. En tout cas, c'est une façon de fonctionner qui ne m'intéresse pas. Mais peut-être cet intellectuel classique aura-t-il attiré mon attention sur un problème, une situation auxquels je n'étais pas attentif, et le côté moral ou éthique de son intervention pourra jouer.

Il faut distinguer les connaissances concrètes, expertes, empiriques de ce qu'apportent des gens comme moi. J'ai été en mon temps un bon connaisseur du terrorisme. J'avais lu tout ce qu'il fallait lire, j'avais beaucoup enquêté sur le terrain. Mais si j'ai apporté quelque chose, ce n'est pas tant une connaissance experte qu'une façon d'aborder ces problèmes. Quand il y a des événements terroristes, tout le monde en parle, dès que c'est terminé, on ne s'y intéresse plus. Quand la question est sur le devant de la scène, c'est avec des questions auxquelles je ne peux pas répondre, et quand on n'en parle pas, personne ne s'intéresse à mon travail ! Ce n'est jamais le bon moment.

P.B. : N'est-ce pas là l'un des sujets le plus vécu sur le mode dramatique et émotionnel et à propos duquel le nombre de faux experts en circulation est le plus important ?

M.W. : Exact. Les connaissances dont on a besoin à chaud, le jour où les bombes explosent, où les attentats se multiplient, ne sont pas celles que peut apporter le sociologue. Par exemple, je connaissais bien le dossier basque, les questions de l'ETA mais jamais je n'aurais été en mesure de prévoir ce qui allait se passer à tel endroit, d'apporter des informations quelconques utiles directement et immédiatement aux responsables politiques. Mon rôle était d'intervenir sur la longue distance pour proposer des façons d'analyser ces phénomènes et pas du tout de tout dire sur l'évènement qui venait de se produire.

Si l'on veut que le public réfléchisse au terrorisme à travers les médias, il faut se demander comment rendre utile un savoir qui ne peut véritablement servir que sur la longue durée, en dehors de l'actualité. Et lorsqu'il y a des événements terroristes, il faut des bateleurs d'estrades qui sont certainement d'un autre type que moi. On sait, dans les rédactions, que j'ai travaillé sur ce sujet dans des journaux. Je suis donc dans la rubrique terrorisme du carnet d'adresses de certains journalistes, et on me téléphone en cas d'actualité. J'arriverais sur un plateau télé ou de radio ou dans une rédaction, ce serait en sachant que ce que j'ai à dire ne correspond pas vraiment aux questions que tout le monde se pose à ce moment-là. Oui, il y a beaucoup de faux experts, et de l'expertise qui tourne en rond. Le flic parle à un journaliste, le journaliste parle à un avocat, l'avocat parle à un magistrat, le magistrat parle à un flic. Tout ceci se nourrit en boucle. J'ai entendu un jour Gilles Kepel dire très justement qu'« en matière de terrorisme ceux qui savent ne parlent pas, ceux qui parlent ne savent pas » .

P.B. : Tu te définis comme étant engagé mais non militant. Est-ce que tu peux développer, est-ce la quintessence même de ta conception du rôle de l'intellectuel ?

M.W. : Je pense que l'intellectuel doit être libre, y compris et surtout vis-à-vis de ceux dont il se sent le plus proche. J'ai toujours été proche de la CFDT, et j'ai très tôt compris que si je voulais discuter avec elle, il fallait que je sois en dehors. Je n'ai jamais été encarté dans un parti et depuis une bonne vingtaine d'années j'ai une relation amicale et intellectuelle avec Martine Aubry et son entourage, mais toujours sans adhérer ni même militer. Si je suis membre d'un parti et que l'on m'invite à une émission de télévision, alors la personne qui me reçoit devra automatiquement inviter un membre du parti opposé. Pas si je suis un intellectuel tout court avec mes orientations. La participation à la vie publique est corrélative de l'indépendance : je peux avoir des sympathies mais il faut être indépendant, sinon on devient un idéologue, un intellectuel organique, un chien de garde à la limite qui ne dit que ce que le parti attend qu'il dise.

P.B. : Et en même temps tu as dénoncé la thèse de la neutralité absolue du chercheur. Pour toi, un chercheur ne peut pas être neutre.

M.W. : Effectivement, cela n'existe pas. Non pas que le chercheur soit l'agent plus ou moins conscient d'une force politique ou autre, mais le simple fait de s'intéresser à certains objets plus que d'autres, d'être en relation avec quelqu'un ou des groupes oblige le chercheur à s'interroger, comme on dit, à sa relation à l'objet, qui est aussi un rapport à des sujets. Il n'est pas extérieur à ce qu'il étudie. Construire une fausse neutralité est impossible, l'enjeu est de produire des connaissances qui incluent une réflexion sur son propre rapport à ce que l'on étudie, c'est d'être capable de s'auto-distancier analytiquement, non pas pour gommer la distance mais pour mieux la penser. Cela me semble décisif. Lorsque j'ai étudié le terrorisme, j'ai bien sûr rencontré des terroristes, et quand j'ai étudié le racisme, j'ai rencontré des racistes. Je n'étais pas neutre, mais je n'étais ni antiraciste, ni anti-terroriste. J'étais un chercheur qui essayait de comprendre en entrant en relation avec les acteurs. Comment étaient-ils devenus terroristes, ou racistes, ce que cela implique pour eux.

P.B. : Tu disais que l'un des dangers qui pèse sur l'intellectuel est la spécialisation qui enferme dans un problème et qui empêche de penser global. Est-ce que l'autre danger qui est lié et qui va dans le même sens ce n'est pas la réactivité, le fait que le temps s'accélère ? Le fait qu'on n'ait plus à attendre un livre à la bibliothèque pour faire une thèse, que l'on ait accès à l'information beaucoup plus vite…

M.W. : La spécialisation est nécessaire mais j'ai déjà évoqué Blaise Pascal pour qui il faut connaître tout d'un peu et un peu de tout. Il faut savoir de quoi l'on parle : la spécialisation est un ancrage à partir duquel on peut passer à des discussions, des échanges plus larges. Il ne faut pas que cela enferme, mais au contraire laisser ouverte la discussion. J'ai beaucoup gagné lorsque je travaillais sur le terrorisme, à discuter avec des gens travaillant sur d'autres objets politiques, sociaux, culturels. Un intellectuel qui n'aurait aucune spécialisation, cela deviendrait rapidement une figure morale ou politique, ce n'est pas forcément ce dont nous avons besoin.

Oui, il y a accélération, comme le montre par exemple Paul Virilio, et la technologie nous fait travailler beaucoup plus. Elle ne nous libère pas, elle nous insère dans un autre système de travail. On peut en une journée recevoir et répondre à plusieurs à plusieurs dizaines de messages alors que dans le passé nous n'aurions pu répondre qu'à quelques lettres. Oui il y a pression et accélération liées à bien des égards à la mondialisation et à l'évolution technologique. La vie intellectuelle passe de plus en plus et cela par le numérique d'au moins trois façons différentes. En premier lieu, le numérique permet d'accéder à des informations, des données, des objets nouveaux. Prenons l'exemple d'un chercheur qui aurait voulu il y a cinquante ans étudier le point-virgule chez Durkheim. Il en avait pour des années à lire son œuvre intégrale et à rechercher tous les points virgules. Aujourd'hui, il suffit de quelques clics sur un ordinateur et tout de suite l'information nécessaire apparaît, le chercheur peut commencer à réfléchir. Dans l'ensemble selon moi, ce n'est pourtant pas là que la nouveauté est la plus exaltante. Grâce à Google on peut rechercher toutes les occurrences d'un ou plusieurs mots, dans des corpus gigantesques, mais pour l'instant l'usage qui est fait de ce type de possibilités n'est pas bouleversant intellectuellement. Toujours est-il qu'à ce premier niveau, il est possible d'accéder à des données de manière inédite, ce qui fait d'ailleurs que la conception d'une bibliothèque de recherche ne peut pas du tout être la même que celle qu'on pouvait avoir dans un passé récent. En second lieu, le numérique nous permet de discuter avec beaucoup plus de monde de nos propres travaux, de nos propres recherches. Si j'écris mon article sur la selle de chameau en Palestine, je peux le mettre sur le réseau, bénéficier des remarques, critiques, apports de spécialistes du monde entier qui réagiront, et de personnes qui sans être des chercheurs professionnels m'aideront aussi. J'entrerai dans une communauté intellectuelle beaucoup plus large et mon travail pourra se transformer. D'ailleurs, un risque ici, c'est la disparition de l'auteur. Qu'est-ce que l'auteur dans ces forces originales très personnelles, dans un système où tout le monde alimente tout le monde ? J'imagine mal un Roland Barthes s'imposant à travers ce genre de démarche. Ce côté interactif fait qu'on aura plus d'intégrité car j'écrirai un premier jet, les gens le mettront en discussion, ils réagiront. Si je suis honnête, je retravaillerai et j'intégrerai tout cela, et au bout du compte, j'aurai produit quelque chose de bien documenté, bien pensé car j'aurai répondu à beaucoup d'objections, tenu compte de nombreuses remarques, objections, critiques et aussi apports de connaissances. En troisième lieu commencent à se mettre en place des démarches de production de connaissance dans lesquelles le chercheur se met en réseau, en interactivité avec ceux qu'il étudie. Un exemple concret : j'ai fait passer une thèse sur le « school shooting », ces adolescents et jeunes américains qui rentrent dans une école et tuent un grand nombre d'élèves et d'enseignants, comme au lycée Colombine aux États-Unis. Le matériau de la chercheuse était fait de vidéos accessibles sur Youtube qui commentent ou ont quelque chose à voir avec le « school shooting ». C'est très intéressant car il y a des gens qui dénoncent ces actes et d'autres qui les soutiennent et font preuve de compréhension vis-à-vis des tueurs. Les auteurs d'un « school shooting » peuvent poster sur Youtube des vidéos qui permettent de constater ce qu'ils ont voulu faire. Et j'ai fait remarquer à cette chercheuse qu'au-delà du progrès formidable qu'il y a à utiliser ce genre de matériau, elle pourrait à l'avenir poursuivre sa recherche en entrant en interaction avec ces personnes qui postent leurs vidéos sur Youtube. Je pense que la recherche en sciences humaines et sociales va entrer dans l'ère numérique beaucoup plus nettement. Des méthodes nouvelles, des paradigmes nouveaux vont émerger.

Nous parlons avec inquiétude d'accélération, c'est la face négative de cette pression qu'imposent entre autres internet et les nouvelles technologies. Mais ce n'est qu'une dimension d'une mutation, de l'entrée dans une nouvelle culture.

Catherine Wihtol de Wenden, politologue tranquille et combattante

La saga familiale de Catherine Wihtol de Wenden la disposait sûrement à devenir une spécialiste des flux migratoires. Son arrière-grand-père paternel est originaire de Wenden près de Riga en Lettonie (aujourd'hui Cesis) qui faisait alors partie de la Russie. Après avoir vécu quelques années en France, il part en Amérique latine pour travailler dans les chemins de fer de la compagnie du Rio Parana, et revient en France. Son grand-père, fils de ce dernier, élevé en Uruguay au collège allemand puis rentré en France, part à nouveau pour l'Uruguay après la Première Guerre mondiale et travaille sur place pour le compte d'une entreprise française, ce qui lui permet d'obtenir la nationalité. Après un passage en Argentine, il s'établira définitivement en France après la crise de 1929. Sa famille maternelle, Scherrer (le couturier

Jean-Louis Scherrer est son cousin) est originaire d'Alsace et s'est installée en Savoie après 1870.

Catherine naît en 1950 dans l'Aisne où ses deux parents sont professeurs de lycée. Le département qui a une riche économie rurale est touché par le phénomène migratoire car il connaît une forte demande de main-d'œuvre agricole, notamment dans la culture de la betterave sucrière. « L'histoire de ma famille, une histoire d'errance, m'a conduite très naturellement et très tôt à m'intéresser au sort de ces gens transportés hors de chez eux par les nécessités de la vie », confiera-t-elle à Daniel Bermond[1].

Après avoir obtenu son bac à 17 ans, elle intègre Sciences po et la faculté de droit de Paris, poursuivra ses études par un doctorat et deviendra chercheur au CNRS puis également enseignante à Sciences po. Son doctorat de troisième cycle a pour titre « L'univers politique des immigrés dans le département de l'Aisne ».

Elle se souvient qu'enfant elle voyait son père, élevé en Uruguay et en Argentine, traduire des contrats de travail pour les Espagnols et Portugais qui venaient se faire embaucher pour l'arrachage des betteraves.

Elle dirige une étude sur les transferts de fonds des immigrés qui sera publiée aux PUF, *L'Argent des immigrés*, et entame un doctorat d'État sous la direction de Georges Lavau, portant sur « Les immigrés et la politique » et le soutient en 1986. Après avoir

1. *L'Histoire* n° 350, 28 janvier 2010.

dirigé pendant deux ans une étude de terrain chez Renault sur l'île Seguin à Billancourt, elle entre au CERI en 1986.

Après la chute du mur de Berlin, elle travaille sur les migrations Est-Ouest avec des chercheurs français, allemands, autrichiens, polonais et russes puis publie avec Bertrand Badie en 1994, *Le Défi migratoire, question de relations internationales*.

Dans *Faut-il ouvrir les frontières ?*, elle se montre critique envers les politiques européennes restrictives. À partir des années 2000, Catherine Wihtol de Wenden élargit ses recherches aux problèmes de discrimination d'une part, et de mondialisation des flux migratoires d'autre part, qu'elle impose comme étant un sujet stratégique.

Son *Atlas des migrations dans le monde : réfugiés ou migrants volontaires* lui vaut le prix Ptolémée en 2005 avec l'ensemble des Atlas monde des éditions Autrement. Il a été réédité en 2009 et en 2012.

En 2005, elle remet à l'Institut de recherches stratégiques de l'école militaire une étude sur les militaires français issus de l'immigration qui prendra la forme d'un ouvrage publié en 2007 avec Christophe Bertossi (*Les Couleurs du drapeau*) et qui rencontre un accueil peu amène dans l'institution. Le directeur civil de l'IRSEM, craignant pour son poste, veut que l'étude ne soit pas diffusée mais certains responsables militaires estimeront au contraire qu'elle a permis une prise de conscience et de ce fait d'améliorer la situation.

De 2003 à 2009, elle est membre de la Commission nationale de déontologie de la sécurité, présidente du groupe migrations de l'Association internationale de Sociologie après avoir été consultante auprès du Conseil de l'Europe, de la Commission européenne, de l'OCDE et du Haut Commissariat des Nations unies pour les réfugiés dans divers groupes de travail.

Elle est notamment membre des conseils scientifiques de l'IRSEM, de la région Île-de-France et de la Cité nationale de l'histoire de l'immigration.

Entretien avec Catherine Wihtol de Wenden

« Il y a un très grand académisme dans notre métier et beaucoup de conservatisme. »

Pascal Boniface : Quand vous avez commencé à travailler sur l'immigration, ce n'était pas vraiment un sujet de science politique, et vous avez donc été considérée comme un peu « à part ». Qu'est-ce qui vous y a amenée ? Et comment avez-vous affronté les réticences de vos pairs à parler scientifiquement d'un sujet qui était considéré comme non scientifique ?

Catherine de Wenden : En fait, j'avais eu envie, étant à Sciences po et en droit à Paris I, de faire de la recherche ou d'entrer dans l'enseignement supérieur, et l'immigration, c'est un peu une histoire familiale pour moi. Ma famille est d'origine balte, ce sont des minorités de l'Empire russe qui étaient parties au moment de la russification, à la fin du XIXe siècle, et elle a ensuite vécu en Amérique latine. Les questions de l'étranger, du réfugié, des titres de séjour, etc., c'était quelque chose qui était très habituel dans notre famille. Nous étions un peu dans ce bain « familial » et en cette période, il y avait beaucoup de migrants travailleurs qui venaient soit comme ouvriers agricoles soit comme ouvriers d'usine. Mon père qui parlait couramment l'espagnol – puisqu'il avait fait ses études en Amérique latine – aidait souvent à traduire des papiers pour les Espagnols et les Portugais qui travaillaient dans l'agriculture, là où il enseignait en Picardie. Et puis à Sciences po, j'avais moi-même été dans une association d'alphabétisation, Amitié sans frontières qui existe toujours, à Puteaux et on y trouvait beaucoup d'ouvriers immigrés de chez Renault. Ensuite, j'ai voulu faire une thèse sur ce sujet. Mon directeur de thèse, Georges Lavau, était tout ce qu'il y a de plus académique dans la science politique puisqu'il était directeur de la *Revue française de science politique*. Il considérait un sujet sur l'immigration de peu d'avenir pour faire une vraie carrière scientifique parce qu'à l'époque, ce qui était à la mode c'était l'avenir des parlements sous la Ve République, les groupes de pression ou encore la fascination pour le monde ouvrier, mais aussi les syndicats, etc. Donc tous ceux qui voulaient « faire une carrière scientifique » s'inscrivaient plutôt dans ces sujets-là, et non dans des sujets transversaux comme la question de l'immigration ou d'autres tels que la question du religieux, ou de l'environnement.

Ceci dit, le milieu des années 1970 est une période où il y avait énormément de contrats de recherche. Avant d'entrer à 29 ans au CNRS, en 1979, j'avais vécu comme chargée de TD en science politique à la faculté de Sceaux, et ai par ailleurs bénéficié de contrats de recherche car il y en avait beaucoup. On constatait une demande publique de meilleure connaissance de ces populations. Nous étions dans la période de l'immigration ouvrière qui vivait dans les foyers, on s'intéressait à la représentation de ces étrangers dans le monde du travail, et éventuellement affleurait déjà la question des droits politiques. Et puis toute une série de travaux étaient demandés sur la façon dont se géraient au quotidien les questions de logement, de relations avec l'administration. J'ai donc vécu de contrats et je me suis présentée au CNRS. À ma plus grande surprise, et sans doute aussi à la surprise de mon directeur de thèse, j'ai été recrutée lors de ma première candidature. Je ne connaissais pas tellement les règles du jeu, ni d'ailleurs des commissions, donc je pense qu'à l'époque j'ai été la première à travailler en science politique sur les questions de l'immigration et que sans doute les gens de la commission ce sont rendu compte que c'était un sujet émergent. Mais pour beaucoup à l'époque, travailler sur l'immigration, c'était encore travailler sur le monde ouvrier. Pour ma part je m'intéressais moins à cette logique d'incorporation (ou pas) des migrants dans la classe ouvrière puisque beaucoup de travaux étaient déjà menés par des marxistes, économistes ou sociologues.

Mon approche qui était celle de la citoyenneté, de la question des droits politiques, de leur présence et de la politisation de champs habituellement non-politiques. Par exemple la question du logement avec les grèves dans les foyers, la question des papiers avec la circulaire Marcellin-Fontanet de 1972 et des grèves de sans-papiers, y compris pendant toute la présidence de Valéry Giscard d'Estaing. Il s'agissait donc d'une inscription politique de cette question. Mais à l'époque j'étais surtout centrée sur la politique française et éventuellement sur des comparaisons européennes. J'ai la chance de relativement bien maîtriser l'anglais, ce qui m'a valu d'être insérée assez tôt dans toute une série de réseaux européens, ce qui fut une grande chance pour moi afin de travailler de façon comparative.

Ensuite, j'ai fait ma thèse et suis entrée au CNRS où j'ai rédigé, dans le cadre de l'un de ses programmes, une grande étude sur les ouvriers spécialisés chez Renault, ce qui m'a permis de passer deux ans dans les foyers mais aussi et surtout dans les usines de Billancourt et de l'Île Seguin. J'ai finis ma thèse d'État en 1986 avec, toujours comme directeur de thèse, Georges Lavau. J'avais déjà commencé à travailler depuis 1983-84 avec Rémy Leveau, ancien major de l'agrégation de science politique mais un peu non-conformiste en termes de recherche car il s'intéressait à l'islam. Là aussi, c'était un sujet nouveau. Gilles Kepel qui avait séjourné au CEDEJ du Caire s'était intéressé à l'émergence de l'islam en Égypte et avait d'ailleurs écrit *Le Prophète et le pharaon* sur ce sujet. Mais en France, c'était un sujet nouveau et qui n'intéressait pas parce que beaucoup de chercheurs étaient encore très marqués par un regard sur l'immigration, centré autour du travail, c'est-à-dire que l'on regardait l'immigré comme un ouvrier. On ne s'intéressait pas au « hors-travail » ni au fait qu'il pouvait avoir une religion qui était l'islam et aussi une famille puisque c'était l'époque du regroupement familial. Ce sujet était apparu sur mon terrain, notamment durant la période des grandes grèves dans l'automobile au début des années 1980. J'ai donc achevé ma thèse et ensuite travaillé pendant vingt-deux ans avec Rémy Leveau sur les questions d'islam et de politique dans l'immigration.

Par ailleurs, j'avais aussi mes propres thématiques. Parmi ceux qui m'ont également aidée dans ma « construction théorique », même si je ne suis pas tellement théoricienne, je dois citer Aristide Zolberg, professeur à la New School for Social Research, qui essayait de problématiser la question de l'immigration dans la science politique et m'a prodigué de précieux conseils. J'ai ensuite développé de nouvelles thématiques avec ma collègue Anne de Tinguy sur les nouvelles migrations Est-Ouest en Europe à une époque où personne ne s'intéressait à cela, juste avant la chute du Mur de Berlin. On découvrait alors les gens qui avaient fait un peu de terrain là-dessus, mais avec les « moyens du bord », aussi bien en termes de chercheurs que d'études réalisées. Ensuite, j'ai abordé de nouvelles thématiques, notamment sur la politique européenne de l'immigration qui semblait un peu austère, compliqué, incompréhensible, avec une abondante littérature grise et des articles en anglais. Aujourd'hui cela paraît banal que la plupart des politologues travaillent en anglais mais à l'époque il n'y en avait pas tant que ça. J'étais également un peu sollicitée par des revues, des éditeurs, et j'ai commencé à m'intéresser, à partir du milieu des années 1990, aux approches mondiales de l'immigration qui, là encore, ne réunissaient que peu de spécialistes alors que c'est devenu un enjeu international central. Aujourd'hui encore, on ne parle des migrations ni au G8, ni au G20 sans doute parce que l'on considère que c'est un sujet encore « indigne » de faire partie de ces grands forums entre chefs d'États puissants. Néanmoins c'est un sujet qui déterminera beaucoup d'enjeux du XXIe siècle. J'ai eu l'occasion de l'écrire pour l'IRIS et j'en suis tout à fait convaincue. Les questions de populations, d'environnement et d'urbanisation mêlées à celles de migration seront un enjeu central du XXIe siècle même si encore beaucoup ont une vision très classique des relations internationales. De ce fait je travaille dans la pluridisciplinarité même si ce n'est pas toujours très bien vu par certains de mes collègues très académiques parmi les politologues. Les relations internationales sont elles-mêmes un peu marginalisées, encore aujourd'hui, au sein de la science politique qui est très attirée par les politiques publiques et des approches mêlant sociologie électorale et sociologie traditionnelle. On constate tout de même une plus grande reconnaissance de la légitimité des sujets de recherche relatifs aux migrations.

Je le mesure, par exemple, au nombre de thèses qui sont soutenues aujourd'hui sur le sujet – je fais partie d'environ douze jurys de thèses sur l'immigration par an. De plus en plus de livres sortent sur la question, la demande sociale est considérable, des formations pour des associations, des syndicats, des ONG, des travailleurs sociaux, etc. Il y a également une demande de publications plus courtes comme des articles de journaux, des interviews, toute une série de productions pour des revues qui font partie de l'espace public et auxquelles je suis sensible car les chercheurs du CNRS sont payés par l'État et ont par conséquent des comptes à rendre à l'égard des citoyens. Je suis très attachée à être présente autant que je le peux à ce niveau. Il faut savoir être à la fois académique et non académique (sur la base du bénévolat) dans notre métier puisque nous sommes des chercheurs publics.

P.B. : Comment expliquer cette contradiction entre le désintérêt du monde scientifique et des responsables politiques – vous évoquiez le G8 – et, effectivement, un intérêt du grand public et de la plupart des acteurs sociaux à différents échelons ? Comment comprendre ce fossé ?

C.W.W. : En trente années de travail au CNRS, j'ai remarqué qu'il y a un très grand académisme dans notre métier et aussi beaucoup de conservatisme. Je crois que c'est un premier élément qui joue beaucoup : on est plus à l'aise dans les choses que l'on maîtrise mieux et pour lesquelles les sources sont facilement accessibles (comme les sources écrites). Un de mes professeurs, Alfred Grosser, avec lequel je suis restée liée, me disait qu'effectivement pour l'immigration il faut aller sur des terrains qui ne sont pas si faciles. Lorsque j'ai commencé à travailler, j'allais voir des immigrés que j'interviewais le week-end dans leur foyer ou des ouvriers agricoles qui habitaient dans de petites maisons en Picardie. Il faut tout de même les rencontrer et puis c'est aussi long de se faire accepter. Quand j'ai fait l'étude avec Rémy Leveau sur *La Beurgeoisie*, sur les associations issues de l'immigration et leurs leaders, on a mis longtemps à apprivoiser ce monde-là. Ils n'aiment pas cela. Certains sont en concurrence d'écriture et de reconnaissance médiatique avec les chercheurs, et donc pour être légitime il faut vraiment qu'ils nous fassent confiance. Ils seront d'autant plus sensibles qu'on ne leur fait pas de cadeau et j'avais beaucoup de craintes parce qu'on ne dit pas que du bien de tous ces anciens militants associatifs qui ont fait carrière. Mais ce qui m'a fait plaisir à la sortie du livre, c'est qu'ils m'ont dit : « on s'est bien retrouvé dans votre étude, c'est très juste. » J'ai considéré cela comme un éloge au travail long qu'on avait fait. Or, beaucoup d'académiques cherchent plutôt à faire une carrière « académique », c'est-à-dire qu'il faut ajouter des concepts nouveaux et l'immigration, alors, n'est qu'un prétexte. Ma spécialité serait plus l'immigration que la science politique ou les relations internationales car à Sciences po on est souvent spécialiste d'un champ, notamment au CERI où je suis très heureuse pour cette raison. Le premier laboratoire auquel j'ai appartenu était dirigé par Dominique Lahalle au CNRS ne fonctionnait pas selon ce principe. Ici, il y a des spécialistes du monde entier, d'abord spécialistes de leur champ, qui peut être la Chine, l'Amérique latine, le monde russe, avant d'être aussi, bien sûr, des politologues, des internationalistes. C'est une approche qui me plaît beaucoup car c'est une réelle approche de chercheur et pas nécessairement de quelqu'un qui ferait de l'académisme. Mais en science politique ou en relations internationales, faire carrière en autour de théories et de concepts est peut-être beaucoup plus « payant ». J'ai eu l'occasion d'en discuter avec une collègue de Paris I : mieux vaut s'intéresser de temps en temps à un thème comme l'immigration pour illustrer que tel modèle d'analyse fonctionne : même si la réalité va parfois à l'encontre de ce qui a été mis en relief, l'important est que le modèle fonctionne. Le thème devient prétexte – comme pourrait l'être l'environnement – pour l'analyse théorique et beaucoup vont de l'un à l'autre pour illustrer tel ou tel paradigme ou tel ou tel concept mais peu s'y plongent complètement. Cela permet aussi peut-être de masquer la difficulté d'accès au terrain et la réticence à la pluridisciplinarité. Pour ma part, j'ai aussi fait du droit et cela m'a beaucoup aidée pour travailler sur les réfugiés, le droit des étrangers ou la citoyenneté. Là aussi, c'est un terrain qu'il faut longtemps apprivoiser pour s'y sentir bien, c'est une difficulté supplémentaire.

Et, il faut le dire, c'est tout de même un sujet largement relégué aux femmes ou à des personnes issues de l'immigration parmi les académiques. Parmi ceux qui font des thèses, beaucoup sont eux-mêmes issus de l'immigration. Ce n'est pas un sujet aussi noble que de travailler sur la politique publique, sur telle question stratégique, sujets plutôt masculins où l'on est peut-être mieux reconnu – aux yeux de certains – dans les sphères du pouvoir. C'est un élément à noter.

P.B. : Quel est, selon vous, le rôle de l'intellectuel dans la cité ? En tant qu'intellectuelle, estimez-vous avoir uniquement pour rôle de parfaire les connaissances de vos contemporains ou également de les éclairer, de les faire réfléchir ? Comment vous définissez-vous par rapport aux champs spécifiques sur lesquels vous travaillez ?

C.W.W. : Il faut parfaire les connaissances, bien sûr. On a une demande croissante dans ce sens et je le vois avec la démographie. Avec le « dévieillissement » des seniors, les attentes vont croissant, notamment de la part de ce que l'on appelle les universités du temps libre, du troisième âge. Je vois des professeurs, d'anciens fonctionnaires qui ne connaissent pas nécessairement le sujet – c'est une question extrêmement polémique, controversée en permanence – qui sont contents d'y voir plus clair dans un débat aussi passionnel. C'est important en soi d'une part, et je pense qu'avec l'allongement de la durée de la vie et le fait que les gens soient comparativement plus « jeunes » qu'ils ne l'étaient il y a trente ans au même âge, les besoins vont augmenter concernant des sujets ardus comme les questions de l'immigration, les relations internationales ou d'autres thématiques d'autre part. Il s'agit non seulement d'informer, de parfaire les connaissances mais également d'aider à être davantage citoyen. Je fais partie depuis longtemps de la Ligue des droits de l'homme et je pense que la connaissance doit aussi servir à se mobiliser pour un certain nombre de causes. Je suis ravie d'intervenir assez souvent pour cette associations, de même que pour d'autres (Cimade, GISTI, Acat[1] par exemple) qui militent pour la progression des droits des étrangers, pour la conquête de nouveaux droits, etc. Je pense que sur ce point nous sommes complètement dans notre rôle de chercheur, sans être militant, pour aider à ce que des gens comme les militants professionnels se mobilisent sur des causes en pleine connaissance des éléments pour lesquels ils se battent.

P.B. : Vos recherches vous conduisent-elles à avoir certaines convictions ou, à l'inverse, vos convictions vous conduisent-elles à poursuivre certaines recherches ? Comment faites-vous la part des choses et trouvez-vous un équilibre ?

1. La Cimade est une association de solidarité active avec les migrants, les réfugiés et les demandeurs d'asile, le GISTI est le Groupe d'Information et de soutien des travailleurs Immigrés et l'ACAT est l'Association des chrétiens contre la torture.

C.W.W. : Ce sont plutôt mes recherches qui me conduisent à certaines convictions. Prenons l'exemple de la question du contrôle des frontières qui est aujourd'hui un sujet très sensible et a été débattu mille fois aussi bien en haut lieu politique que par toute une série d'acteurs sociaux, politiques, publics, etc. C'est ma connaissance de long terme des questions d'immigration qui me permet d'affirmer que la question du droit à la mobilité doit être défendue aujourd'hui comme droit de l'homme pour le XXIe siècle. Plutôt que d'avoir pour principe que les États « riches », c'est-à-dire les États d'immigration, aient le monopole de la définition des politiques migratoires et donc du contrôle des frontières, il faudrait élargir le débat puisque l'immigration, selon les rapports d'experts (OCDE, PNUD), est un facteur essentiel du développement humain. Puisque nous sommes là dans une contradiction essentielle, il faut se pencher de plus près sur la question du droit à la mobilité comme mode de vie. Pas nécessairement celui du droit à l'immigration pour une installation définitive ailleurs, mais celui d'une permission de vivre dans la mobilité, ce qui correspond d'ailleurs aux aspirations croissantes de catégories de plus en plus larges de migrants, une sorte de démocratisation du droit de migrer. C'est plutôt en tant que chercheur, en observant les nouvelles configurations migratoires, que j'aurais tendance à dire que c'est une cause qui correspond à des données économiques – les hommes sont toujours allés là où il y avait des richesses – mais aussi une cause scientifique pour le développement humain. C'est d'ailleurs ce qu'essaie de faire Kofi Annan à travers les forums mondiaux Migrations et développement depuis 2006. En même temps, le droit de migrer va être une cause de militance qui prendra peut-être des proportions aussi fortes que ce qu'a été le combat pour la suppression de l'esclavage aux XVIIIe et XIXe siècles. Je pense que la question du droit à la mobilité va être un débat récurrent pendant tout le XXIe siècle.

P.B. : Il suscite des réactions très vives et politiquement très marquées qui ne correspondent pas toujours, d'ailleurs, à un clivage droite-gauche.

C.W.W. : Absolument. C'est plutôt un clivage libéral/autoritaire opposant les défenseurs du libéralisme économique aux nationalistes, et les jacobins soucieux de la maîtrise étatique des frontières alliés aux défenseurs de l'État providence à la gauche libérale ouverte aux grands enjeux mondiaux.

P.B. : Comment expliquez-vous et comment luttez-vous contre ces réticences, voire ce courant d'hostilité aux migrants, au phénomène migratoire, aux immigrés eux-mêmes, qui s'est enraciné dans le débat public au cours des dernières années ?

C.W.W. : Il y a un véritable combat à mener. J'ai aussi travaillé sur les questions de discrimination et j'ai fait partie pendant six ans de la Commission nationale de déontologie et de la sécurité (CNDS) qui avait été présidée au début par Pierre Truche et qui a sensibilisé un peu l'opinion à la question des discriminations policières. J'ai également mené une étude sur l'armée qui a été très mal perçue par l'institution au début bien que – discrètement – un certain nombre de hauts gradés m'aient dit qu'ils étaient finalement assez d'accord avec tout ce que l'on disait dans l'étude et dans le livre qui a suivi. Il y a un énorme travail de formation à faire. Il faut sortir de la mentalité de la fin de la Guerre d'Algérie, qui règne encore dans les institutions d'autorité – police mais aussi justice. Cette formation sur la question des discriminations est d'autant plus nécessaire que la plupart des gens qui en sont victimes aujourd'hui ne sont pas des « autres » lointains, ce sont des Français. Il faut le répéter : on parle de relations entre Français, c'est absolument central. On manque de courage pour aborder la question de la formation aux discriminations comme on le fait au Royaume Uni et aux États-Unis où cela a porté ses fruits. Si Obama a été élu président des États-Unis, c'est le fruit de trente à quarante ans de ce combat, de lutte pour la visibilité des minorités dans des rôles autres que ceux qui leur étaient assignés. Au Royaume-Uni, la lutte contre les discriminations constitue l'essentiel de la politique d'intégration. En France on a beaucoup de retard là-dessus.

P.B. : Il est vrai que la Fondation Soros ou Amnesty international produit des rapports très sévères sur les forces de sécurité, ce que l'on ne constate pas dans des pays comparables, qu'il s'agisse des États-Unis, du Royaume Uni ou bien sûr de l'Allemagne.

C.W.W. : Il y a eu des affaires mais elles y ont été une source d'enseignement tandis qu'en France, toutes les émeutes urbaines, sans aucune exception depuis la fin des années 1970, sont nées d'un sentiment de discrimination ou de maltraitance policière : des bavures, des affaires qui ont mal tourné, qui ont été mal gérées, par des policiers très jeunes qui sont envoyés dans des quartiers difficiles et qui croient que c'est le « Far West ». Je crois qu'il faut travailler dans le sens de la réconciliation des populations des banlieues avec les policiers. Il faudrait aussi que quelqu'un qui fait le choix d'entrer dans l'armée, ce qui n'est pas évident pour un jeune issu de l'immigration dont les copains rigolent, se trouve bien accueilli, qu'il ne soit pas discriminé avec des allusions bizarres tout au long de sa carrière.

P.B. : Les conclusions de l'étude que vous avez faite pour l'armée montraient que c'était encore le cas.

C.W.W. : Bien sûr que c'était encore le cas. Les jeunes recrues issues de l'immigration étaient considérés comme les « arabes de service » quand il s'agissait d'envoyer l'armée dans les banlieues. Et lorsqu'ils sont allés en Afghanistan, on leur avait dit « là-bas t'es chez tes frères, t'es chez toi », etc., toute une série de propos qui ne devraient pas se produire aujourd'hui. Il y a des marins dont les prénoms sont gravés dans le bateau que l'on raye et des Karim X ou Y qui ont dû changer de prénom pour être plus à l'aise ; des choses comme celle-ci ne devraient pas avoir lieu. À Toulon, quand un jeune issu de l'immigration fait un contrôle à l'entrée de la ville, certains présentent leur carte du FN. Il y a une tolérance à l'égard de ces pratiques et bien sûr de bavures qui sont très souvent étouffées, qui ne devraient pas avoir lieu. Il faudrait mettre les choses sur la table, et on a vu beaucoup d'affaires mal gérées comme celles-ci à la CNDS pendant les six ans où j'y étais.

P.B. : À ce propos, votre conviction c'est que nous ne sommes pas encore sortis psychologiquement, cinquante ans après, de la Guerre d'Algérie. C'est encore un phénomène marquant ?

C.W.W. : Tout à fait. Il faut peut-être profiter de l'anniversaire de l'indépendance algérienne pour en tirer les enseignements puisque aujourd'hui ce sont de Français dont on parle. Par ailleurs, la France est un pays d'immigration important, le plus ancien en Europe, elle doit aussi en tirer les leçons car elle se revendique comme le pays des droits de l'homme, ce avec quoi elle a beaucoup de mal. Je le vois à la Cité de l'immigration, il est difficile de dire que leur histoire (celles des immigrés) est notre histoire et on n'attire pas les foules. On suscité l'intérêt des enfants des écoles, ce qui est très bien avec les formations, les expositions, les débats, les colloques, mais le grand public n'y va pas, alors que c'est un très beau musée.

P.B. : Ce musée n'a pas été mis en valeur par les instances de la République dès le départ.

C.W.W. : On a démarré dans un contexte extrêmement difficile. C'était la période Hortefeux, puis Besson, puis Guéant, donc le musée n'a jamais été inauguré parce que, d'une part sa création n'avait pas été décidée par Nicolas Sarkozy mais par Jacques Chirac, et d'autre part parce que durant cette période marquée par une vision très guerrière de l'immigration c'était presque impossible d'inaugurer un musée de ce genre. Cela montre bien l'ambiguïté, le malaise des pouvoirs publics.

P.B. : La différence entre le musée de New York (Ellis Island) et celui de Paris, en termes de mise en valeur est quand même énorme.

C.W.W. : Oui, c'est aussi parce que les gens considèrent qu'en France, ce n'est pas leur histoire. Les Américains considèrent que les bateaux qui arrivaient à New York sont leur histoire à eux, il y a des quantités de gens qui ont payé pour que leur nom soit gravé sur le fronton de la porte du musée. En France, il y a des quantités de gens issus de l'immigration, puisque un Français sur quatre a un ancêtre étranger, mais ils ne sont pas impliqués là-dedans, ils considèrent que ce n'est pas leur histoire, n'en parlent pas beaucoup dans leur famille, etc. C'est une autre approche, une mise entre parenthèse. En France on vit beaucoup – étant moi-même d'origine étrangère, je le remarque – sur le mythe de l'autochtonie. Les gens se cherchent des racines. Par exemple, quand on me demande d'où je suis, j'ai toujours du mal à dire « je suis de telle région » parce que je n'ai pas de terroir et c'est très impopulaire de pas avoir de terroir en France. Pourtant, les gens ont beaucoup bougé sur le territoire qui est vaste, il y a eu beaucoup d'immigration intérieure, et un Français sur quatre a un grand-parent étranger, mais c'est une histoire qui n'est pas racontée. Je crois que c'est la grande différence de la France avec les grands pays d'immigration comme les États-Unis, le Canada ou l'Australie.

P.B. : En tant qu'intellectuelle vous intervenez régulièrement dans les médias, sur les sujets sur lesquels vous travaillez. Leur traitement des questions migratoires n'est pas toujours de très bonne facture, avec notamment des gens qui sont présentés en tant que spécialistes alors qu'ils sont propagandistes. Comment voyez-vous la façon dont le débat médiatique est organisé sur les sujets sur lesquels vous travaillez et est-ce que vous estimez de votre devoir de rétablir des choses ? Comment lutter contre ceux qui viennent simplement énoncer des contre-vérités en se prétendant spécialiste, non pas avec des avis divergents – le débat d'idées est autre chose – mais qui, simplement, mentent pour défendre leurs idées ?

C.W.W. : Je dirais que dans l'ensemble les médias font plutôt leur travail. Ils ont parlé des choses qui dérangent, de la jungle de Calais, de toute une série de situations dramatiques concernant les sans-papiers, les Roms expulsés, les bavures policières. Dans l'ensemble, c'est fait mais c'est sur le mode sensationnel, c'est-à-dire les banlieues qui brûlent, les gens qui zonaient autour de Calais pour prendre l'Eurostar ou les camions, des situations extrêmes ou bien sûr toutes les couvertures sur les terroristes islamistes ; cela donne une image qui n'est pas la réalité. C'est une image « extrême » de l'immigration. On va parler des gens qui ont des parcours exceptionnels dans la réussite, mais aussi exceptionnels dans la délinquance ou dans des pratiques qui ne sont pas habituelles. C'est un aspect important que j'aurais tendance à dire aux médias : parlons-en plus longtemps et pas seulement quand il y a un évènement. Un autre élément, c'est peut-être que les médias – c'est aussi le travail des journalistes – sont obligés d'inviter des politiques. Et souvent ils se positionnent en instrumentalisant l'immigration pour faire passer leur message politique. Je crois que cela n'est pas toujours très bon parce que ce sont des invités inégaux. Certains sont très bons dans la connaissance du sujet, d'autres le sont moins, et parfois, puisqu'il faut inviter un politique et puisqu'il faut que ce soit contradictoire, cela tue un peu le vrai débat de fond sur ces questions. Et l'universitaire est un peu relégué dans le rôle de celui qui va donner les chiffres, qui va citer tel rapport ou livre, mais finalement on nous laisse dans ce rôle-là. On aurait certainement un message plus fort à indiquer en la matière.

Dominique Wolton, le penseur indiscipliné

Dominique Wolton est né en 1947 à Douala au Cameroun où il a vécu enfant. Après des études de droit, il intègre l'Institut d'études politiques de Paris puis passe un doctorat de sociologie avant d'entrer au CNRS en 1980. Il a auparavant travaillé avec Alain Touraine à l'EHESS au début des années 1970.

Il a publié trois livres d'entretiens importants avec des personnalités intellectuelles et spirituelles : Raymond Aron, *Le spectateur engagé*, Jean-Marie Lustiger, archevêque de Paris, *Le choix de Dieu* et Jacques Delors, *L'Unité d'un homme*. C'est à ce moment qu'il se spécialise sur les problèmes de communication. Après avoir dirigé le programme Sciences-Technologie-Société de 1980 à 1985, il lance le programme Communication, toujours au CNRS.

Il a créé la revue *Hermès* en 1988 dont « le but est d'étudier de manière interdisciplinaire la communication dans ses rapports avec les individus, les techniques, les cultures et les sociétés ». Il publie *Éloge du grand public*, *Penser la communication*, *L'autre mondialisation*, *Il faut sauver la communication*, *McLuhan ne répond plus* et *Informer n'est pas communiquer*. Il a fondé en 2007 l'Institut des sciences de la communication du CNRS.

Il a créé le terme « infobésité », mixant les termes informations et obésité pour caractériser le fait que le public est désormais submergé par les flots d'informations. Il met en lumière la contradiction apparente de l'importance croissante de la communication et d'une forme de dédain dont elle est l'objet. Il veut surtout valoriser l'aspect humain de la communication alors qu'on se focalise trop sur les aspects techniques. Il considère ainsi que le défi majeur de l'époque contemporaine est le risque « d'incommunication » causée par l'accroissement du flux d'informations et de messages dans une logique d'immédiateté.

Selon lui, la mondialisation de l'information met en lumière les différences culturelles et permet de prendre conscience de l'altérité, ce qui ne contribue pas automatiquement à rapprocher les peuples et les nations mais peut au contraire susciter des tensions. « Ce n'est pas parce que l'autre est aujourd'hui plus accessible qu'il est plus compréhensible. C'est même précisément l'inverse, plus nos différences sont visibles plus elles créent des tensions »[2].

2. Dominique Wolton, *L'autre mondialisation*.

Ardent défenseur de la Convention sur la protection et la promotion de la diversité des expressions culturelles signée à l'Unesco en octobre 2005, il est également un fervent avocat de la francophonie tout en distinguant bien la francophonie institutionnelle de celle des sociétés civiles. Il estime que la première est un succès diplomatique et culturel et que l'Organisation internationale de la francophonie (OIF) a joué un rôle utile de rapprochement. Dans un rapport qu'il a remis à l'OIF en 2008, il plaidait pour la création d'un visa francophone s'inspirant du modèle du visa du Commonwealth afin de faciliter la circulation des idées et des connaissances (artistes, journalistes, intellectuels, scientifiques, chercheurs, professeurs et étudiants).

Il est aussi un défenseur de la télévision généraliste, créatrice de liens sociaux fédérateurs. Il pense que le public filtre et recompose le message en permanence, qu'il est moins facilement manipulable par les informations qu'on ne le prétend. Il voit dans le caractère multiculturel de la France un atout grâce aux collectivités territoriales d'outre-mer, à l'immigration et à la francophonie. « Être français aujourd'hui, ce n'est plus être blanc et gaulois, c'est plus compliqué et c'est une chance parce que dans l'identité de tous les Français d'aujourd'hui il y a toutes les couleurs, toutes les cultures, les langues, les histoires. L'identité française ne s'appauvrit pas, elle s'enrichit. »

Les progrès de la technique, loin d'accoucher d'un « village global » comme le pensait McLuhan, nous plonge dans la tour de Babel. La multiplication des canaux d'information favorise la communauté et les réseaux, et donc un certain entre-soi.

En 2012, il publie *Indiscipliné* : « La communication est une activité tellement complexe qu'elle dépasse fréquemment l'interdisciplinarité, pour rejoindre l'indisciplinarité et le plus souvent, là aussi, l'indiscipline ».

Dominique Wolton est membre du Conseil d'administration du groupe France télévisions, chevalier dans l'Ordre de la Légion d'honneur et officier dans l'Ordre national du Mérite, dans l'Ordre des palmes académiques et ainsi que dans l'Ordre des Arts et des Lettres.

Entretien avec Dominique Wolton

« Il n'y a jamais eu autant d'outils pour capter la réalité et jamais eu autant de distance entre les hommes politiques et la réalité. *Idem* pour les journalistes. »

Pascal Boniface : Quelle est, selon toi, la définition de l'intellectuel ?

Dominique Wolton : Je dirais qu'elle a changée. Dans la tradition française, l'intellectuel était celui qui se levait d'un seul coup et qui, au nom de l'universel, traversait tous les camps, toutes les batailles et redéfinissait la vérité. Cette figure, illustrée notamment par Sartre, est à présent dépassée. L'intellectuel d'aujourd'hui est quelqu'un qui doit être plus modeste, capable de se diversifier néanmoins – la spécialisation est un risque – et qui doit faire l'aller-retour entre la logique de la connaissance et la logique politique.

Le risque, pour les années à venir, c'est de voir le monde de la connaissance intégré soit à l'économie marchande, soit à la politique, et que la logique de la connaissance perde encore plus de son autonomie. Donc l'intellectuel doit et devra être à la fois celui qui défend une logique de la connaissance ou de l'érudition et celui capable d'entrer vraiment dans l'espace public et dans l'espace politique. Il faudra multiplier les allers-retours entre ces différents mondes. Ce sera donc moins l'intellectuel universaliste sauf pour les grandes batailles politiques qui concernent la démocratie et les droits de l'homme. Lorsque tout est transparent, interactif, accessible, visible, étalé sur la place publique, quand tout est information, communication, etc., on ne peut pas échapper à cet espace public médiatisé. Il faut s'y exprimer mais aussi montrer sa différence, justement en maintenant une distance, une logique de la connaissance et de l'érudition, qui obéisse à des valeurs basées sur une profondeur historique et du recul. Il est nécessaire d'échapper au rouleau compresseur de l'immédiateté et de faire comprendre qu'il y a d'autres logiques que celles de l'information. La tâche est difficile car la tendance est de tout rabattre sur l'événement et d'exclure tout ce qui ne s'y ramène pas. L'intellectuel doit maintenir ses allers-retours et conserver la bonne mesure même si cela passe parfois par une certaine solitude. Sur le fond, depuis une génération, le monde de la connaissance et de la culture est dévalorisé au profit de celui de l'économie, de la technocratie et de l'information.

Il se trouve en position défensive dans une culture qui ne parle que de vitesse, d'ouverture, de globalité, d'efficacité, alors que la culture et la connaissance, valeurs inhérentes au monde académique, sont par définition plus parcellaires, plus lentes, moins brillantes. Il est nécessaire de sauver les valeurs de ce monde « à part » et indispensable pour éviter l'illusion d'une continuité qui existerait sur tout ! Penser, créer, rêver, suppose de la discontinuité, du hasard, de l'inutilité, du temps !

P.B. : Relativement récemment, on vu apparaître la figure de l'intellectuel médiatique. Correspond-elle à quelque chose et en quoi se distinguerait-elle de celle de l'intellectuel classique puisqu'il a fallu inventer une nouvelle définition ?

D.W. : J'ai commencé à travailler sur la communication à une époque où les intellectuels étaient très hostiles aux médias et se demandaient même pourquoi je m'intéressais à cela. Ils ne voulaient pas parler à la télévision ou à la radio, qui pour eux n'étaient pas des objets nobles. Et d'ailleurs, les quelques intellectuels qui intervenaient alors s'inséraient dans un schéma classique, et par ailleurs faux, qui consiste à croire que : « j'ai quelque chose à dire d'important, je prends le tuyau, je parle dans le tuyau et naturellement, les récepteurs sont d'accord ». Autrement dit, il existe une conception de la communication encore extrêmement pauvre dans le milieu intellectuel, et dans laquelle il suffit que l'émetteur parle pour que le récepteur accepte le message, alors que toutes les recherches prouvent que le premier dans la communication vient justement du récepteur. J'ai donc commencé à m'intéresser aux médias et à la communication parce que, de mon point de vue, il n'y a pas de démocratie sans communication de masse.

Les penseurs ont fui la radio, la télévision, les grands médias, etc. Mais en une génération, j'ai vu ces intellectuels se reconvertir complètement, investir les médias pour essayer, justement, de maintenir une logique de la connaissance et de la culture. D'autres, une minorité, se sont convertis à la « pipolisation ». Et c'est là où la tentation de ne devenir qu'un intellectuel médiatique apparaît pour certains, c'est-à-dire de parler de tout dans tous les médias, au nom d'une compétence universitaire souvent philosophique acquise ultérieurement. Au bout d'un moment, c'est une addiction. Et comme le monde médiatique vit sur lui-même, il y a une sorte d'autorégulation, très efficace, qui se met en place et aboutit à continuer de marginaliser la plus grande partie du monde académique qui devrait pourtant, pour le bien de tous, pouvoir y être invitée.

Sur le fond, j'accepte la simplification des médias, le débat, je suis aussi favorable à l'intervention dans l'espace public et médiatisé, mais pas trop. Parce qu'au bout d'un certain temps, on perd ses repères et surtout, le récepteur n'arrive plus à faire la distinction de nature entre ce qu'est un intellectuel, un expert, un technocrate et un politique. D'autant qu'une partie de l'oligarchie journalistique joue aussi aux intellectuels ! Pourtant les distinctions entre les rôles et les compétences sont fondamentales à maintenir. Le politique est le plus important parce que c'est celui qui est élu, qui est au cœur de l'action et qui a la responsabilité de l'histoire. L'expert est une catégorie en expansion pour l'universitaire ou le chercheur. Il est pris entre les logiques de l'action, de la communication et de la politique. Il lui est demandé d'avoir du recul et de donner une réponse simple à une question difficile qu'il faut trancher. Il doit alors procéder à une sorte d'arbitrage entre les autres logiques (politique, médiatique, technocratique), le tout au nom de connaissances théoriques parfois sans rapport direct avec le sujet du débat. L'expert doit aider à sortir de l'ambiguïté au nom de la référence à la connaissance. La position n'est guère facile[1] ! Le technocrate, quant à lui, doit savoir se mettre en retrait face au politique ou face à d'autres logiques même si la plupart du temps, il l'emporte par le simple fait d'être là et de savoir, avec « autorité ». Toutes ces figures se mélangent aujourd'hui alors qu'il faudrait, au contraire, les distinguer clairement. Et l'intellectuel médiatique, lui, crée une sorte de court-circuit entre ces mondes. Il rentre dans la logique de « pipolisation » qui est celle de la simplification et surtout de la psychologisation, dans laquelle tout se réduit à un jeu de questions rapides au rythme soutenu des émissions de plateau !

Dans un univers où tout est transparent, tout est interactif, ce qui m'obsède – je l'ai écrit dans plusieurs

1. *Cf.* notamment Dominique Wolton, *Indiscipliné,* et la revue *Hermès* n° 64, « Les chercheurs au cœur de l'expertise ».

de mes livres – c'est de reconnaître au contraire la nécessité de ce que j'appelle le conflit des légitimités. L'action politique est la plus complexe et elle relève de la responsabilité historique. La logique de l'information est fondamentale, en pleine expansion avec toutes les contradictions qu'elle engendre mais elle ne donne qu'une vision du monde. La troisième légitimité qu'il faut absolument préserver est la logique de la connaissance, prise en tenaille par les deux premières. Nous, le monde académique, ne sommes ni directement du côté de l'action politique, ni du côté de l'information. On essaie, dans un univers à la fois plus ouvert, plus complexe, où il faut apprendre à se comprendre et à se tolérer, d'apporter ce qui est apparemment le moins utile mais le plus fondamental : la connaissance, la culture, le recul et l'érudition.

P.B. : Comment arbitres-tu ton temps entre la nécessité de communiquer le fruit de tes recherches au public et le temps pour acquérir les connaissances de la réflexion et de la production intellectuelles ?

D.W. : Cela dépend des moments, de l'actualité et de mes projets d'écriture. En gros, je consacre 40 % de mon temps à l'« espace public » et 60 % à l'« univers de recherche ». Le problème c'est que je travaille sur plusieurs secteurs très différents et l'espace médiatique ne me reconnaît que sur un seul, celui des médias. Par exemple, le livre que j'ai publié en 2012 s'appelle *Indiscipliné* et explore les dix domaines de recherche sur lesquels j'ai travaillé depuis quarante ans. Ils fondent ma théorie de la communication tout en étant complètement différents : j'ai commencé par les mœurs, le travail, l'informatisation, le syndicalisme… Puis, ensuite, je me suis tourné vers les médias, la communication politique, l'Europe, la mondialisation, la diversité culturelle, les rapports science-technique-société, connaissance et communication, etc. Comme je le dis en permanence : je ne travaille pas que sur les médias !

P.B. : Ils t'ont repéré dans leur domaine…

D.W. : Oui mais je trouve que j'ai plus de choses intéressantes et souvent plus originales à dire sur d'autres domaines. Sur les médias, je mène une bataille pour dire notamment que ce n'est pas internet qui va révolutionner la communication. Certains me traitent de conservateur technophobe, ce qui m'est bien égal, mais je mène la bataille politique parce que c'est une bataille d'internet, pour parvenir à la régulation et également à préserver une problématique d'intérêt général par rapport à celle de la fragmentation. C'est d'ailleurs cette question du lien social, de la société et du rapport aux communautés, bref que les médias de masse ont beaucoup d'avenir qui est aujourd'hui oubliée. La fascination pour la segmentation, l'individualisation et le communautarisme emporte tout ! Mais ce n'est qu'une des batailles, d'autres m'intéressent beaucoup plus.

Mon problème n'est pas d'être présent dans l'espace public mais de ne pas y être pour les autres domaines dans lesquels j'ai des compétences. Un autre problème est celui de cette étiquette de sociologue des médias, réductrice, qui s'accompagne d'une méfiance à l'égard de ce que j'y déclare. Je ne dis pas qu'internet c'est génial en opposition aux médias qui seraient ce qu'il y a de pire et constitueraient la fin de la démocratie ou relèveraient de la pure manipulation. Surtout, je ne dis pas qu'une nouvelle civilisation s'ouvre grâce à internet ! Donc, dans leur cadre idéologico-politique, ce n'est pas simple. Comme ils ne savent pas vraiment où me situer, même sur les questions de communication, ils se disent que je suis trop complexe et se méfient. On aime mettre les gens dans des cases, et de préférence de manière dichotomique, surtout pour les experts.

Je suis aussi pour une présence politique dans l'espace médiatique parce que je pense que l'intervention d'un intellectuel doit symboliser le fait d'être un esprit libre. Le titre de mon dernier livre trouve sa source dans le fait que, selon moi, un universitaire est quelqu'un d'indiscipliné, sinon il n'est pas chercheur. Il n'y a pas de mal à être journaliste, politique ou technocrate, mais ce sont des univers plus disciplinés. Nous, on ne peut penser qu'en étant un peu plus libre. Donc, en résumé : je ne veux pas être trop dans l'espace public médiatisé, mais y être quand même, et pouvoir m'y exprimer sur des sujets plus larges que ceux où l'on m'a assigné médiatiquement.

Une autre chose que j'aimerais dire, c'est que dans l'espace public, j'accepte la controverse et les polémiques parce que c'est un exercice difficile, mais nécessaire, que d'être capable de résumer des idées ou des hypothèses en peu de temps. Par contre, si on me demandait mon bilan des interactions dans l'espace médiatique, je dirais que dans la mesure où je pense souvent différemment que la plupart des interlocuteurs, c'est la plupart du temps frustrant. Mais parfois des personnes rencontrées au hasard dans la rue ou à l'étranger me disent : « Ah vous, vous êtes libres ! Au moins, vous savez tenir une position, vous vous opposez aux langues de bois, vous n'êtes pas fadasse sur les plateaux ». Cela me fait plaisir parce que c'est mon éthique. Mais je le paie assez cher. Je suis connu bien sûr, mais pas pour la théorie de la communication que je défends, sauf à l'étranger avec les traductions, où c'est la figure du théoricien qui intéresse le plus.

Si on me demande un bilan de ma vie intellectuelle, je dirais que j'ai fait un travail, à mon sens essentiel, qui est d'essayer de penser la communication dans un monde ouvert, saturé par les techniques et qui a complètement changé. J'essaye de revaloriser ce concept qui est toujours dévalorisé et auquel on préfère information. Pourtant, l'information, c'est le message et la communication, la relation, donc quelque chose de beaucoup plus compliqué. Dans cette dernière, le plus simple, c'est la technique, le plus compliqué, les hommes et les sociétés. C'est un enjeu politique fondamental pour les sciences comme pour la société mais encore un peu tôt. Pour l'instant, la communication est dévalorisée au profit de l'information et des tuyaux et ma problématique vient après celle de l'idéologie technique. Il n'y a pas eu suffisamment de catastrophes techniques pour que l'on admette que la communication est un enjeu politique et humain. Elle est donc conçue comme un progrès technique et économique et l'on pense surtout que plus il y a de tuyaux, plus il y a d'intercompréhension ! C'est le moyen de masquer les difficultés de la communication humaine et sociale. Au fond, on la dévalorise d'autant plus qu'elle est difficile sur le plan humain et on valorise d'autant plus les tuyaux qu'ils sont performants.

J'illustre assez bien le problème d'un chercheur qui est en avance sur son époque dans un domaine d'actualité. Comme le monde académique n'a jamais non plus travaillé sur la communication et s'en méfie beaucoup, sauf pour s'en servir lui-même, je n'ai pas beaucoup d'appuis même si j'ai beaucoup œuvré pour cela au CNRS. Les politiques ne savent pas comment faire parce qu'ils sont pris dans le mouvement de l'idéologie technique dominante. Il y a une espèce de fascination qui dévore tout. *Mutatis mutandis*, c'est un peu comme le concept d'opinion publique qui est complètement en déshérence parce que les sondages ont tout dominé ces cinquante dernières années.

J'ai étudié l'évolution des médias sur quarante ans, ce qui est énorme. Il n'y a jamais eu autant de tuyaux, que ce soit la radio, la télévision, la presse, l'interactivité, internet, et d'autres, et pourtant l'espace médiatique n'a jamais été aussi pauvre. Donc la conséquence la plus triste est qu'il n'y a pas d'élargissement du champ mais un rétrécissement avec la multiplication des tuyaux et avec la « pipolisation » en plus ! À quoi cela sert-il d'avoir 250 000 tuyaux ? Pourquoi cette folle économie ? Deux choses m'angoissent face à cela : il y a tellement de données sur tout qu'il n'y a plus d'épaisseur historique – on ne remonte pas à plus de dix ans – et je me demande ce qu'est une société mondialisée qui ne repose que sur dix ou quinze ans de profondeur historique. Et l'autre chose, qui est l'un des pires effets, est la disparition de l'érudition, de la connaissance, dès lors qu'elle n'est pas plus ou moins directement « utilisable » sur internet. L'érudition n'est pas un problème d'accessibilité avec des *big data*. C'est tout autre chose : la lenteur, l'accumulation, le contraire de notre monde de la vitesse !

C'est préoccupant car je suis pour la communication, pour les médias de masse, pour la démocratie de masse, mais suis obligé de constater que pour l'instant, dans la mesure où il n'y a pas de réflexion critique sur ce sujet immense de la communication, le bilan est plutôt discutable. Certes, tout le monde interagit avec tout le monde, mais on oublie l'histoire et surtout l'érudition, qui, à mon avis, est le seul complément à la folie de la modernité et de l'abondance informationnelle. L'enjeu, la plupart du temps, n'est pas de se comprendre, mais de gérer l'incommunication. Tel est le défi théorique et politique de nos sociétés gavées d'interactivité. De même qu'il ne suffit pas qu'il y ait beaucoup d'informations pour que les sociétés se comprennent, l'abondance d'informations ne suffit pas à créer davantage de connaissances.

P.B. : Il y a de plus en plus de médias effectivement – explosion des radios, explosion des télévisions – et pourtant, on a l'impression qu'ils racontent tous la même chose, mettent les mêmes photos en une… Comment expliques-tu, toi le spécialiste des médias, qu'il y ait des gens dont l'incompétence voire la malhonnêteté ont été largement débattues et qui continuent à circuler en toute impunité ?

D.W. : Il y a un premier paradoxe qui est celui du niveau culturel et de formation des journalistes, nettement supérieur à ce qu'il était il y a trente ans. Or, la concurrence entre eux est telle, tout comme entre les différents supports, qu'elle engendre des inégalités et étouffe toute la capacité critique légitime que les journalistes peuvent avoir. Ils se retrouvent à couvrir les mêmes sujets alors que cette profusion médiatique devrait conduire à une réflexion pour élargir les thèmes, les angles d'approche et les discours dominants. Les journalistes ne sortent plus enquêter dans la société, leur ordinateur est devenu leur horizon. L'altérité est réduite au minimum des échanges, la plupart consanguins. Pourtant, ce n'est pas la réalité qui arrive sur l'ordinateur… Elle est ailleurs, dehors. Mais les enquêtes coûtent cher, durent longtemps et paraît-il « n'intéressent pas »… On peut distinguer deux oligarchies : médiatique et celle de ceux qui sont en permanence sur les plateaux qui sont toujours les mêmes.

Le deuxième paradoxe est la question de fond sur laquelle je réfléchis depuis des années : plus il y a d'accès possibles à l'information, surtout en direct, plus il faut sauvegarder les métiers intermédiaires, ceux qui retravaillent la qualité de l'information et organisent la critique. Le mythe d'une information gérée par chacun d'entre nous, chacun devenant un journaliste-citoyen, est vraiment démagogique. Je ne dis pas que le journalisme-citoyen ne soit pas de temps en temps utile, mais n'oublions pas que c'est un vrai métier qui s'exerce dans la durée avec une éthique, une culture. Il est plus difficile de l'exercer aujourd'hui qu'il y a cent ans justement parce qu'il y a beaucoup plus de données. Ces journalistes qui devraient approfondir la légitimité de leur profession sont les premiers à tomber, soit dans l'idéologie technique – c'est-à-dire à penser qu'internet va tout révolutionner –, soit dans l'idée démagogique selon laquelle la démocratie c'est « donner la parole aux gens ». Alors, au nom de l'« expression démocratique », tout le monde donne son opinion et la connaissance n'est plus hiérarchisée par rapport à l'expression, les journalistes de plus en plus délégitimés se replient dans une logique de pipolisation. C'est donc le fonctionnement même de cet espace médiatique qui, pour le moment, se referme sur lui-même, qui serait à revoir.

Un dernier élément est que les journalistes ne se rendent pas compte que la source de légitimité, la seule, réside dans la confiance que le public leur accorde. Et cette confiance baisse depuis vingt à trente ans. Ils ne le perçoivent pas.

P.B. : Les ravages sont terrifiants…
D.W. : Terrifiants…

P.B. : Chaque année les sondages montrent que les journalistes sont parmi les catégories professionnelles les moins respectées par les Français…

D.W. : C'est grave, alors même que cette profession est indispensable. Il y a un parallèle entre ce qui arrive aux hommes politiques et aux journalistes : il n'y a jamais eu autant d'outils pour capter la réalité et jamais eu autant de distance entre les hommes politiques et la réalité. *Idem* pour les journalistes. Donc les deux professions courent le même risque de se découpler du réel. Les politiques croient que les journalistes connaissent la réalité, ce qui est faux, et les prennent pour source d'information ! Les deux univers passent leur temps à se « tweeter » : comment peut-on croire qu'un rapport au monde est possible avec cent quarante signes ? C'est une logique de la vitesse et là-dessus Paul Virilio avait raison : la tyrannie de la vitesse dévore tout, il n'y a aucune autre épaisseur temporelle. C'est pour cela que ce que j'en appelle toujours à la culture, à la connaissance et à l'érudition, à toutes les logiques qui permettent de retrouver d'autres valeurs et d'autres connaissances de la réalité. J'entretiens cette volonté de rappel que la société, ouverte, interactive doit d'abord assurer la cohabitation des logiques, sinon tout se mélange.

L'hypothèse simple, optimiste mais fausse, est de penser que si le monde entier circule sur une épaisseur historique de dix ou quinze ans, on aura le matelas culturel et communicationnel qui permettra de tous se comprendre, que l'on soit en Asie, en Afrique ou en Amérique. C'est une erreur car tous les présupposés, les stéréotypes, les références culturelles sont largement enracinés au-delà de cette courte période. La mondialisation de l'information et de la communication est un progrès parce qu'elle rend le monde visible, mais elle est insuffisante voire dangereuse car elle le simplifie trop et ne réduit pas du tout la crainte de l'autre, au contraire. L'altérité étant devenue tellement visible et incontournable, soit on accepte le temps nécessaire pour la domestiquer, soit on ne l'accepte pas et les conflits culturels vont se multiplier. Ce n'est pas non plus parce que de plus en plus d'individus parlent quatre cents mots d'anglais que cela permet de se comprendre. C'est utile, mais insuffisant, même et surtout pour le travail ou la politique.

Du point de vue des cultures et des civilisations, on retrouve ce rêve d'un court-circuit, d'une course-poursuite temporelle, d'instantanéité. Le monde académique devrait tirer le signal d'alarme et prôner le ralentissement mais globalement il est lui-même pris dans cette folie de la vitesse. Je suis critique à l'égard de ce manque d'investissement intellectuel du monde académique, au sens large, par rapport à la révolution de l'information et de la communication. Il ne l'a pas pensée sauf pour en dire du mal (pour la radio et la télévision), ou pour en dire un bien naïf (avec internet), sans avoir de réflexion critique. 80 % des ouvrages produits par le monde académique prônent, *grosso modo*, l'adaptation à la révolution numérique : « il faut se moderniser vite, nous sommes en retard, dépêchons-nous ». Pourtant, le cœur de notre métier n'est pas de dire aux étudiants : « Dépêchez-vous, foncez avec vos cartables électroniques ! » Nous ne sommes pas des représentants du commerce et de l'industrie ! Nous n'avons pas obligation de nous adapter à nos outils ! Or, les trois-quarts des universitaires jouent ce rôle. Et certains ministres, de même que la plupart des membres du gouvernement, sont aussi des représentants des nouvelles technologies. Quel est leur discours ? « La France est en retard, l'Allemagne est en retard, on est toujours en retard ; on a un taux d'équipement insuffisant ». Le progrès est identifié à des taux d'équipement. C'est le même discours partout depuis cinquante ans, sans réflexion critique, sans projet. La politique en est réduite à une succession de plans d'équipement ! Je le répète : l'idéologie de la modernité technique n'est pas du tout contestée, ni par le milieu académique, ni par le milieu politique, nous sommes dans un grand moment de conformisme technique. Comme si avoir demain 7,5 milliards d'individus devenus internautes changerait l'Histoire du monde !

P.B. : Les deux dangers sont la spécialisation étroite qui empêche de voir large et la vitesse, effectivement, qui empêche de prendre du recul. Donc, de moins en moins, on peut penser global…

D.W. : La spécialisation est un aspect dont je n'ai que peu parlé mais qui est catastrophique, notamment dans les sciences, je le vois bien au CNRS. En quarante ans, le progrès scientifique s'est fait au prix d'une immense spécialisation et tout le monde y trouve son bénéfice qui est triste : pas de responsabilité collective, pas de vision synthétique, pas de vision du monde, pas d'utopies, pas de rêves ni d'audace. On se bat sur des micro-indices et toutes les publications, tout le système d'évaluation scientifique deviennent quantitatifs, pointus et hyper-spécialisés. Au point qu'on a le sentiment que plus c'est spécialisé, plus c'est scientifique. La rationalisation dominante a conquis le monde contemporain des sciences. La spécialisation du monde de la connaissance est une forme de taylorisation dont une des principales conséquences est que personne n'ose avoir de vision d'ensemble. La spécialisation tue la pensée générale et la critique, sans être incompatible avec la médiatisation.

Ce qui est frappant, ce n'est pas la modernité ni l'idéologie de la modernité – elle a toujours existé – mais c'est qu'avec les outils, il n'y ait pas plus d'esprit critique vis-à-vis de cette idéologie. Je sais bien que la mondialisation nous est un peu « tombée dessus » et qu'il n'est pas facile de la maîtriser intellectuellement. Mais tout de même ! Le monde académique a rétrogradé dans sa capacité d'ambition critique. À sa décharge, la médiatisation puis la « pipolisation » ont décalé et réduit sa légitimité mais cela ne lui enlève en rien ses responsabilités.

Dans le monde contemporain, le milieu académique a beaucoup perdu de son prestige et de sa légitimité au profit de la rationalisation et de la technologisation dénoncées par l'École de Francfort dès les années 1930. Donc, il faudra rééquilibrer. En gros, le monde de la culture et de la connaissance se préoccupe actuellement de savoir comment ne pas trop être « dégradé » au lieu d'être au contraire plus offensif. Résultat : l'argent, la « pipolisation », la « vedettarisation » médiatiques gagnent de la place au détriment du décalage que représentent la logique de la connaissance et de l'érudition. Le monde de la connaissance se sent déclassé, il ne se bat pas très bien et, en même temps, n'assume plus la fonction critique qu'il est le seul à pouvoir assumer. Pire, il n'ose plus assumer ses valeurs parce qu'elles ne sont pas modernes !

P.B. : Comment juges-tu les nouvelles générations de jeunes chercheurs ? Pour te tendre la perche, j'ai plutôt l'impression que les étudiants sont mieux formés que quand j'étais étudiant et, en même temps, le danger est que les modes de sélection universitaires ne poussent pas à l'originalité et privilégient la loyauté personnelle au talent ou à la compétence. Partages-tu ce sentiment ?

D.W. : Il me semble que tout cela est surplombé par le fait que la légitimité du monde universitaire est atteinte. L'un des grands enjeux politiques est de savoir si l'université va réussir ce grand idéal qu'est la transmission des connaissances, cette grande utopie de l'émancipation des peuples ou si, finalement, il y aura un système dégradé, avec uniquement des grandes écoles et des établissements spécialisés. L'Europe, et non seulement la France, a perdu pour le moment la bataille politique de la défense d'une grande université de masse, démocratique, permettant la promotion et la valorisation des savoirs. Mais rien n'est définitif.

Que le classement de Shanghai ait pu devenir à ce point un « bricolage hiérarchique » en dit long sur la dégradation des critères intellectuels et la déshérence du monde académique, autant que sur l'incapacité à s'opposer à cette pseudo-unité mondiale du jugement et à lutter en faveur de la diversité culturelle qui est pourtant l'une des premières caractéristiques du monde académique international. Être étudiant avec un esprit révolté, chose naturelle dans l'histoire de l'humanité, n'est pas la culture qui domine actuellement. Aujourd'hui, c'est plutôt s'« adapter » au monde actuel parce qu'il y a le chômage et la crise. Comme l'université n'assume plus sa grande fonction critique, les étudiants font de même et ils se révoltent individuellement. Nous sommes face à un modèle culturel en panne. Espérons que la tendance s'inversera.

Une autre question est de savoir si les gouvernements, qu'ils soient de droite ou de gauche, continueront à faire de l'université un grand système d'émancipation, un lieu de tradition et de culture ou pas. Le prestige n'est même plus visible, hélas, dans les lieux de la connaissance. Presque partout en Europe, les bâtiments universitaires se dégradent, et en France, c'est souvent la catastrophe. Ne pas respecter ces valeurs fondamentales veut quand même dire quelque chose, qui se retrouve dans l'architecture : les banques sont partout abritées dans des bâtiments exceptionnels mais plus les universités, contrairement au XIXe siècle ! Et pourtant on n'arrête pas simultanément de vanter « la société de la connaissance » réduite, hélas, à une problématique de tuyaux et d'accessibilité. Tout miser sur la modernité technique, pour un vieux continent cultivé comme l'Europe, est triste. Je pense que les jeunes, dans la mesure où la tradition et l'érudition ne sont pas valorisées et qu'il n'y a qu'une sorte d'idéologie du présent, succombent eux-mêmes à cette idéologie de l'adaptation. Non pas qu'ils ne soient pas critiques ; ils le sont, mais à leur échelle individuelle. Il n'y a pas de modèle critique, le monde réel est cruel, alors ils se débrouillent.

P.B. : Ils ne l'expriment pas…

D.W. : Non. La génération de Mai 68 a fait du mal puisqu'elle a gelé le temps et l'espace de l'utopie. Dit rapidement, elle s'est fabriquée sa propre mythologie en clamant : « on était formidable, on était le sel de l'histoire, on n'a jamais pu refaire plus fort ». Ce n'était certes pas la même chose dans les pays riches et dans les pays pauvres, ni dans les dictatures et dans les démocraties, il faut nuancer, mais cette génération a tellement été contente d'elle-même, et le monde occidental, nord-américain et européen, a tellement survendu sa propre histoire que l'une de mes hypothèses sur l'absence de révoltes officielles politiques depuis trente à quarante ans est que les individus qui ont aujourd'hui cinquante ans et ceux qui en ont trente n'ont jamais osé penser qu'ils pouvaient faire bouger les choses puisqu'on leur a tellement dit que « tout avait déjà été fait ». Il y a là une responsabilité historique car la génération de 68 est la première qui soit née sans connaître de guerre coloniale. Elle a réalisé un travail critique formidable, c'est indéniable, mais elle s'est ensuite réifiée et se survend depuis alors qu'elle va disparaître – je précise que j'appartiens à cette génération. Le monde a pourtant continué à tourner sans 68 ! Et de nouveaux enjeux sont apparus : la mondialisation et la diversité culturelle par exemple, qui sont les plus fondamentaux car ils touchent à l'altérité. Comment peut-on cohabiter avec celui qui ne me ressemble pas mais que je vois tous les matins sur mon ordinateur ? Ce sont là des problématiques gigantesques, politiques qui n'ont rien à voir avec la pensée de 68 qui, elle, baignait dans l'utopie charmante des États-nations. Nous devrions aussi davantage parler de l'utopie de la construction européenne qui est la grande réussite de ces cinquante dernières années et est insuffisamment valorisée par les Européens eux-mêmes ! Peut-elle représenter une utopie politique exportable ailleurs ? Car en effet, depuis soixante ans, des peuples qui ne s'appréciaient pas forcément arrivent à cohabiter sans se tuer. C'est une expérience politique autrement plus importante que Mai 68.

Pour en revenir aux jeunes, je ne dis pas qu'ils ne sont pas critiques. Ils disposent d'un espace à cette fin qui prend place à l'échelle de leur vie individuelle. Ils n'écoutent pas les grands discours tout en étant hyper-branchés sur le monde, et n'en pensent cependant pas moins ! Je pense que l'on pourrait comparer l'ironie d'une bonne partie de la jeunesse occidentale à une partie de celle qui existait dans les régimes soviétiques où l'on ne pouvait pas s'exprimer. Mais elle n'est ni perçue, ni entendue. Et comme toujours, les vieux disent : « nous, on était très cultivés et très politisés et les jeunes sombrent dans l'inconscience » – ces deux affirmations sont fausses.

En plus de ne pas prendre en compte la communication ni son enjeu politique, on occulte également l'obligation de gérer l'altérité et de valoriser la construction de la négociation et de la cohabitation. Tous ceux qui travaillent sur les relations internationales écrivent et analysent la mondialisation. Ils essaient de comprendre la forme de l'État-nation, ses transformations, la modification des rapports de force. Dans les facteurs nouveaux, ils ne parlent jamais de la communication, sauf pour la réduire à une problématique de performance technique ! Les spécialistes des relations internationales, eux aussi, réduisent la communication à la transmission et à l'interactivité ! Je me bats depuis trente ans pour dire que la communication, c'est autre chose, c'est la recherche du partage et surtout de la négociation. Pourquoi ? Parce que tout devient de plus en plus compliqué dans ce monde visible, transparent et en interaction. On réduit la communication à une problématique de tuyaux et de moyens, alors qu'il s'agit avant tout d'arriver à suffisamment négocier pour cohabiter ! La sous-évaluation des ruptures introduites par la communication généralisée renvoie hélas à la place très faible qu'évoque cette problématique de la culture de la communication chez les élites actuelles. Le troisième sens du mot communication qui m'intéresse et qui est évident dans les relations internationales, la politique et la société, concerne donc au contraire la négociation qui permet de faire tenir ensemble des choses hétérogènes. Cette troisième dimension de la communication, qui est évidemment l'horizon de la mondialisation, n'est pas mise en avant en tant que une rupture épistémologique. Jamais ! Il règne une confusion entre la performance des tuyaux, la vitesse de l'information, et la lenteur de la négociation et de la cohabitation. Pourtant, ce sont bien les hommes qui décident ou non de vouloir se tolérer ! Les réseaux n'y changent rien, comme on le voit dans tous les conflits existants. Il y a partout du téléphone, de la radio, de la télévision, des ordinateurs… les hommes sont-ils plus tolérants pour autant ? Dans la mondialisation, on confond vitesse des systèmes d'information et lenteur de la communication, donc de la négociation. C'est pour cela que l'expérience de l'Europe est fascinante : c'est le seul endroit au monde où la négociation est omniprésente et où l'on prend le temps, en ce sens nous avons cinquante ans d'avance. C'est un processus lent, mais qui accepte la profondeur de l'hétérogénéité.

Comprendre la communication comme lecture de l'incommunication est le cœur de mon travail. Les spécialistes des relations internationales savent ce qu'est l'altérité mais ils n'en tirent pas les conséquences dans ce monde saturé de « communication » et les outils qui dévorent tout. D'ailleurs, il existe une grande tradition de réflexion critique sur les statuts de la technique depuis la fin du XIXe siècle, principalement après la guerre de 1914-18 et naturellement après la guerre de 1939-45 jusqu'à aujourd'hui, sur la biochimie, le génome, la biologie… Le seul aspect de la technique où il n'y a quasiment pas de réflexion critique c'est les techniques de communication ! La radio et la télévision ont été détestées de façon stupide, mais tout ce qui tourne autour de l'ordinateur depuis 1960 engendre une attitude béate dans le monde entier. Je me demande pourquoi les hommes sont capables d'avoir une réflexion critique sur toutes les techniques sauf une. Peut-être parce que la fascination humaine est telle qu'elle fait de l'ordinateur la continuité du cerveau ? Que l'on pense qu'il est notre double. On est fasciné par la puissance, la capacité de vitesse, de calcul, etc., alors qu'en fait l'essentiel n'est pas là. Il y a quand même 6,5 milliards de téléphones portables dans le monde entier, 5 milliards de postes de radio, 4 milliards de postes de télévisions et 2 milliards d'ordinateurs ! Y a t-il pour autant plus de paix, plus de tolérance, moins de haine, moins de racisme ? Non. Donc, l'omniprésence des systèmes d'information et des interactions ne suffit absolument pas à créer un monde meilleur. Or, l'enjeu de la mondialisation est tout de même la paix et la guerre. Pour en revenir, donc, à la responsabilité des intellectuels : ils ont réduit la communication à la crainte de la manipulation, au commerce ou à un moyen d'asseoir leur propre influence. En parallèle, ils sont béats sur l'information qu'ils n'ont jamais pensée non plus. Ce sont pourtant deux concepts centraux pour l'avenir. C'est une espèce de paresse intellectuelle au profit d'une déification des outils et au détriment d'une réflexion critique pourtant indispensable à la compréhension des forces et faiblesses d'un monde ouvert, apparemment transparent et dominé par les « interactions ». Plus les échanges se multiplient, plus les difficultés structurelles de compréhension deviennent visibles, même si on rêvait du contraire. Le réveil est difficile, mais encore une fois l'histoire de l'Europe prouve qu'il peut y avoir un projet politique démocratique au travers des processus lents de négociation et de cohabitation afin de rapprocher des peuples que tout sépare. D'ailleurs ces deux mots de négociation et de cohabitation ne sont-ils pas le symbole de la démocratie ?

Jean Ziegler, l'éternel révolté

Jean Ziegler est né Hans Ziegler le 19 avril 1934 en Suisse, à Thoune (canton de Berne), dans une famille de la moyenne bourgeoisie calviniste de lointaine origine alsacienne. Son père était président du Tribunal de Thoune et colonel dans l'armée de milice de la Confédération. Rien ne le prédestinait à devenir l'une des figures de proue de la contestation et l'un des intellectuels favoris des mouvements altermondialistes.

Ne supportant pas le climat intellectuel étouffant de la Suisse, il s'enfuit à Paris où il entre à l'Institut d'études politiques, adhère aux étudiants communistes, rencontre Jean-Paul Sartre et Simone de Beauvoir et s'engage pendant la Guerre d'Algérie dans le soutien au FLN. Il fait également la connaissance de l'abbé Pierre et sera d'ailleurs par la suite l'un des premiers dirigeants de la communauté d'Emmaüs à Genève.

Après des études à Sciences po, à la Sorbonne, à l'université de Genève et à l'université de Columbia à New York dans la triple filière science politique, sociologie et droit, il obtient un doctorat en droit international à l'université de Berne.

En 1961, il est envoyé au Congo par les Nations unies alors que le pays vient d'obtenir son indépendance en 1960 avec Patrice Lumumba comme Premier ministre. Il doit affronter les sécessions des régions minières initiées par les compagnies européennes et l'ONU propose sa médiation. Les Occidentaux sont inquiets d'une éventuelle alliance de Lumumba avec l'Union soviétique. Son assassinat en 1961 marque le début de l'ascension de Mobutu vers le pouvoir pendant que la guerre fait rage. Sur place, Ziegler fait le constat que la décolonisation ne garantit pas une réelle indépendance aux peuples du Sud et encore moins un développement économique. Il se fait remarquer en 1963 par un premier article dans *Les Temps Modernes,* « L'armée blanche en Afrique ». En 1964, il amplifie cette première analyse en s'interrogeant sur l'échec de la décolonisation, sur son incapacité à satisfaire les aspirations des peuples du Tiers-monde. L'ouvrage *Sociologie de la nouvelle Afrique* paraît grâce à l'intervention de Sartre chez Gallimard. Ziegler considère son expérience congolaise comme un évènement fondateur : « je me suis juré que plus jamais, même par accident, je ne serai du côté des bourreaux »[1].

Une autre rencontre marquante pour lui est celle avec Ernesto Guevara en 1964 à Genève où celui-ci, alors ministre de l'Industrie de Cuba, participe à la première conférence mondiale sur le sucre organisée par la CNUCED. Il l'avait rencontré brièvement à La Havane et ne le quitte pas lors de son long séjour genevois, lui servant de chauffeur. Comme il lui propose de s'engager dans la lutte contre les dictatures en Amérique latine, Guevara lui montre la ville du haut du dernier étage de l'hôtel Intercontinental : « C'est ici le cerveau du monstre, c'est ici que tu dois te battre ».

Jean Ziegler commence alors un parcours qu'il qualifie lui-même « d'intégration subversive ». Il se fait élire conseiller municipal de la ville de Genève puis membre du Parlement fédéral en 1967 sur les listes du Parti socialiste. Il restera député fédéral jusqu'en 1999, avec une interruption de quatre ans au cours des années 1980. Il est nommé professeur de sociologie à l'université de Genève, et sera aussi professeur associé de sociologie à l'université de Berne et à la Sorbonne. Il se marie avec Wedad Zénié d'origine égyptienne qui lui donne un fils en 1970.

Ses travaux sur les sociétés traditionnelles d'Afrique l'amènent au Nordeste brésilien, parmi les descendants de la diaspora africaine. Il en ressort un

1. *Jean Ziegler contre l'ordre du monde*, film documentaire d'Élisabeth Jonniaux, 2011.

ouvrage à part, *Les Vivants et la mort* publié en 1973. En 1976 paraît *Une Suisse au-dessus de tout soupçon* qui aura un retentissement mondial dans lequel il analyse la pratique des principales banques suisses qui s'enrichissent fabuleusement grâce au secret bancaire, favorisant la fuite des capitaux, en particulier hors des pays les plus pauvres de l'hémisphère sud. Il devient en Suisse l'ennemi public numéro un. Deux ans plus tard paraît *Mains basses sur l'Afrique* puis, en 1983, *Contre l'ordre du monde, les rebelles*. En 1984, Thomas Sankara, qui vient de faire une révolution et incarne aux yeux de la jeunesse le renouveau de l'idéologie de libération nationale, l'appelle au Burkina Faso. Il sera assassiné en 1987. En 1985, Ziegler rejoint le Conseil exécutif de l'Internationale socialiste.

Dans *La Suisse lave plus blanc* en 1990, Ziegler dénonce une nouvelle fois le système bancaire helvétique qu'il accuse d'être complice des cartels internationaux du crime organisé dont il lave l'argent mal acquis. En 1994, il proposera au Parlement la suppression du secret bancaire, ce qui sera refusé. En 1998, dans *La Suisse, l'or et les morts*, il dénoncera le fait que les banques suisses détournent à leur profit des sommes importantes déposées chez elles par les communautés et familles juives avant la Deuxième Guerre mondiale. Il témoignera à ce sujet devant la Commission d'enquête du Congrès américain. En 1998, il mettra en garde contre *Les Seigneurs du crime : les nouvelles mafias contre la démocratie*.

La mise au jour dévastatrice des pratiques bancaires dans son pays valent à Ziegler non seulement d'être qualifié de « traître à la patrie », d'être accusé de falsification des chiffres, mais aussi de subir de nombreuses menaces de mort et neuf procès visant à l'étouffer financièrement… qu'il perdra tous, avant que l'histoire récente ne se charge elle-même de lui donner largement raison.

En guise de parade, il publie en 1994, sous la forme d'une autobiographie, *Le Bonheur d'être suisse* et en 1996 un roman *L'Or du Maniema*.

Il se marie en secondes noces avec l'historienne de l'art Érica Deuber-Pauli. Au cours des années suivantes, son fils Dominique Ziegler devient un auteur de théâtre – sa dernière pièce est *Pourquoi ont-ils tué Jaurès ?* – et un metteur en scène reconnu.

En 2000, Ziegler est nommé Premier rapporteur spécial des Nations unies pour le droit à l'alimentation – il avait publié deux ans auparavant *La Faim dans le monde expliquée à mon fils* – et dénonce les mécanismes de spéculation boursière sur les aliments de base, d'appropriation des terres, de production d'agro-carburants à partir de biens nourriciers qui, bien plus que les catastrophes naturelles, empêchent l'alimentation pour tous. Il déclare même que les spéculateurs boursiers sur les aliments de base devraient être jugés pour crime contre l'humanité.

Encouragé par son éditeur et ami, Olivier Bétourné, il entreprend en 2002 la rédaction d'une trilogie sur les ravages de la mondialisation. *Les nouveaux maîtres du monde* s'attaque aux seigneurs du capital financier mondialisé, prédateurs au cœur du marché globalisé, banquiers, hauts responsables de sociétés transnationales, opérateurs du commerce mondial qui accumulent les profits, détruisent les États, dévastent la nature et les êtres humains. *L'Empire de la honte* (2005) dénonce la reféodalisation du monde et la mise en coupe réglée des pays de l'hémisphère Sud, formidable machine à broyer les peuples. Enfin, *La Haine de l'Occident* (2008) décrit cette version de la banalité du mal contemporain en descendant dans les profondeurs des souffrances des peuples du Sud dont la mémoire, après un temps de silence, se réveille et exige repentance, réparation et renégociation, conditions d'un dialogue avec les victimes.

Ziegler se passionne pour la révolution d'Evo Morales en Bolivie qui s'est réapproprié les richesses nationales et assure maintenant une plus juste redistribution de leur revenu. Il s'est vivement opposé à la guerre d'Irak en 2003 et a présenté en 2004 à l'ONU un rapport très critique sur la situation des Palestiniens en Cisjordanie et à Gaza, dans lequel il accuse le gouvernement d'Israël de violer le droit à l'alimentation des Palestiniens et compare Gaza à une immense prison à ciel ouvert. Une campagne de dénigrement a été engagée contre lui notamment par certaines ONG qui sont des relais de communication du gouvernement israélien.

Il est par contre extrêmement populaire dans le grand public et avant tout dans la jeunesse, notamment celle du Tiers-monde. Il reçoit plusieurs doctorats *honoris causa*, distinctions et prix internationaux.

Depuis 2009, il est vice-président du Comité consultatif du Conseil des droits de l'homme des Nations unies. Il publie en 2011 *Destruction massive, géopolitique de la faim*, livre dans lequel il rappelle que sur les 7 milliards d'humains qui peuplent la planète, 1 milliard souffre de sous-alimentation permanente et grave, alors que l'agriculture mondiale pourrait, au stade actuel de ses forces de production, nourrir normalement 12 milliards d'humains. Cela lui fait dire : « Aujourd'hui un enfant qui meurt de faim est un enfant assassiné ».

Entretien avec Jean Ziegler

« Je résiste aussi par la conviction d'être parfois utile et grâce aux témoignages que je reçois. »

Pascal Boniface : Te considères-tu comme un intellectuel ou comme un militant ?

Jean Ziegler : Un intellectuel organique du mouvement social et révolutionnaire. L'intellectuel n'existe pas en soi, il n'acquiert une signification historique que par son alliance avec un mouvement qui devient force matérielle. À quelles conditions une pensée devient-elle force matérielle ? Tu vois, c'est le problème de l'incarnation, qui me tracasse comme la plupart d'entre nous d'ailleurs.

P.B. : Quelle serait ta définition d'un intellectuel ?

JZ : C'est un producteur de biens symboliques, pas de biens matériels. C'est un combattant de la raison analytique qui est subversive par essence. Horkheimer a écrit là-dessus des pages magnifiques. Dans le deuxième tome de sa *Kritische Theorie* (*Théorie critique*), il donne pour commencer une définition claire de la démarche dite de « saisie réelle de l'objet » : « Ce que nous entendons par critique est cet effort intellectuel, puis pratique, de ne pas accepter comme par habitude et sans les "réfléchir" au préalable les idées dominantes, les pratiques et les situations sociales, l'effort de concilier les divers aspects particuliers de la vie sociale entre eux et ceux-là avec les idées générales et les projets d'une époque, d'en établir la genèse, de séparer le phénomène de l'être, d'analyser les fondements des choses, en bref, de les saisir réellement. »

Dans *La Dialectique de la raison*, il propose l'exemple de Hegel pour étayer sa thèse selon laquelle toute raison analytique est subversive. Napoléon avait occupé la Prusse, introduit la pensée républicaine avec tout ce que cela impliquait : droits de l'homme, citoyenneté, souveraineté populaire, etc. Après la bataille de Leipzig en 1813, où Napoléon subit une défaite, le roi de Prusse revint : restauration à Potsdam. Mais il avait un problème car il devait épurer l'université de Berlin, notamment renouveler sa chaire centrale, celle de philosophie. Le roi fit placarder dans tous les États allemands une affiche disant – Horkheimer cite les textes – qu'il recherchait un grand philosophe capable d'extirper la « chienlit française » : c'est-à-dire la pensée républicaine, tout ce que l'acculturation forcée, ce que les occupants français avaient apporté et qui avait complètement converti l'intelligentsia et les étudiants. Le roi choisit de nommer Friedrich Hegel, alors professeur à l'université de Heidelberg, un réactionnaire acquis à la restauration de la monarchie prussienne, à la pensée autoritaire, au gouvernement par la grâce de Dieu, à la primauté de l'État autocratique sur l'individu. Il lui demanda d'infuser aux étudiants la loyauté appropriée et de les immuniser contre les tentations de l'opposition politique. Hegel fit de son mieux. Il déclara comme principe que l'État prussien était la réalité de l'idée morale sur terre. Mais la pensée est chose curieuse. Pour légitimer cet État, Hegel devait amener les étudiants à renoncer à une vue unilatérale des choses, les conduire à une intelligence des dépendances réciproques entre toutes les situations conceptuelles et toutes les situations réellement vécues. En plus, il devait leur apprendre à saisir l'histoire des hommes dans sa structure complexe et contradictoire, à enquêter dans la vie des peuples, sur la naissance des idées et à chercher à comprendre comment ces idées demeurent lorsque leur principe se révèle inadéquat et que le temps est venu pour que surgissent des formes sociales nouvelles. Hegel a enseigné et exercé pendant vingt-huit ans à Berlin. En montrant comment naissait l'État, comment se constituait un pouvoir autocratique auquel subjectivement il adhérait totalement, Hegel a détruit ce qu'il entendait démontrer. Il a montré que tout pouvoir est le produit de rapports de forces. L'exercice de la raison analytique, même surdéterminé par une intentionnalité subjective, en l'occurrence celle de démontrer la nécessité d'un retour à un État autocratique, le simple fait de montrer comment naît un État, de quoi il est le produit, constituaient une activité subversive qui allait réveiller et renforcer chez ses étudiants l'esprit de 1848. Hegel voulait servir la monarchie prussienne mais en le faisant d'une façon scientifiquement exacte, comme le grand intellectuel qu'il était, en mettant en exergue son analyse sur la genèse de l'État, il a conforté les étudiants dans leur conviction que l'État était le pur produit d'un rapport de forces et qu'il ne pouvait pas être la traduction d'un pouvoir de droit divin. Je le répète : la mise en œuvre de la raison analytique est une activité, par essence, subversive. L'intellectuel a cette fonction-là, de dire ce qui est. Son rôle, sa tâche est d'armer le pouvoir populaire.

P.B. : Pourtant dans le débat actuel il y a des intellectuels, dont toi, qui contestent l'ordre établi et d'autres dont la mission semble plutôt de le conforter.

J.Z. : C'est le choix mystérieux de chacun. Nous vivons sous un ordre cannibale du monde. Toutes les cinq secondes un enfant en dessous de 10 ans meurt de faim, 57 000 personnes meurent de faim chaque jour et près de 1 milliard d'êtres humains sur les 7 que nous sommes sont en permanence et gravement sous-alimentés. Le rapport sur l'état de l'insécurité alimentaire dans le monde de la FAO (Food and

Agriculture Organization), qui chaque année donne les chiffres des victimes, dit que l'agriculture mondiale pourrait nourrir normalement, sans problème, 12 milliards d'êtres humains, donc presque le double de l'humanité actuelle. En ce début de millénaire, pour la première fois dans l'histoire des hommes, il n'existe plus de manque objectif. Un enfant qui meurt de faim maintenant, au moment où nous parlons, est assassiné. L'obscurantisme néolibéral brouille cette réalité du monde. Au libre choix des hommes, il oppose l'idée que les lois de l'économie et du marché sont des lois naturelles, que le marché est responsable, qu'il n'est pas encore assez libéralisé, pas assez privatisé et qu'arrivé au stade suprême de sa libéralisation, il répartira ses bienfaits ; qu'en l'état, les forces de production ne sont pas suffisamment développées et que c'est pour ça qu'il y a manque. En d'autres termes, que la faim, la misère dans le monde disparaîtront comme par enchantement quand le marché mondial sera totalement libéralisé et privatisé. Il y a évidemment des intellectuels qui choisissent de poursuivre cette chimère, la plupart du temps en étayant leur analyse sur l'échec évident des économies dites « communistes ». Or, c'est bien une stratégie de domination qui est à l'œuvre. Les dix plus grandes sociétés transcontinentales du secteur alimentaire ont contrôlé l'année dernière 85 % de tous les aliments négociés sur la planète. Celles-ci fonctionnent, et c'est parfaitement normal, selon le principe de la maximalisation du profit. Elles décident en toute légalité chaque jour qui, sur cette planète, va manger et vivre, qui va avoir faim et mourir.

Aujourd'hui la survie n'est plus un problème de manque de production, comme le pensait encore Karl Marx, persuadé jusqu'à son dernier souffle, le 14 mars 1883, que, l'humanité ne disposant pas des biens nécessaires pour satisfaire tous ses besoins incompressibles, le couple maudit du maître et de l'esclave l'accompagnerait encore pendant des siècles. Cette hypothèse du « manque objectif » détermine toute sa théorie sur la nature épiphénoménale de l'État, sur la lutte des classes, sur la division internationale du travail. Or, grâce à une succession formidable de découvertes et d'inventions scientifiques, technologiques, industrielles, électroniques, les forces de production de l'humanité se sont extraordinairement potentialisées depuis lors et le manque objectif a disparu.

L'humanité affronte désormais un problème d'accès aux biens. La rareté est organisée. Je prends un exemple : l'année dernière Cargill a contrôlé 31,8 % de tout le blé négocié sur la planète… négocié, non pas produit. Cette société a fixé les prix d'achat, de transport, d'entreposage, c'est elle qui possède les silos, les flottes maritimes. Les oligarchies du capital financier transcontinental ont le pouvoir et échappent totalement à tout contrôle social, notamment étatique. Elles ont un pouvoir tel qu'aucun empereur, aucun roi, aucun pape n'a jamais eu sur la planète.

P.B. : Je voudrais que l'on soit sur des exemples concrets, sur un débat sur le rôle des intellectuels. Tu t'es quand même très tôt manifesté par ton caractère iconoclaste, comme dans ton dernier livre sur les phénomènes de géopolitique de la faim ou dans ton premier livre à succès, *Une Suisse au-dessus de tout soupçon.* D'où te viennent ce désir de révolte, cette volonté de contester, et de contester de façon argumentée ?

J.Z. : D'abord, je suis un privilégié parmi les privilégiés, né dans une famille bourgeoise, blanche, suisse. Très tôt, vers 13-14 ans, j'ai vu les ouvriers sur leurs vélos qui allaient à l'unique usine métallurgique de ma ville, pauvrement mis avec une gamelle à soupe accrochée à leur guidon. Et j'ai vu le soir madame Selvé, la propriétaire, qui sortait dans sa limousine noire du portail de l'usine. J'ai interrogé mon père : « qu'est ce qui se passe ? Je ne comprends pas. Pourquoi ? » Je voyais les enfants des paysans pauvres des montagnes voués au service des paysans riches, gardant le bétail dans le froid, mal habillés. Moi, je passais avec mon vélo rutilant pour aller au lycée, douillettement vêtu. Tout cela je l'ai vu et cela m'a révolté d'une façon tout à fait confuse mais très forte. Mon père, en vrai calviniste, homme très cultivé, grand alpiniste, aimant, m'a dit : « c'est Dieu qui l'a voulu. Fais ce qui est ton devoir actuel : apprends le grec, le latin et puis fais des études. Tu ne peux pas changer le monde. » Et quand tu dis ça à un enfant de 14 ou 15 ans, il explose : ce n'est pas possible. Tout à coup, j'ai vu ma vie comme la simple reproduction de cette société d'injustices, comme une prison bétonnée. J'étais de nature colérique, désordonnée, fortement porté au refus d'obéir. Je m'en suis pris à mon père, odieusement, l'accusant de tous les maux. J'en ai encore honte aujourd'hui. Mes parents m'ont alors inscrit au collège libre de Berne tenu par l'Evangelische Gesellschaft (Société évangélique) dans l'espoir qu'une discipline draconienne me ramènerait sur le droit chemin d'une socialisation raisonnable. Résultat ? Ma révolte s'est accrue. Ma maturité (baccalauréat) en poche, j'ai fichu le camp à Paris. Heureusement, au cours de mes années d'études, j'ai trouvé refuge au groupe Clarté, le groupe d'étudiants communistes plus tard exclus du PC à cause de leur soutien au FLN algérien : on était indirectement patronné par Sartre.

Puis il y a eu un autre évènement : mon premier poste professionnel qui a été celui de petit employé de l'ONU au Congo. C'était le début des années 1960 quand, après l'assassinat de Lumumba, l'ONU, c'est-à-dire son Secrétaire général Dag Hammarskjöld, a pris en main pour la première fois un pays entier, son administration civile et militaire. Les premiers casques bleus sont nés pour réduire la sécession du Katanga et j'étais l'assistant du représentant personnel de Hammarskjöld, l'extraordinaire Écossais Brian Urquhart. Hammarskjöld fut lui-même assassiné, comme tu le sais, son avion descendu par des mercenaires dans la forêt de Ndola. Nous logions dans l'unique hôtel qui fonctionnait encore, à Kalina, un quartier sud de Kinshasa, où nous étions entourés de fils de fer barbelés, gardés par des Gurkhas, ces petits soldats du Népal au service de l'Angleterre, mais mis à disposition des Nations unies. Tous les soirs, les cuisiniers indiens jetaient sur les barbelés les restes de nourriture : des restes de viande, de légumes, de pain. De la ville, sur le boulevard Albert qui est aujourd'hui le boulevard de la Liberté, arrivaient des gosses avec des bras et des jambes comme des allumettes et des femmes sous-alimentées, hagardes, sans dents. Ces miséreux grimpaient et se jetaient sur les barbelés pour y arracher les restes de nourriture. Les Gurkhas, de l'autre côté, leur tapaient sur la tête avec les crosses de leurs fusils. Et nous, au deuxième étage de l'hôtel, nous assistions à cette scène soir après soir. Là, à ce moment précis, je me suis juré que quoi qu'il arrive dans ma vie, je ne serai plus jamais du côté des bourreaux. Cela a l'air un peu pathétique, mais rétrospectivement je peux très bien sentir ce moment de rupture.

Ensuite, je suis revenu en Suisse. C'est le deuxième pays le plus riche de la terre en termes de revenu par tête d'habitant, alors qu'elle ne possède aucune matière première en dehors de son eau qui tombe des montagnes, alimente des barrages et fournit de l'électricité. Comment l'oligarchie bancaire, qui domine complètement ce pays, s'y prend-elle ? Elle pille le monde entier. Sa fabuleuse richesse provient de trois sources : le capital en fuite des pays du Tiers-monde, l'argent des mafias internationales lavé en

Suisse grâce au secret bancaire et, bien sûr, l'argent de la fraude fiscale des pays alentours : France, Allemagne, Italie, Angleterre et même États-Unis. Ce qui aujourd'hui encore me choque le plus, c'est l'argent du sang en provenance de l'hémisphère sud. Par exemple, Mobutu a eu, à cette époque, jusqu'à 4,4 milliards de dollars déposés au Crédit suisse de Zurich, alors que les hôpitaux de Kinshasa manquaient d'antibiotiques et que les gosses ou n'importe quelle personne qui souffrait d'une simple infection mouraient. Je connaissais les victimes. L'hypocrisie helvétique, avec ce masque fait de prédications calvinistes, de Croix-Rouge, cette hypocrisie effrayante, ce mensonge, je les voyais à l'œuvre. J'ai été longtemps député, élu de Genève au parlement de la Confédération. Là, je suis réellement devenu un dissident. Les institutions suisses me sont apparues comme totalement gangrenées puisqu'elles couvraient, légitimaient, une entreprise mortifère : celle du pillage du Tiers-monde. De là sont venus mes livres *Une Suisse au-dessus de tout soupçon, La Suisse lave plus blanc* et *La Suisse, l'or et les morts.* Ces livres d'intervention m'ont valu ensuite la levée de mon immunité parlementaire, neuf procès que j'ai tous perdus, l'écrasement financier. *Une Suisse au-dessus de tout soupçon* était le premier ouvrage qui arrachait le masque. J'ai essayé de rendre visible ce mécanisme d'accumulation par le crime. Et j'ai eu un petit succès. Peu à peu, la transparence s'est faite.

P.B. : Tu suscites à la fois une très grande admiration et en même temps beaucoup de haine. Comment tu fais pour résister à l'une et à l'autre ?

J.Z. : J'ai été pendant huit ans Rapporteur spécial pour le droit à l'alimentation des Nations unies, ce qui m'a permis d'utiliser la tribune du Conseil des droits de l'homme et de l'Assemblée générale et d'être un peu la voix des gens sans voix. C'est conjoncturel, tu comprends, ce n'est pas parce que je suis plus intelligent, plus courageux, plus résistant qu'un autre, mais j'ai eu des moyens formidables. Maintenant je suis vice-président du Comité consultatif du Conseil des droits de l'homme, ce qui me donne une immunité beaucoup plus solide que l'immunité parlementaire et me met à l'abri de nouveaux procès. Nestlé, le Crédit Suisse, l'UBS et mes autres ennemis devraient aller à la Cour internationale de justice de La Haye pour me poursuivre. J'ai la parole, je peux dire les choses qui expriment les revendications justes des paysans du Guatemala, des sans-terres du Honduras, du Brésil ou du Bangladesh…

L'admiration ? Comment j'y résiste ? Au fond de moi, je ne suis pas fier, et pour cause ! Je vois mon inefficacité, la faim augmente dans le monde avec son cortège d'horreurs, de terribles maladies, de morts. La pensée néolibérale légitime crée un monde meurtrier. Je la combats. Mais je me surveille de très près pour éviter de croire que je suis un sujet historique irremplaçable. Et je résiste à la vanité par la conscience et l'évidence de mon inefficacité.

Comment je résiste à la haine ? C'est plus difficile. Je me remémore mes procès, quand Jacques Vergès pour le dictateur du Mali Moussa Traoré, ou Georges Kiejman pour le banquier Safra, ont plaidé contre moi, me couvrant d'insultes, me criminalisant, essayant de m'atteindre dans mon intimité. Je regardais mes mains pour voir si du sang s'en écoulait… Mais la haine, tu lui résistes d'abord si tu es heureux en amour. La famille est une arrière-garde qui t'appuie et qui te recueille, auprès de laquelle tu peux te réfugier et retrouver l'équilibre que les attaques ont mis à mal. C'est comme dans la guérilla, tu décroches quand il le faut, tu rejoins l'arrière-garde et quand celle-ci est solide, cela aide évidemment énormément. Ma famille a beaucoup compté et continue à m'appuyer. Mais si je résiste assez bien à la haine, à la diffamation, je crois que c'est parce que nous sommes nombreux à partager cette situation (tu sais de quoi je parle, tu as a été diffamé, attaqué et ça continue !). Je résiste aussi par la conviction d'être parfois utile et grâce aux témoignages que je reçois. Je ne dis pas ça d'une façon arrogante mais avec la conscience que j'ai de ma situation privilégiée de blanc, d'universitaire, de citoyen d'un pays de libertés, d'écrivain soutenu par de grands éditeurs internationaux, etc., et de pouvoir en user pour me porter à la rescousse d'autres qui ne bénéficient pas de circonstances si extraordinaires.

13,5 % de la population mondiale est blanche. Les blancs exploitent la planète depuis cinq cents ans avec des systèmes d'oppression et de pillage toujours nouveaux.

Aujourd'hui nous vivons la dictature mondiale des oligarchies du capital financier globalisé. Pendant ce court instant que nous passons sur terre, je pense que nous avons une mission : mener ce combat sans même nous demander pourquoi. Tu sais, comme le disent les Wolofs du Sénégal : « on ne connaît pas le fruit des arbres qu'on plante ». On ne doit même pas poser cette question-là, on doit mener la lutte. Ce qui m'en donne la force, c'est que je connais les victimes. Le magnifique chant de Mercedes Sosa résume mon propos :

« *Solo le pido a Dios*
Que el dolor ne me sea indiferente,
Que la reseca muerte no me encuentre
Vacia y sola, sin haber
Hecho lo suficiente. »

(La seule chose que je demande à Dieu
C'est que la douleur ne me laisse pas indifférente
Et que la mort blême ne me trouve pas
Seule et vide, sans avoir fait
Ce qui était nécessaire sur cette Terre.)

Remerciements

Je remercie mes quinze interlocuteurs de m'avoir accordé leur confiance et du temps – leurs biens les plus précieux – pour m'aider à réaliser ce projet. Ces échanges furent un pur moment de bonheur intellectuel et humain.

Merci également à Magali Bernard qui a permis la bonne mise en forme du livre ainsi qu'à Pierre Lacroix et Giuseppina Salzano qui ont été de précieux assistants.

Merci à Gilles Bouley-Franchitti de s'être occupé des questions éditoriales et à mon éditeur complice, Jean-Claude Gawsewitch.

Cet ouvrage a été réalisé par Patrick Leleux PAO
14123 Fleury-sur-Orne

Imprimé en France. - JOUVE, 1, rue du Docteur Sauvé, 53100 MAYENNE
N° 2083085L. - Dépôt légal : Mai 2013